未来学校丛书

丛书主编 王素

丛书副主编 袁野 李佳

混合式学习

教学设计与案例

主 编 陈有志

副主编 钟绍春

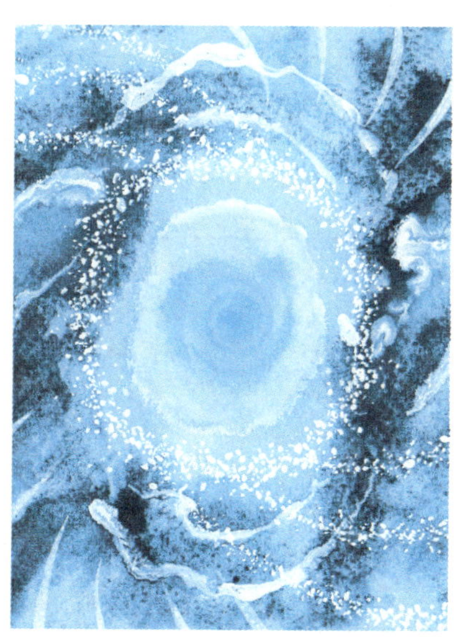

中国人民大学出版社

·北京·

图书在版编目（CIP）数据

混合式学习：教学设计与案例 / 陈有志主编；钟绍春副主编. --北京：中国人民大学出版社，2022.9
（未来学校丛书 / 王素主编）
ISBN 978-7-300-30942-2

Ⅰ.①混… Ⅱ.①陈… ②钟… Ⅲ.①教学模式-研究 Ⅳ.①G42

中国版本图书馆 CIP 数据核字（2022）第 156636 号

未来学校丛书
丛书主编　王　素
丛书副主编　袁　野　李　佳
混合式学习：教学设计与案例
Hunheshi Xuexi：Jiaoxue Sheji yu Anli
主　编　陈有志
副主编　钟绍春

出版发行　中国人民大学出版社
社　　址　北京中关村大街 31 号　　邮政编码　100080
电　　话　010－62511242（总编室）　010－62511770（质管部）
　　　　　010－82501766（邮购部）　010－62514148（门市部）
　　　　　010－62515195（发行公司）　010－62515275（盗版举报）
网　　址　http://www.crup.com.cn
经　　销　新华书店
印　　刷　天津中印联印务有限公司
规　　格　170 mm×240 mm　16 开本　　版　　次　2022 年 9 月第 1 版
印　　张　16　　印　　次　2022 年 9 月第 1 次印刷
字　　数　282 000　　定　　价　68.00 元

总　序

当今，新科技革命方兴未艾，世界处于百年未有之大变局。科技的迅猛发展改变了生产方式，使社会和产业结构也发生了巨大的变化，未来的社会是一个人机共存的社会，是一个充满不确定性的社会。在这样的时代，教育要培养什么人、给学生提供什么样的教育内容、什么样的学习方式才能适合新的教育需求，这些是全球共同关注探索的问题。教育已经进入技术支撑的教育 4.0 时代。世界经济论坛（WEF）在 2020 年发布了《未来学校：为第四次工业革命定义新的教育模式》报告，经合组织（OECD）发布了《面向未来教育：经合组织关于未来学校教育的四种图景》报告，这些报告描绘了未来教育的可能形态和发展方向。从国际组织的报告到各国教育实践的探索，我们可以看出未来教育聚焦于人的核心素养的培养，知识的内涵扩大了，不仅有学科知识，还有跨学科知识、经验性知识、程序性知识；不仅要发展认知能力，还要发展元认知能力和社会情感能力。为此，课程的结构、内容和学习方式都将发生改变。技术赋能教育，个性化学习、混合式学习、项目式学习、思维发展型学习是未来主流的学习方式。

2014 年，中国教育科学研究院成立了未来学校实验室，致力于未来学校的理论与实践探索。2016 年，发布了《中国未来学校白皮书》，系统地阐述了对未来学校的认识。2018 年，发布了《中国未来学校 2.0：概念框架》。2020 年，聚焦于未来教师的专业发展方向，制定了未来教师能力等级框架。未来学校实验室根据教育部课程改革的方向和学校发展的实际需求设计了有关未来学校教学的五个主题：数学建模、语文思维发展型课堂、混合式学习、大概念大单元教学、项目式学习。围绕以上主题，经过四个月的在线学习，三轮迭代，最终涌现出很多优秀的教师和教学设计案例。

这套丛书就是在主题研修的基础上，由各主题的导师团对本主题的理论进行阐述，并对精选的一些主题案例进行深度修改，最终形成的。这套丛书选择的五个主题非常符合当前教改的方向，也是我们很多教师在实际工作中存在迷茫和困惑的部分。丛书中的每本书都由两部分内容构成，第一部分内容是理论阐述，从学理的角度论述相关主题的概念、基本理论框架，以及如何进行相关主题的教学设计；第二部分内容给出了相对成熟的示范案例，并且每个案例都有专家点评，让读者能更好地理解这个案例可以学习到什么、还有哪些方面可以进一步提升。这种实操性的指导会对教师的教学实践起到很好的引导作用。

王 素

2022 年 4 月 12 日

前言

Preface

从校园网到城域网，从堆资源库到建教学平台，随着网络的普及和在线学习的发展，随时随地通过多样化的学习工具、学习资源开展学习已经是人们普遍的学习方式。2020 年的新冠肺炎疫情使我国的教育发生了大的变革，让学习空间和学习方式发生了根本性的变革，加速了教育现代化的进程，促进了未来学校的发展，让未来教育的图景愈加清晰，这给我国的教育变革带来了新的挑战和机遇。

混合式学习，早有国内外教育研究者做过定义或阐述，并给出基本模型和相应策略。然而，我们在应用这些模型和策略开展教学实践时，还需要应时、应地进行思考，结合教育活动中的需要开展研究和进行探索。如早前的共识是将传统学习和网络学习相结合，使二者优势互补，获得最佳的学习效果，但现在看来，还应该将线上学习和家庭学习相结合、线上学习和项目学习相结合、线上学习和自主学习相结合，这也是在这次活动中，广大教师在提供案例时的基本特征。

我们邀请教育部数字化学习支撑技术工程研究中心主任，东北师范大学教授、博士生导师钟绍春对混合式学习理论的产生与发展做了梳理，在此基础上，梳理了适合不同内容学情及教学条件的混合式学习模式，最后，对混合式学习模式的选择、任务设计及技术应用方法进行了阐述。

我们整理了第六届中国未来学校大会中优秀的混合式学习案例，这些案例利用混合式学习方法重构师生关系，优化线上线下教学策略，为不同基础、不同理解能力的学生提供了多渠道、多方式的学习路径。课前通过网络平台，把课前复习资源和自主学习资源分类整合发布给学生，供不同知识水平的学生自主学习；课上开展基于问题情境的教学，采用自主学习、探究式学习、合作学习、反思性学习等多种学习方法，并通过网络平台中的模块进行实时、过程性、嵌入式评价，打破传统课堂里教师一言堂、学生交流偏少的限制，弥补线上学习中学习资源过剩、学习情境不够真实的缺憾；课后将文字拓展、微课拓展等材料整合，构建复习巩固资源，为学生提供更多自主复习、拓展知识的途径。

信息化已经深入人们生产生活的各个方面，同时也在不断地加速教育生态的变革，“互联网＋教育”平台纷纷涌现，但一些学校依然存在专用教室不足、课程资源不足、师资不足等现象，哪些平台、工具可以弥补这些缺陷？我们对常见的微信公众号、UMU、NOBOOK、云痕大数据等平台与工具做了简要的梳理。

在这次中国教育科学研究院以“课堂革命中的教师蝶变”为主题的第六届中国未来学校大会中，“混合式学习”专题论坛吹响了我国基础教育阶段对这一学习方式进行实践探索的号角，教师们不再是仅仅将国外的理念和技术做本地化翻译，而是结合我们当下的社会、生活、学习中面临的现实问题，进行探索和实践，这正是国家所倡导的教学改革。

第六届中国未来学校大会“混合式学习”专题论坛的工作得到了东北师范大学钟绍春教授、华中师范大学吴砥教授、北京师范大学教育学部李玉顺教授、西北师范大学教育技术学院郭炯教授、南通市教育科学研究院陈有志老师、江苏省常州市北郊小学管雪沨老师、陕西省西安市未央区教师进修学校舒俊老师、陕西省西安经开第八小学朱磊老师的支持，在此，一并表示感谢。

编　者

2021 年 10 月

目录
Contents

第一章 混合式学习理论

第二章 高中案例

第三章 初中案例

第四章 小学案例

第五章 平台与工具

第一章

混合式学习理论

本章首先对混合式学习理论的产生与发展做了梳理，对混合式学习内涵和理论基础进行了详细阐述。在此基础上，分析了混合式学习模式的构建思路与方法，并给出课堂教学混合式学习和无边界混合式学习的典型模式。最后，从如何选择混合式学习模式、如何设计混合式学习任务、如何应用混合式学习技术三个方面对混合式学习实施方法进行了阐述。

第一节 什么是混合式学习

互联网、人工智能、大数据、AR/VR 等技术的快速发展及其在教育中的普及应用，打破了教育的时空界限，重构了教育的组织形态，使学生的学习方式和方法也随之发生了巨大的变化。在这样的新时代背景下，应该按照什么样的学习理论开展教学活动，才能使教学活动产生更好的效果，成为热点问题。其中，混合式学习就是备受关注的学习理论之一，因此了解混合式学习的发展历程，把握混合式学习的内涵，了解混合式学习的理论基础，对混合式学习应用于教育教学有重要意义。

一、混合式学习的发展历程

混合式学习起源于 1998 年美国学者杰伊·克罗斯（Jay Cross）提出的 E-learning（electronic learning，电子学习）概念。2000 年，美国教育部发布的《教育技术白皮书》指出，E-learning 是一种新的学习方式，包括新的沟通机制和人与人之间的交互作用，这些新的沟通机制是指计算机网络、多媒体、专业内容网站、信息搜索、电子图书馆、网络课程等。E-learning 打破了时间和空间的限制，使随时随地的学习成为可能。因此，有学者认为其是一种线上线下相结合的混合式学习方式，混合式学习概念便应运而生。

信息技术的快速发展和普及应用，推动了混合式学习的研究与实践，使混合式学习呈现出多样化的发展趋势。由于教师、学生、课程内容和支撑技术均可能存在不同程度的差异，因此混合式学习的方式不可能是完全统一的。所以，在厘清混合式学习内涵的基础上，寻求理论支撑，针对不同情况分类研究开展混合式学习的规律和方法，构建出混合式学习模式，指导混合式学习实践，使得学习的效果更好、效率更高，已成为学界普遍关注和研究的问题。

二、混合式学习的内涵

下面将从混合式学习的价值取向、概念界定和理论框架三个方面对混合式学习的内涵进行阐述。

（一）混合式学习的价值取向

习近平总书记指出，新时代人才培养工作，要围绕培养什么人、怎样培养人、为谁培养人这个根本问题，坚持立德树人的根本任务，培养德智体美劳全面发展的社会主义建设者和接班人。互联网为人类提供了前所未有的突破时空限制、满足个性发展的数字生存环境，作为在互联网条件下产生与快速发展的混合式学习，始终要以培养新时代所需的人才为导向，坚持立德树人，坚持以学生为中心，积极推进合作式、体验式、探究式学习，将知识传递的课堂转变为智慧生成的课堂，培养更加有品德、有素养、善发现、会思考、能系统解决问题的创新性人才。

（二）混合式学习的概念界定

学界普遍认为混合式学习实质上是通过有效混合各种学习媒体、学习模式、学习环境和学习内容等学习要素，使教与学的效果最大化。按照这一观点，学习过程可以是多种形式的混合。比如，基于微云课和线下课堂相结合的学习，基于虚拟仿真工具和实际教具相结合的学习，以及基于互联网技术和常规教学条件相结合的合作式、体验式、探究式学习，等等。

我们认为，混合式学习就是通过面对面学习和网络学习的有机结合，充分利用丰富的网络学习资源和强大的智能学习工具，为教师和学生选择适合的教与学路径，供给优质教师智慧，支撑教学活动的有效实施，全面发挥教师引导、启发、组织教学过程的主导作用，充分调动学生学习的主动性、积极性和创造性，全面培养学生的自主学习、合作学习和探究学习能力，使学习效果和效率达到最优化的新型学习方式。

（三）混合式学习的理论框架

在当前的学校教学中，普遍存在着下列瓶颈性问题：（1）教学以知识讲解为主。教师的大部分教学时间仍然用于帮助学生实现对知识的记忆、复述或是简单描述等浅层学习活动，对知识的综合应用和问题的创造性解决等高阶思维活动关注不够，落实不到位。（2）大多数教师的教学方式较为单一，难以动态地适应不同学生群体的实际需要。（3）智能技术在教学中的应用层次粗浅。目前智能技术在教学中的应用，主要的成效体现在提高教学效率方面，如大多数教师采用PPT课件开展教学，但在对学科中疑难知识的深度理解、对复杂问题的系统探究、体验感悟和激发学习动机等方面，尽管已有一些虚拟仿真工具，也多数是基本原理的模拟，方式比较单一。（4）在大部分的学校教学中，学生没有选择教师的可能和机会，难以得到最合适的教师的指导。

混合式学习作为一种新型的学习方式，其核心思想是以育人为导向，根据学习者的学习目标和学习要求，采用不同的学习方式进行学习。在育人的过程中，要善于利用信息技术，变革传统的教学组织结构，采用多种教学手段和信息传递方式，有效解决当前学校教学中存在的问题。

因此，混合式学习的理论框架应从以下几个方面建构：一是学习动机激发。通过好的学习任务或问题设计，激发学生的学习欲望，促使学生积极投入学习活动当中。二是学习路径规划。根据学习内容、学生情况、教学条件和教师自身情况，采取合作、体验、探究等多种学习方式，选择合适的学习路径，实现规模化教学和个性化学习的有机结合。三是学习支撑环境搭建。充分利用人工智能、大数据、“互联网+”和VR/AR等技术手段，并将其与常规教学条件有机结合，为合作、体验、探究等多种学习方式提供有效支撑，为学生搭建高逼真、强交互的个性化学习支撑环境。四是教与学精准评价。充分利用大数据、人工智能和互联网技术，建立多场景、全流程的教与学智能感知环境，动态采集教与学的方式与结果数据，为精准刻画学生学习画像、教师教学画像，以及动态优化教与学活动提供有力支撑。

三、混合式学习的理论基础

混合式学习理论框架体系中每一部分内容的确立，都应能找到相应的学习理论作为依据。从近年来混合式学习的研究和实践不难看出，建构主义学习理论、深度学习理论、首要教学理论、主动学习理论、联通主义学习理论等，是指导混合式学习实践的主要学习理论。下面，我们主要讨论建构主义学习理论和深度学习理论对混合式学习的支撑作用和价值。

（一）建构主义学习理论

建构主义学习理论认为，世界是客观存在的，但不同的人由于经验不同，对同一事物会有不同的理解。学习是引导学生从原有经验出发，建构起新的经验。

学习过程是学生自己建构知识的过程，在这个过程中，学生不是简单被动地接受信息，而是主动地建构知识的意义。教学不是知识的传递，而是知识的处理和转换。教学不能无视学习者已有的知识经验，不能简单强硬地从外部对学习者实施知识的“填灌”，而应该把学习者原有的知识经验作为新知识的生长点，引导学习者在原有知识经验的基础上，主动建构新的知识经验。对于一些疑难知识的学习和复杂问题的解决，往往需要教师与学生、学生与学生在学习过程中相互交流和质疑，共同完成知识的建构。

建构主义学习理论对混合式学习的启示是，在规划学习路径时，应充分考虑学习者已有的知识基础和学习经验，以及进一步所学知识的特点等，来确定学习活动的安排。在学习支撑环境搭建方面，应充分考虑学生的认知水平，选择合适的技术手段和教学条件来实施教学活动。在教与学精准评价方面，应借助智能技术手段，动态精准监测学生的知识学习、能力培养和素养形成等情况。

（二）深度学习理论

深度学习是一种基于理解的学习，是指学习者以高阶思维的发展和实际问题的解决为目标，以整合的知识为内容，积极主动、批判性地学习新的知识和思想，并将它们融入原有的认知结构中，且能将已有的知识迁移到新的情境中的学习。深度学习强调整体学习，注重对学科领域的关键问题和基本思想的理解与运用。

高阶思维培养不足不仅是当前课堂教学普遍存在的问题，也是混合式学习需要着重解决的问题。因此，混合式学习应以深度学习理论为基础，结合“互联网+”条件，设计混合式学习路径，选择合适的混合式学习模式，引导学生用发现问题—提出问题—分析问题—解决问题的思维逻辑进行探究，帮助学生掌握学科的核心知识，把握学科的本质及思想方法，形成积极的内在学习动机、高级的社会性情感、积极的态度、正确的价值观，发展学生的问题解决能力、系统思维和创新性思维能力等高阶思维能力。

第二节　混合式学习模式

为了更好地开展混合式学习活动，有必要梳理出适合不同课程内容、学生情况和教学条件等的混合式学习模式。本节阐述了混合式学习模式构建思路与方法，以及课堂教学混合式学习模式和无边界混合式学习模式。

一、混合式学习模式构建思路与方法

常规条件下的课堂教学如果不存在任何问题或缺陷的话，是不需要任何技术引入的，当然也就不需要开展混合式学习。当前课堂教学比较突出的问题有：规模化教育情况下的个性化难以实现，疑难知识深度理解和复杂问题系统探究缺乏有效支撑手段与条件，教与学路径优化难以实现，教与学动态精准评价未能建立，等等。因此，混合式学习模式的构建，应着重从应用人工智能、大数据、“互联网＋”和 VR/AR 等技术破解课堂教学中存在的瓶颈性问题入手。

混合式学习模式的构建第一是做好学习逻辑设计。通过学习逻辑设计，让学生能够明晰所要学习的课程内容是为了解决什么问题、完成什么任务，以及这些内容与其他知识的逻辑关系。

第二是在学习逻辑设计的基础上，筛选和优化教与学路径。应针对教与学活动中可能存在的瓶颈性问题做系统分类、分层次梳理，分别探索出能够解决每类问题的有效途径和方法，并按照课程图谱建立学习路网体系。

第三是系统梳理出技术支持教与学活动实施的规律，建设有效的支撑资源和工具。应按照教与学路径，总结出如智能工具、智能教室和云平台等有效支持教与学活动的途径与方法，选择合适的教学资源、教学工具、虚拟仿真实验室，建设教学套件和学习路网资源。

第四是通过名师微云课实现新双师教学。在构建混合式学习模式时，应侧重考虑如何借助网络和多媒体技术，将优质教师以合适的方式引入课堂教学中，为学生的个性化学习提供精准的个别化指导，与任课教师联合完成课堂教学活动。

第五是建立基于大数据的智慧教和个性学体系。基于课程图谱，利用智能技术感知环境，采集教与学过程和结果数据，动态分析每一个学生的学习情况和每一个教师的教学情况，形成教与学分析报告，及时调控教与学活动，支持教师智慧教和学生个性学。

第六是建立切实可行、科学的混合式学习模式实证研究体系。基于教与学大数据，动态发现课堂教学中存在的瓶颈性问题，选择合适的研究人员建立研究团队。组织研究团队，借助智能技术手段持续开展混合式学习模式构建研究，并将所研究的混合式学习模式通过多种形式的线上线下混合式研训活动及时推广给所有教师掌握应用。

二、课堂教学混合式学习模式

（一）智能工具支持下的深度学习模式

疑难知识理解和复杂问题探究等活动开展的有效性直接决定着课堂教学的质量。在常规条件下，很多疑难知识理解和复杂问题探究等活动难以顺利开展，然而利用人工智能、大数据和VR/AR等技术研究出的智能工具能够很好地破解这一难题。因此，充分利用智能工具支持疑难知识理解和复杂问题探究是混合式学习模式应着重研究的问题。

由于不同的知识和问题，理解与探究的方式也不一样，所需要的学习支持也不尽相同，相应的技术应用方式也不一样。因此，在构建混合式学习模式时，应在对课堂教学和学生学习问题进行系统梳理的基础上，分类研究智能工具支持知识理解和问题探究的有效途径与方法，再建立相应的智能支撑系统，并按照教学路径对课堂教学和学生学习所需要的素材与工具、套件和路网资源等进行系统分类。

在很多课程中，普遍存在着在常规条件下不易理解的知识或难以探究的问题，而这其中又有相当比例的知识和问题需要精准与丰富的相关资料做支撑，才能更好地完成学习和探究活动。但是，在常规条件下，学生很难快速、系统、准确地获得这些资料。而信息技术在这方面恰恰能够提供很好的支持，因此，应借助多媒体、“互联网＋”和人工智能等技术，按照科学的分类体系建立资料库，将所有相关资料汇集在一起，并开发智能检索引擎系统，使教师和学生能够快速、便捷、精准地获得所需要的资料，支持知识的深入理解和问题的系统探究。

对于理科课程疑难知识的深入理解和复杂问题的系统探究，不仅需要过程支撑环境，更需要知识可视化理解的支撑手段。这些知识的理解和问题的探究，不是简单地将过程模拟出来，将知识可视化呈现出来，就一定能够很好地提供所需要的支撑环境、教学工具和虚拟仿真实验室。对于知识理解而言，一是要能够可视化呈现知识的内在机理。如果存在多种变化状态，就需要能够交互控制各种影响因素，并可视化呈现出相应的变化样态。二是对于存在多种变化状态的情况，要能够按照教学和学习需要，便捷选择多个状态进行比较和分析，能够记录各个特殊状态特征并做对比分析。三是要能够按照知识内在机理模拟操作过程，并能够对关键学习点进行有针对性的测试和评价。

对于问题探究而言，一是需要计算仿真出探究所需要的环境和各种工具，能够根据探究方案开展探究活动，并呈现出相应的探究结果。二是要能够记录探究活动过程，并能够对探究活动过程中的不同阶段状态进行比较分析。三是要能够对探究活动过程进行指导和评价。要实现这种课堂教学模式，就需要利用人工智能技术建模，计算仿真出符合知识内在机理的动态演化过程，利用 VR/AR 技术模拟仿真出真实样态并可交互，即研究开发课程虚拟仿真系统和学科教学工具。

（二）微课/云课支持下的个性化学习模式

在常规条件下，教师面对全班学生，只能选择适合大多数学生实际情况的教学模式开展教学活动，学生不可能随时随地得到最适合自己的教师的指导和帮助，难以实现个性化学习。课后，当学生做作业遇到困难时，更无法得到教师的个性化指导和帮助。在班级统一教学的情况下，个性化学习难以实现，这已经成为制约教育高质量发展的瓶颈。因此，如何有效利用“互联网＋”、人工智能、大数据等技术，让优秀教师按照学生适合的方式服务所有学生是混合式学习模式构建时需要着重解决的问题。目前，借助网络等技术手段所构建的典型的混合式学习模式包括微课支持下的翻转学习模式和名师云课支持下的系统复习模式。

1. 微课支持下的翻转学习模式

微课支持下的翻转学习模式，将知识讲授录制成微视频，让学生课前在学习任务单的引导下进行学习，使学生能够根据自己的实际情况个性化地听讲。在课前利用微课进行个性化学习，能基本上解决学生基础知识的学习，学生也能将课堂时间用于解决更高难度或复杂的问题，能有更多的深入思考和合作学习的机会，从而培养学生的创新性思维等高阶思维能力。支持翻转学习的微课建设，比较好的做法是按照学习路径体系，有针对性地分类汇聚关键知识点和问题讲解的名师智慧。

微课支持下的翻转学习模式包括课前预习、启发指导、合作探究和梳理总结等阶段。课前预习主要是借助微课进行自主学习，在该阶段，主要是对本节课的知识内容进行预习，按照适合自己的方式选择适合自己的教师进行听讲。在课上，教师首先利用交流展示工具分析学生的课前自主学习情况，并针对共性问题进行讲解。在启发指导阶段，教师可以利用多媒体、VR/AR 等技术，将抽象的知识转化为直观生动的形态，并提供知识应用的虚拟场景，为探究提供必要的支撑。在合作探究阶段，通过师生互动、生生互助开展协作学习以解决问题，突破学习重难点。在梳理总结阶段，学生在教师和同伴的指导与帮助下再次内化知识与技能，不断修改、重组和优化自己的认知结构。

2. 名师云课支持下的系统复习模式

课下，学生在单元及以上规模的阶段性复习中，如果遇到问题，很难找到高水平的教师进行个性化辅导，而这种复习又直接决定着学生课程学习的质量。借助网络等技术手段，将最优秀教师的阶段性复习指导以名师云课的形式全面提供给学生，是解决这一问题的切实可行的途径和办法。因此，在构建混合式学习模式时，应着重关注如何有效利用名师云课支持学生系统复习。

根据学生系统学习的不同需要，在构建名师云课支持下的系统复习模式时，应分类研究如何汇集优秀教师，精心研磨课程体系，建设适合学生的专题系统提升、模拟试题精讲、学生综合素养培养等类型的课程，并应用这些课程，分类探索适合不同情况的系统复习混合式学习模式。

（三）大数据支持下的精准教学模式

大数据支持下的精准教学模式，是以学生为中心，在利用大数据对学生已有的知识学习情况和学习方式采取情况进行分析的基础上，精准确定教学目标，科学设计教学活动流程，选择适切的教学资源与工具，实施教学活动。在实施教学活动过程中，动态采集学生的学习结果和学习方式大数据，适时分析学生的学习情况，选择合适的干预策略，动态调控教与学活动。基于教与学结果和方式大数据，建立学生学习数字画像和教师教学数字画像，实现教学的精准评价。

该模式的基础是实时、动态地采集多场景、全流程的学生学习结果和学习方式大数据，建立学习全过程数据档案。课前，教师充分利用大数据，精准分析学生个体和学生群体的学习情况，了解学生的学习规律，筛选出适合学生学习的共性学习路径。课中，根据学生的学习行为表现和学习结果数据，动态监测学生的学习状况，调控教学活动安排，为学生推荐个性化的学习路径。课后，基于学生学习数字画像，及时发现学生学习中存在的问题，有针对性地提供个性化学习资源，安排适合的测试训练，帮助学生完成高品质的个性化学习。

三、无边界混合式学习模式

（一）选课走校模式

由于单所学校的师资、场地等教学条件是有限的，任何一所学校都难以满足所有学生的个性化学习需要。学校间相互合作，共同为学生提供优质教育服务，是解决这一问题的切实可行的办法。如何充分利用“互联网＋”、人工智能、大数据、VR/AR 等技术，发挥课程提供学校的教师优势，考虑学生的时间、空间情况，最优化地实施课程，完成学习活动，是选课走校模式需要着重关注的问题。

选课走校模式，是根据协同学校的特色和优势，开发具有学校特色的通识课、延时课、兴趣课等，将所有合作院校的特色课程整合在一起，学生可以根据自身的个性化需求选择学习内容和学习方式进行个性化学习，而不需要关心课程是否来自本校。选课走校模式既可以是本校教师与其他学校教师联合协同教学，也可以是其他学校优秀教师单独教学。

选课走校模式是以双赢甚至多赢为目标，以特色或优质教育资源为核心，以合作为基础，借助网络等技术所构建的教育新格局，打破了传统教育在学科、教育资源、学习形式、组织结构等方面存在的时间和空间界限，通过重新组织课程资源、调整教学组织结构等，实现了学习内容、方式、方法的有效统整与融合，使学生在无边界混合式学习中实现对知识的全面系统学习，与生活实际建立更密切的联系。

（二）校社联动模式

课程学习的最终目的是培养学生解决问题的能力和创新性思维能力，这些能力形成的最佳途径是与生活相联系，让学生在生活的社会实际场景中真实体验，真正了解知识的价值和作用，真正经历知识的探索、运用和解决实际问题的过程。然而，这在当前的学校教育中难以落实。因此，学校需要借助社会的力量，和社区、企业、高校等有机结合，为学生提供知识融会贯通的真实应用场景，让学生有机会真实体验知识的探索、运用，在实际运用中经历解决问题的过程，提升解决实际问题的创新性思维能力，这是当前教育教学改革的重要工作。由于受到时间、空间、教师等限制，这样的培养活动通过面对面形式是难以完成的，这也正是混合式学习应着重解决的问题。

校社联动模式跨越学校边界，建立学校与社区、企业、高校等社会单位的有机联系，充分发挥科研院所和高新技术企业的研发人员以及一般企业、社区和服务机构等的工作人员的作用，帮助学生建立所学课程内容与生活实际的联系，为学生建立知识综合运用体验、实际问题解决经历等的实施支撑体系，使学生能够有机会融入社会、了解社会，培养学生的问题意识、社会责任感、创新能力。

在建立校社联动模式时，应着重关注以项目为载体，充分利用知识综合运用体验、实际问题解决经历等的实施支撑体系，推进跨学科学习，加强各学科之间的融合，通过生活实际问题把各学科知识串联起来，帮助学生形成一种多学科相互衔接的、融会贯通的、更加全面的解决生活实际问题的能力。

第三节　混合式学习实施方法

前面讨论了一些比较典型的混合式学习模式。在开展课堂教学活动时，选择适合的混合式学习模式，并按照所选择的模式完成教学设计工作，是开展混合式学习教学所必须完成的工作。本节主要对混合式学习模式选择、混合式学习任务设计及混合式学习技术应用方法进行阐述。

一、混合式学习模式选择

在实际教学中，教师须选择适合的混合式学习模式开展教学活动。下面从学习目标导向、名师个性化指导、基于大数据的教学优化与评价以及多感协同沉浸式学习四个方面阐述如何选择混合式学习模式。

（一）学习目标导向

课程学习目标导向不同，直接影响混合式学习模式的选择。比如：以知识学习和训练为主的学习目标，会导向讲练结合的混合式学习模式；更加关注学生创新思维能力、合作能力、问题综合解决能力培养的学习目标，则会导向侧重探究式、合作式、体验式等的混合式学习模式。

（二）名师个性化指导

由于学生已有知识水平和认知水平存在差异，以及学习内容难易度不同，导致在一些内容上，通过课堂教学，难以保证所有学生都能很好地完成学习任务。特别是在一些疑难知识的学习上，通过课后复习或教师简短地集中复习等方式，无法解决学习中所存在的问题，往往需要教师按照适合学生的方式给予个性化指导，才有可能解决学习的问题。因此，在这种情况下，教师应选择基于名师云课，按照不同学习路径，为学生提供个性化指导的混合式学习模式。

（三）基于大数据的教学优化与评价

通过课堂练习、作业和多种类型的考试，动态地获取学生的学习情况大数据，通过学生学习路径和所利用的学习资源，动态地获取学生的学习方式大数据，并在此基础上，建立学生学科学习情况数字画像。基于学生学科学习情况数字画像，动态分析学生的学习问题，推荐合适的学习路径，基于学生的学习数字画像，分析教师的教学数字画像，推荐教学路径优化建议，实现教学的动态调控和精准评价，已经成为现在基于移动终端的课堂教学的一种主要形式。在这种情况下，教师应选择基于大数据建立数字画像，动态优化教与学路径，精准推荐教学套件和学习路网资源的混合式学习模式。

（四）多感协同沉浸式学习

疑难知识深入理解、复杂问题系统探究等，大多需要在生活真实场景中让学生多感协同、沉浸其中进行。通过常规教学条件很难营造这样的学习环境，然而，人工智能和虚拟仿真技术的结合，为营造这样的环境提供了可能。因此，在这种情况下，教师应选择通过由 VR/AR 技术所构建的智能多感协同交互学习环境来完成学习的混合式学习模式。

二、混合式学习任务设计

学习任务不仅是驱动学习活动开展的关键，也是课堂教学的基础，更是教师教学智慧的集中体现。下面我们从混合式学习任务设计思路和方法两方面进行阐述。

（一）混合式学习任务设计思路

混合式学习任务是能够激发学生的学习动机和兴趣，全过程驱动学生的学习活动的分层、分类问题集。混合式学习应对学习任务的内容、层次及评价方式进行系统设计。混合式学习任务设计，应是在一定的理论指引、充分考虑可利用的学习环境和可操作的学习方式情况下完成的，所设计的学习任务应能有效驱动知识的学习、解决复杂问题能力的形成和创新思维能力的培养。

应秉持“以学生为主体”的教育理念，系统地设计有层次性、多样化的学习任务。在设计学习任务时，应充分考虑运用技术手段丰富学习内容的呈现方式，拓展学习资源的获取方式，拓宽学习活动的组织形式，以此来支持学生完成各层级的学习任务，促进学生思维能力的发展。

（二）混合式学习任务设计方法

混合式学习任务设计首先要解决的问题是帮助学生搞清楚为什么要学习课程

所安排的内容，即让学生明白课程学习的目的。这是教学最为关键的事情，它直接决定着学生是否有足够的欲望学习。当学生不清楚为什么而学习时，无论是课堂教学，还是课后学习，都不会有太好的效果。其次，让学生明白到底要学习哪些方面的知识，形成什么样的能力和素养。

要想让学生明白为什么学习所安排的课程，从而激发学生的学习欲望，通过直接讲授知识是很难做到的。虽然通过先学习知识，后应用知识解决问题的方式，也可能最终明白为什么学习知识，但是，由于学习过程中未能最大限度地激发学生的学习欲望，因此学习不可能达到最佳效果。

让学生明白为什么要学习所安排的课程，最切实可行的办法就是让学生明白该课程的内容主要用于解决什么问题，或完成什么任务，学生自然而然就清楚为什么要学习了。但是，在实际教学活动中，并不是什么样的任务都能够很好地激发学生的学习欲望，如果所设计的任务不好，就起不到激发学生学习欲望的作用。因此，学习任务的设计就显得尤为重要。

所设计的学习任务，一方面应能够充分反映出这些任务的解决或完成是十分必要的，且如果没有进一步的知识学习，就无法解决这些问题，无法完成这些任务。另一方面，应覆盖所有边界情况，且是分层递进的，能够有效引导学生由浅入深、系统全面地开展学习活动。这里的关键点是如何让学生从实际问题或任务入手，认识到为了解决问题或完成任务，就必须掌握相应的知识，且知道应掌握哪些方面的知识。

比如在初中数学“全等三角形”一课中，教师直接讲授什么是全等三角形，会使学生觉得多此一举，学生会认为这是一目了然的事情，没必要翻来覆去地讨论。这必然会引起连锁反应，致使后面对全等三角形性质的学习没有了兴趣。为了解决学生不愿意学习的问题，全等三角形的学习驱动问题/任务设计至少应解决两个方面的问题：一是为什么要学习全等三角形，二是从哪些方面学习全等三角形相关的知识。因此，驱动全等三角形学习的任务，必须是需要通过两个三角形全等才能够解决的问题或完成的任务，且在问题解决或任务完成的过程中，需要用到全等三角形的性质。基于上述思考，我们给出一个具体实例如下：

某一礼堂顶部有一个三角形的装饰板由于某种原因损坏了，需要重新制作一个并安装上去。在正常情况下，需要工程人员先找到可以上到礼堂顶部的梯子，上去测量三角形的大小，再去制作，制作完成后再安装上去。但这样需要上去两次，比较麻烦。如果事先知道三角形的尺寸，只上去一次就可以了。但是，事先掌握的三角形相关数据既可能完整，也可能不完整，甚至没有相关数据。如果完整，上去一次就可以了。如果没有相关数据，就必须上去两次。在数据不完整的情况下，到底能不能判断出礼堂顶部三角形的尺寸呢？在什么条件下能判断出？

给出这样一个任务，可以让学生一方面明白两个三角形全等在解决实际问题时是有用的，另一方面知道要想解决实际问题，至少要了解三角形的性质才能够判定两个三角形全等。只有通过布置这样的一个任务，学生才可能有兴趣利用学习工具探索出在掌握什么信息的情况下，就可以做出和礼堂顶部的三角形装饰板完全一样的替换板，进而知道学习全等三角形的价值和意义，以及判定三角形全等的条件。

三、混合式学习技术应用方法

人工智能、大数据、“互联网＋”和 VR/AR 等技术，各有其优势与不足。下面从虚拟现实技术支持知识理解与探究、人工智能和大数据支持精准学习与评价、“互联网＋”供给优质教育服务等方面进行阐述。

（一）虚拟现实技术支持知识理解与探究

虚拟现实技术可给学生带来视觉、听觉、触觉等多重感官刺激，沉浸性、交互性是虚拟现实技术的基本特征。利用虚拟现实技术，可以按照知识的内在规律建立智能仿真交互学习环境，为知识深度理解和问题系统探究提供高逼真、强交互、多感协同的学习环境，让学生在可参与、可控制、身临其境的情况下开展个性化学习活动。

利用虚拟现实技术建立的混合式学习环境，对学习至少可提供三方面的支撑工具。一是能够完整支撑知识深度理解和探究学习活动开展的过程支撑工具；二是能够完整记录知识深度理解和探究学习活动过程，并能够对知识深度理解和探究学习活动过程中的不同阶段的学习情况进行比较分析的工具；三是能够根据分析结果对知识深度理解和探究学习活动过程进行指导的工具。

（二）人工智能和大数据支持精准教学与评价

以人工智能、大数据等技术为支撑，建立智能感知环境，采集课堂教学情况大数据，动态建立、优化教与学路径系统，汇聚、完善名师教学智慧，形成学习路网资源，是实现精准教学与评价的关键。

在教学过程中，教师通过大数据动态掌握学生的学习状况，找到课堂教学的最佳路径，并获得有效实施教学活动的教学手段与工具，适时得到优秀教师的指导和帮助，优化教学，提升教学质量。在学习过程中，大数据帮助学生找到学习中存在的问题，为学生推荐最佳学习路径，提供适合的支撑资源与工具完成个性化学习活动。

教与学质量精准评价的关键在于教与学数据的完整性和学生学习画像的准确刻画。要采集到完整的教与学数据，就需要有能够全面反映课程学习情况的量化标准（课程图谱）。学生学习画像应能够充分反映出学生学习各门课程的知识水平及相应的能力水平，所形成的思维品质和综合素养，以及学习风格、偏好，等等。由于学生评价大数据动态多变，且同一方面可能会有多组数据出现，因此，对学生进行画像刻画是困难的。所以，在教学质量评价的过程中，应能够通过多组数据迭代计算出学生的知识与能力、学科素养等情况。

（三）“互联网＋”供给优质教育服务

在常规教学条件下的课堂教学中，教师只能选择适合大多数学生的统一教学模式开展教学活动，无法做到按照每一个学生的需要因材施教，要实现个性化学习几乎是不可能的。借助“互联网＋”、人工智能、大数据等技术，按照知识的不同学习方式，分类建立学习路网体系，将最好的教师教学智慧和典型的学生学习经验汇集在学习路网中，最大限度地将优质教育资源动态提供给每一个学生，并基于应用效果大数据迭代优化学习路网资源，建立“人网融合”学习新体系，实现任课教师和虚拟教师联合开展新双师教学。

第二章

高中案例

无论是利用混合式学习方法重构师生关系，优化线上线下教学策略，为不同基础、不同理解能力的学生提供多渠道、多方式的学习路径的“DNA 分子的结构”，还是促进学科间的融合，加快校内外资源的高度共享，实现生生、师生互动与协作的“舞动的皮影　行进的唐山”；无论是“探寻碰撞中的守恒量”还是“用 AI 装点人大附中分校”，抑或是“How to make your continuation writing vivid?”，这些案例都通过混合式学习，既体现了教师引导、启发、协调教学过程的主导作用，又突出体现了学生作为认知主体的主动性、积极性与创造性。融合了传统课堂现场学习与网络在线学习优势的混合式学习，将成为未来学校课程实施的主要方式和主流模式。

第一节 DNA 分子的结构

一、主题分析

利用混合式学习方法重构师生关系，优化线上线下教学策略，为不同基础、不同理解能力的学生提供多渠道、多方式的学习路径。课前，教师通过 UMU 平台，把课前复习资源套件和自主学习资源套件分类整合发布给学生，供不同知识水平的学生自主学习。课上，教师结合扫码拍照、互动讨论、点赞评论等形式，开展基于问题情境的教学，将自主学习、探究式学习、合作学习、反思性学习等多种学习方法，融入合作探究资源套件和难点突破资源套件中，并通过 UMU 平台中的模块进行实时、过程性、嵌入式的评价。补齐传统课堂上教师一言堂、学生交流偏少的短板，解决线上学习中学习资源过剩、学习情境不够真实的缺憾。课后，教师将文字拓展、微课拓展等材料整合，构建课后巩固资源套件，给学生更多自主复习、拓展知识的途径。

智学网 App 能整合课前基础知识测评与课后作业布置，针对不同水平的学生自动推送个性化学习手册，采集分析学习者学前、学后产生的共性和个性化的学习数据，并整合成学习路径的闭环，为教师组织学习共同体提供精准判断。

适用的年级：高二。

二、学习流程

学习流程分为课前自主学习、课上合作探究和课后复习巩固三部分（见图 2－1－1、图 2－1－2、图 2－1－3）。

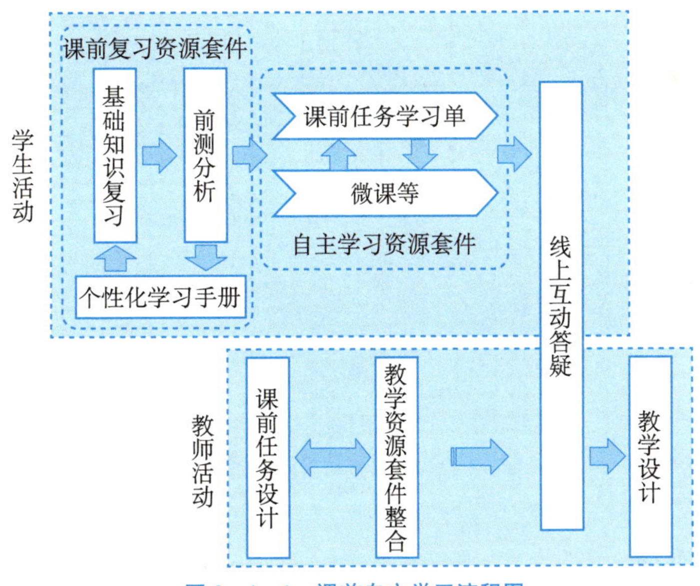

图 2－1－1　课前自主学习流程图

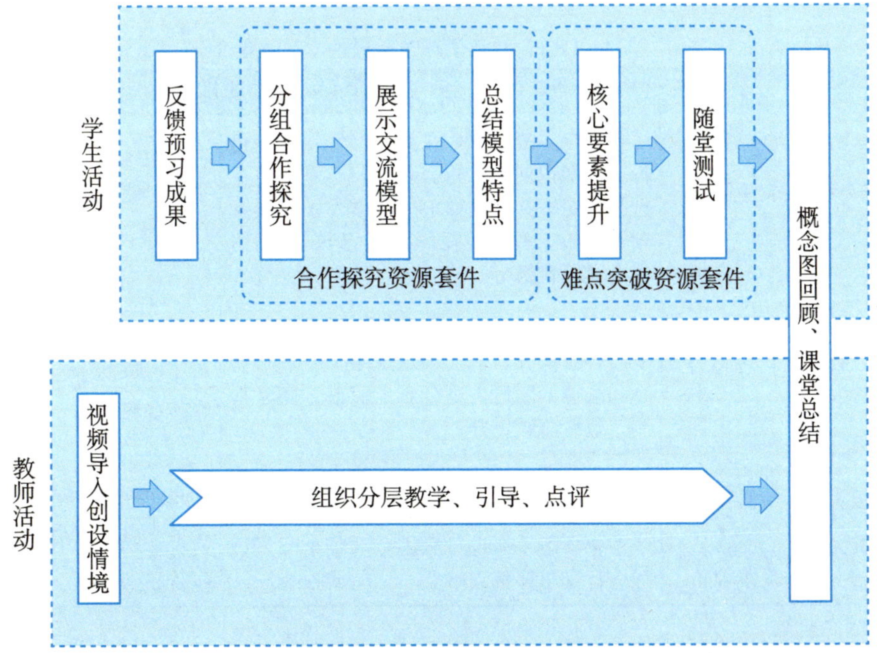

图 2－1－2　课上合作探究流程图

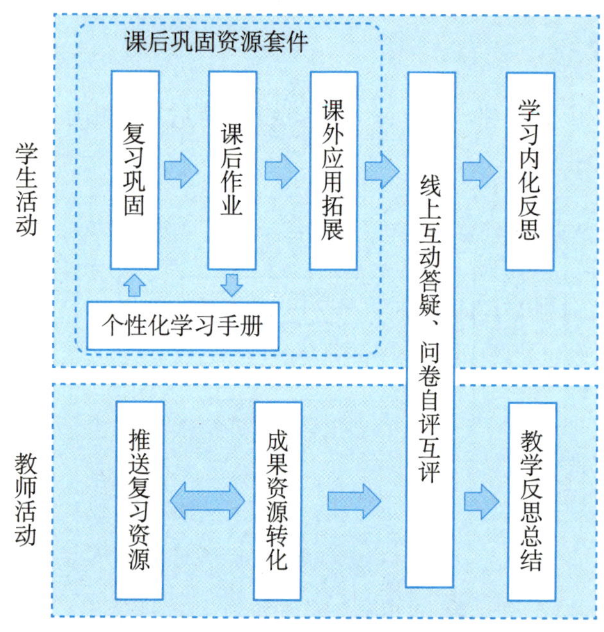

图 2-1-3 课后复习巩固流程图

三、学习准备

按照教学环节、学生学习资源所做的学习准备如表 2-1-1 和表 2-1-2 所示。

表 2-1-1 按教学环节所做的学习准备

教学环节		项目要点	教学环境和资源
课前自主学习	前测分析	学生在自主复习后，在智学网练习中心进行基础知识前测分析。在 UMU 平台自主选择资源，并完成课前任务学习单，提交预习成果。教师根据学情进行教学设计，生成学习目标等。	智学网练习中心、UMU 平台、课前复习资源套件、自主学习资源套件。
	自主预习		
	教学设计		
课上合作探究	创设情境	在预习成果展示后，学生根据导学案进行分组合作探究，提交展示成果，并进行质疑和解惑。随后，进行难点突破、随堂检测，最后总结提升。	UMU 平台、PPT、合作探究资源套件、难点突破资源套件。
	探究学习		
	总结提升		
课后复习巩固	课后作业	学生当利用知识结构图复习巩固后，在智学网练习中心完成课后作业。智学网推送个性化学习手册进行巩固，对整个学习过程进行反思评价。	UMU 平台、智学网练习中心、课后巩固资源套件。
	个性复习		
	反思评价		

表 2-1-2　按学生学习资源所做的学习准备

学生学习资源	内容
课前复习资源套件	“DNA 分子的结构”课前基础知识回顾测试
	《遗传信息的携带者——核酸》读本
	《遗传信息的携带者——核酸》微课
	《遗传信息的携带者——核酸》复习 PPT
自主学习资源套件	《DNA 分子的结构》读本
	《DNA 分子结构的发现》科学史微课
	《DNA 分子结构的发现》科学史 PPT
合作探究资源套件	《合作探究模型构建》PPT
	DNA 物理模型原件
	进阶锦囊 1
难点突破资源套件	《DNA 的碱基计算》PPT
	《DNA 的碱基计算》微课
	随堂测试题
	进阶锦囊 2
课后巩固资源套件	《DNA 科学背后最被忽视的无名女英雄》拓展读本
	《迷路频道·破解 DNA 之谜》拓展微课
	《遗传物质探索的前因后果》拓展微课
	《DNA 分子的结构复习资源》微课
	《DNA 分子的结构》课后作业

四、学习目标

在学生完成课前复习资源套件和自主学习资源套件后，教师根据采集到的数据进行教学设计，生成如下教学目标：

(1) 描述 DNA 分子的结构及结构特点（生命观念）。

(2) 动手制作 DNA 分子双螺旋结构模型（探究实践）。

(3) 计算 DNA 分子双链的碱基比例，尝试解决生物遗传物质鉴定中的相关问题（科学思维、态度责任）。

五、学习过程

（一）课前自主学习

（1）基础知识复习、前测分析（见表 2-1-3）。

表 2-1-3 教师活动与学生活动

教师活动	学生活动
（1）教师在课前对教学资源进行整合，设计课前复习资源套件和自主学习资源套件，并发布到 UMU 平台上。 （2）课前复习资源套件为不同学习习惯的学生提供资源：复习所需的教材节选、《遗传信息的携带者——核酸》微课。	学生选择自己喜欢的方式自主复习学过的内容，并登录智学网练习中心进行课前基础知识回顾测试。根据智学网 AI 分析，向基础知识遗忘较多、正确率较低的学生推送个性化学习手册，为新知识的学习奠定认知基础。

（2）自学微课预习（见表 2-1-4）。

表 2-1-4 教师活动与学生活动

教师活动	学生活动
（1）自主学习资源套件为学生提供预习所需的教材节选、《DNA 分子结构的发现》科学史微课等。 （2）课前预习成为有效的先行组织者，以学习资源套件为载体，注重生物科学史的学习。其中，微课配套课前任务学习单，设有暂停思考、答疑解惑等交互环节。课前任务学习单以问题驱动为导向，加入困惑与建议、课堂活动预告等内容，引导学生自主学习。	学生选择喜欢的方式观看微课或阅读课本，一同追寻科学家科学探究的足迹，掌握一定的新知识，为上课学习的知识的内化奠定基础，并完成课前任务学习单，提交预习思考题结果。

（3）线上互动答疑，进行教学设计（见表 2-1-5）。

表 2-1-5 教师活动与学生活动

教师活动	学生活动
（1）教师组织线上互动答疑，解决学生预习后的困惑。 （2）教师根据学生课前自主学习的反馈情况进行分析和解读，充分了解学生已掌握的知识内容，针对提出的疑难问题和困惑确定本节课的重难点，明确教学目标，制定合适的教学过程，改进教学策略，组织学习共同体。	学生进行互动提问交流。

（二）课上合作探究

（1）创设情境，反馈预习成果（见表 2-1-6）。

表 2-1-6　教师活动与学生活动

教师活动	学生活动
教师播放视频《寻找双螺旋》，直观地呈现 DNA 双螺旋结构，开门见山地创设情境。渗透核心概念，让学生感受 DNA 双螺旋的结构美。	学生在 UMU 互动平台上查看课前预习的提交结果，并相互点赞、评论、补充，巩固课前预习的基础知识，提高课堂学习效率。

（2）分组合作探究（见表 2-1-7）。

表 2-1-7　教师活动与学生活动

教师活动	学生活动
（1）教师提供合作探究资源套件，包括 DNA 物理模型原件和进阶锦囊 1。配合导学案，以问题为驱动，注重情境下的探究式学习，引导学生自主搭建知识框架，结合小组讨论、分工协作，提高模型构建的能力，突破教学重点。 （2）教师组织各组拍照上传，在直观对比中帮助学生突破教学难点。 （3）教师引导学生思考："制作 DNA 分子模型必须遵守的准则有哪些?" （4）教师组织学生观察各自小组的模型，由平面结构螺旋形成空间结构。	（1）学生分组构建 DNA 平面模型，在体验活动中培养合作意识和探究精神。 （2）各小组通过 UMU 平台将模型照片上传后，与其他组比较相同和不同结构，互动生成 DNA 分子平面结构的主要特点。 （3）学生通过 UMU 平台将小组讨论结果上传，各小组可查看其他组的成果，相互学习、点赞评论、完善答案。开发组间交流机制，促进问题探讨的动态化呈现和完善过程。 （4）速度快的小组打开进阶锦囊 1，挑战更高难度的问题。通过进一步的组内探究，引发学生思考，开阔学生的视野，激发学生的求知欲望。 （5）小组讨论并实际操作，进行空间结构的变换与拓展，最终探索构建环状 DNA 分子模型。

（3）难点突破（见表 2-1-8）。

表 2-1-8　教师活动与学生活动

教师活动	学生活动
（1）教师根据学生总结的准则，引导学生归纳 DNA 分子碱基计算的一般方法，并提供难点突破资源套件，包括随堂测试题、进阶锦囊 2 等。 （2）组织学生以概念图的形式回顾本节课的知识框架，进行知识点归纳、总结。	学生根据随堂测试结果，自主选择难点突破资源，以进一步提高科学思维能力，提升对教学难点的掌握。

（三）课后复习巩固

（1）复习巩固（见表 2-1-9）。

表 2-1-9 教师活动与学生活动

教师活动	学生活动
教师根据课前和课中学生的学习和表现情况提供课后巩固资源套件。其中包括《DNA 分子的结构复习资源》微课、“DNA 分子的结构”课后作业、拓展资料等。	学生在自主复习巩固后，完成“DNA 分子的结构”课后作业，自主选择并学习拓展资料。

（2）个性复习、互动答疑（见表 2-1-10）。

表 2-1-10 教师活动与学生活动

教师活动	学生活动
（1）教师根据学生的课后作业完成情况，推送个性化学习手册。 （2）教师组织线上互动答疑，解决学生学习后的困惑，与学生分享本节课的感悟、体会。	（1）根据智学网 AI 分析，对课后作业完成情况不太理想的学生推送个性化学习手册，对新知识的学习进行巩固，达到查漏补缺的效果，实现知识巩固、能力发展和素养提升。 （2）学生进行互动提问交流，分享本节课的感悟、体会。

（3）反思评价（见表 2-1-11）。

表 2-1-11 教师活动与学生活动

教师活动	学生活动
（1）教师推送课前、课中数据，以及调查问卷。 （2）对整堂课的所有资源和生成的数据进行分析，进行教学反思。	学生进行自评、组内互评、组间互评，完成反思评价。

六、案例自评

（一）教师自评

（1）以微课为中心的探究式学习方式的使用，改变了传统的教学方式和学习方式：从传统的“教师先教，学生后学”，变成了“学生自学、学生互学”与“以学导教、以教导学”的双向互动，真正尊重了学生的主体地位。

（2）资源套件配合项目情境的引用，不仅使教学逻辑结构更加清晰，更加符合学生的认知规律，也能将课外科学知识带到课堂，拓宽学生的视野，增加课堂的深度。

（3）微课教学、扫码拍照等信息化教学手段，培养了学生自主学习、信息化学习的能力，同时部分消除了学生在传统课堂中不敢发言表达自己观点和想法的不自信的心理现象。

（4）本课程从多角度、多维度组织学生自主学习、合作探究、复习巩固等，并引导学生对模型构建进行讨论改进；通过反复实践，学生能突破并总结本节课的重点和难点。

（5）各环节渗透核心素养，彰显育人价值。

（二）教学评价

1. 生成性评价

通过对本节课观看视频、拍照上传、阅读文档、讨论的次数的统计（见图 2-1-4），表明混合式学习能为学生提供多元学习路径，提高互动频次。

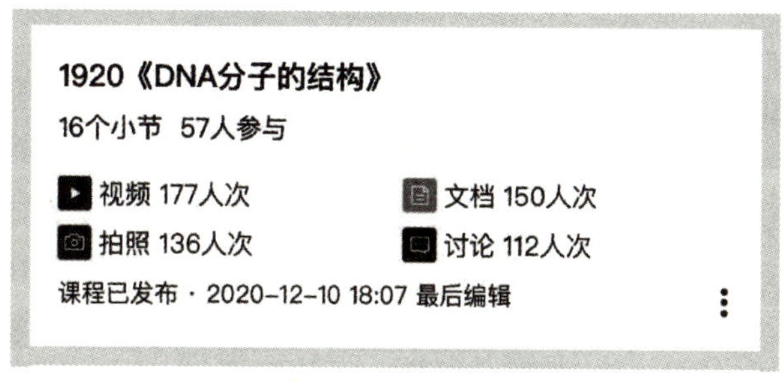

图 2-1-4　混合式学习数据统计

通过发放问卷进行自评（评分范围为 1 星～5 星），80%以上的学生认为自己能非常好地完成教学目标（见图 2-1-5）。这说明教师根据采集到的数据设定教学目标，很符合学生的认知规律。

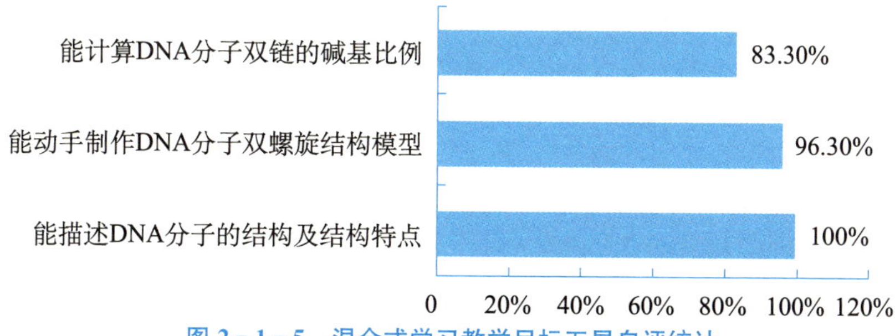

图 2-1-5　混合式学习教学目标五星自评统计

90%以上的学生认为课前进行基础知识回顾对本节课的课前预习帮助非常

大；课前任务学习单的使用让自主学习目标更加明确，有助于自查知识盲区，调整学习进度，改进学习方法，提高自主学习效率；课堂活动和课前自主学习衔接好，课堂效率、课堂活跃度相比传统课堂有所提升，学生也更愿意通过 UMU 平台进行质疑、点赞评论和回答问题；师生在线互动答疑和个性化学习手册使得学习更加有针对性，学生之间、小组之间互相评价的方式使得学生的课堂参与感更强（见图 2－1－6）。

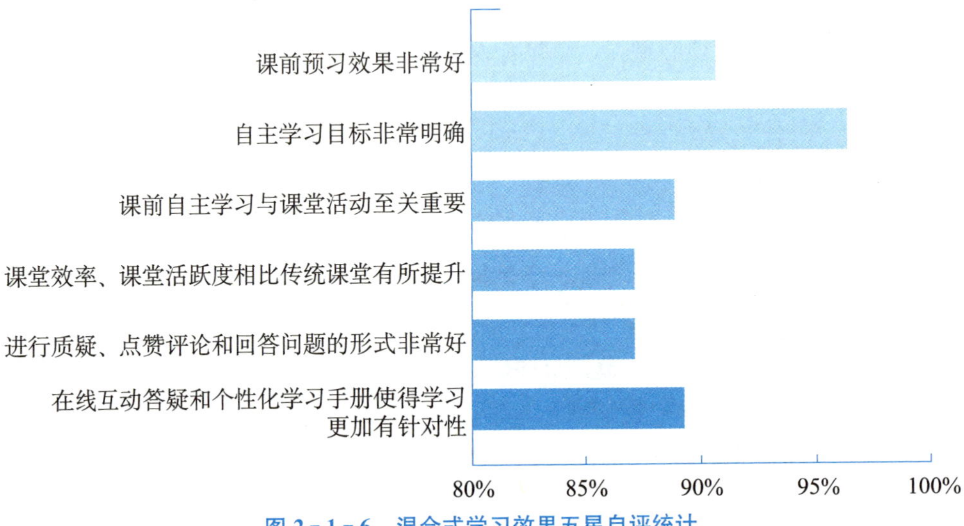

图 2－1－6　混合式学习效果五星自评统计

超过 90％的学生认为自主学习能力、分析问题能力、语言表达能力、团队协作能力、评价他人能力提升很大，学生非常认可混合式学习下的教学模式（见图 2－1－7）。

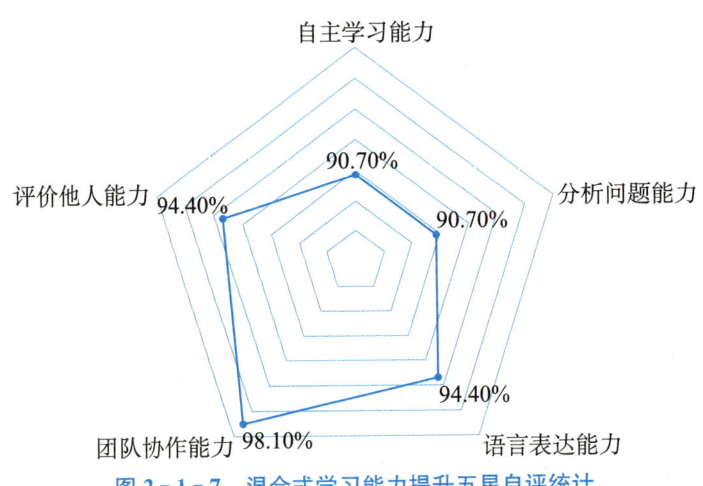

图 2－1－7　混合式学习能力提升五星自评统计

关于“你认为哪个环节让你深刻体会到学习的个性化”，27.8%的学生认为从“课后选择拓展资源”，18.5%的学生认为从“课前在平台上进行困惑与建议的互动”，16.7%的学生认为从“课上模型构建进行探究”（见图 2-1-8）。混合式学习为学生提供了充足的学习路径，能充分发挥学生的自主性，更能使学生体会到学习的乐趣。

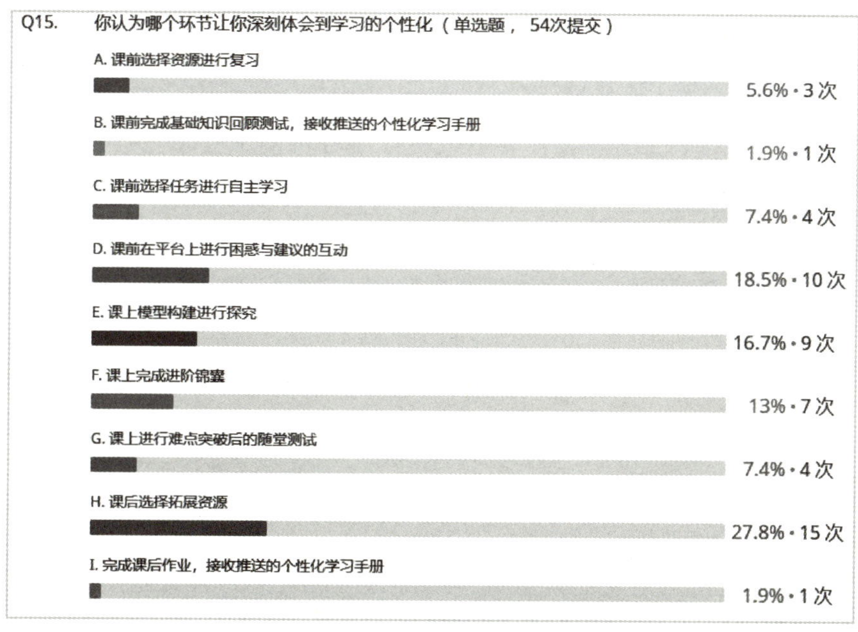

图 2-1-8　能深刻体会到学习个性化的环节统计

2. 结果性评价

为了比较混合式学习与传统教学方式在学习效果上的差异，笔者选择了同年级同层次的班级作为对照组，教学时不使用混合式学习。

通过分析表 2-1-12 和表 2-1-13 的数据可以得出，实验组和对照组的差异不显著，表明实验前两个班的成绩处于同一起跑线。通过分析表 2-1-14 和表 2-1-15 的数据可以得出，实验组和对照组的差异逐渐显著，表明实验后两个班的成绩差异较明显；从均值上看，实验组成绩高于对照组；实验组标准差减小，学生成绩更加均匀，两极分化情况有所改善。

表 2-1-12　前测数据差异性检验

	平方和	df	均方	F	显著性
组间	76.323	1	76.323	0.053	0.819
组内	23 182.184	106	62.655		
总数	23 258.507	107			

表 2-1-13 前测基本数据

班级	均值	标准差
对照组	76.145	7.688 4
实验组	75.239	8.136 2
总计	75.692	7.917 8

表 2-1-14 课后作业数据差异性检验

	平方和	df	均方	F	显著性
组间	81.441	1	81.441	1.121	0.292
组内	29 898.051	106	60.522		
总数	30 327.492	107			

表 2-1-15 课后作业基本数据

班级	均值	标准差
对照组	80.582 661 29	7.746 503 833
实验组	82.443 638 74	7.012 580 736
总计	81.513 150 02	7.379 542 285

附录一 “DNA 分子的结构”课前任务学习单

一、基础信息

课程名称	DNA 分子的结构
教材及版本	人教版高中《生物》必修二第三章第二节
授课对象	高一年级
网络平台资源	智学网 App 练习中心、UMU 平台

二、学习指南

课前学习拟达成目标	（1）描述 DNA 分子的结构及结构特点。 （2）动手制作 DNA 分子双螺旋结构模型。
预习重点	（1）DNA 分子结构的主要特点。 （2）制作 DNA 分子双螺旋结构模型。
学习方法建议	自主学习、合作学习

三、课前基础复习

第一环节：从课前复习资源套件中选择一种适合自己的资源，进行课前基础复习。

第二环节：打开智学网 App 完成基础知识回顾测试，并完成推送的个性化学习手册。

四、自主学习任务

根据自主学习资源套件中提供的资源，从任务一和任务二中任选适合自己的一种并完成。

任务一：阅读 47～48 页的阅读材料，感受探索之旅，回答下列问题。

（1）科学界对 DNA 的认识：DNA 分子以四种____________为单位连成长链，DNA 的结构单位共有四种，是因为______________。

（2）1951 年，沃森得到了 DNA 衍射图谱并在剑桥遇到了克里克。根据衍射图谱推算出 DNA 分子呈__________ 结构。

（3）查哥夫的成果：____________________________。

（4）DNA 是______ 条链构成的螺旋，磷酸和______交替连接构成骨架排在______侧，内部是________，且 A 与______配对，______与______配对。

任务二：观看微课，完成下列思考题。

（1）请尝试将下面六个脱氧核苷酸分子相连，构建一条脱氧核苷酸链模型。

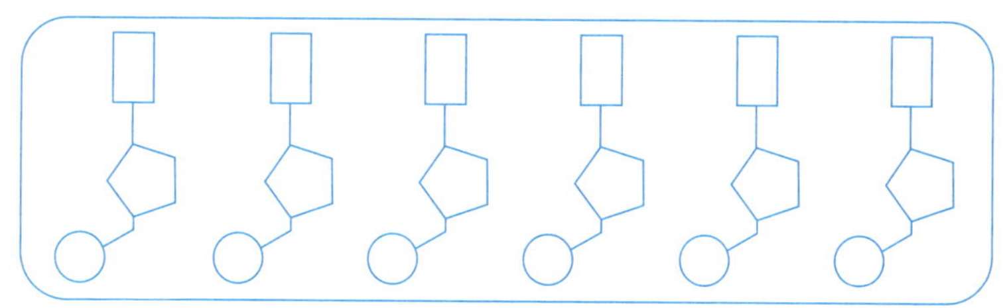

（2）思考：

1）含氮碱基跟哪个结构相连？

2）一条脱氧核苷酸链的基本骨架是什么？

3）DNA 分子是由几条链构成的螺旋？

4）两条链在排列方向、空间位置上有何关系？

五、困惑与建议

请在平台上提出：

（1）课前自主学习后存在的疑难与困惑。

（2）对教师课堂授课内容与形式的建议。

六、课堂活动预告

反馈预习成果	反馈各小组的课前自主学习任务完成情况，汇报交流，对模糊不清的内容进行研讨。
分组合作探究	结合所学科学史内容，利用所给材料分小组动手合作，构建一个 DNA 分子双螺旋结构模型。
总结提升	（1）归纳制作 DNA 分子模型必须遵守的准则。 （2）归纳碱基计算一般方法，鉴别生物遗传物质类型。

附录二 “DNA 分子的结构”导学案

教学目标：

（1）描述 DNA 分子的结构及结构特点（生命观念）。

（2）动手制作 DNA 分子双螺旋结构模型（探究实践）。

（3）计算 DNA 分子双链的碱基比例，尝试解决生物遗传物质鉴定中的相关问题（科学思维、态度责任）。

环节一：合作探究模型构建

1. 平面模型构建

（1）尝试用 30 个脱氧核苷酸分子构建 DNA 分子的平面结构模型。

（2）扫描屏幕上的二维码，将你们的模型拍照上传至 UMU 平台。

（3）推选一名同学代表你们小组向全班展示并介绍你们所组装的模型的特点。

2. 模型展示

注意：对比观察与本组的模型在结构上有什么不同之处；对比观察与本组的模型在结构上有什么相同之处；每个小组展示和点评的时间不超过 2 分钟。

3. 立体模型构建

思考：（1）如何由平面结构形成空间结构？（2）空间变化上还有新的发现吗？

4. 知识小结

观察你们制作的模型，和小组成员一起讨论：制作 DNA 分子模型，有哪些必须遵守的准则？

扫描屏幕上的二维码，将你们的讨论结果上传至 UMU 平台。

提示：本组提交成功后可以查看其他小组的结果，并进行点赞、互评，还可以打开“进阶锦囊”进行挑战。

环节二：核心要点提升

碱基计算：

(1) 若你要鉴别一种生物的遗传物质是什么，你该测定哪些信息呢？

(2) 在 DNA 中，以下碱基关系哪些是一定成立的？

A_1 T_1 G_1 C_1

T_2 A_2 C_2 G_2

①$A_1=T_1$、$A_2=T_2$、$C_1=G_1$、$C_2=G_2$

②$A_1=T_2$、$A_2=T_1$、$C_1=G_2$、$C_2=G_1$

③$A=T$、$C=G$ ④$\frac{A_1+T_1}{C_1+G_1}=\frac{A_2+T_2}{C_2+G_2}=\frac{A+T}{C+G}$ ⑤$A+T=C+G$

⑥$\frac{A_1+G_1}{T_1+C_1}=\frac{T_2+C_2}{A_2+G_2}=\frac{A+G}{T+C}$ ⑦$A+G=T+C$

(3) 扫描二维码进行随堂测试。

提示：本组提交成功后可以查看其他小组的结果，并进行点赞、互评，还可以打开“进阶锦囊”进行挑战。

环节三：总结本节课所学的知识，完成下面的概念图

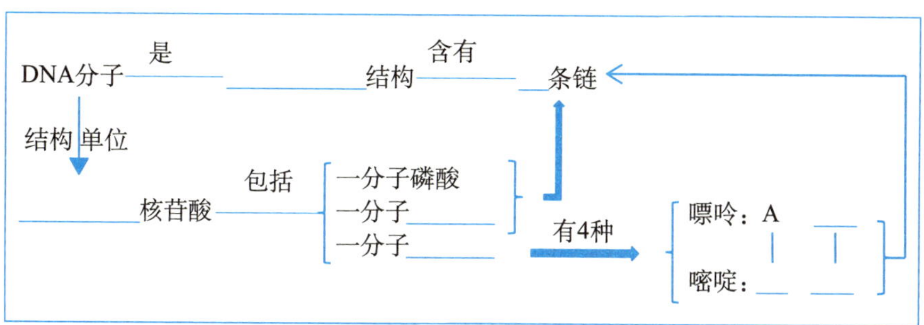

环节四：课后巩固

(1) 从课后巩固资源套件中选择一种适合自己的复习资源，进行课后基础巩固。

(2) 打开智学网 App 完成课后作业，并完成个性化学习手册。

(3) 从课后巩固资源套件中选择一种适合自己的拓展资源。

(4) 在互动答疑平台上完成自评互评和学习反思。

附录三 “DNA 分子的结构”课前学习评测

一、单选题（每题 5 分，共 50 分）

1. 下列各组物质中，由相同种类元素组成的是（ ）

A. 纤维素、半乳糖、糖原　　B. 胆固醇、脂肪酸、脂肪酶

C. 氨基酸、核苷酸、丙酮酸　　D. 性激素、维生素 D、胰岛素

2. 禽流感病毒中的核酸，含有的核苷酸种类是（　　）

A. 1 种　　B. 4 种　　C. 5 种　　D. 8 种

3. 有人分析可溶于水的较小有机物样品，发现它只含有 C、H、O 三种元素，则这一有机物最可能是（　　）

A. 脂肪、纤维素　　B. 氨基酸、蔗糖

C. 淀粉、核酸　　D. 蔗糖、葡萄糖

4. 下列关于生物体中核苷酸种类和构成的叙述错误的是（　　）

A. 细胞中碱基组成相同的核苷酸，种类不一定相同

B. 水稻细胞中含有 A、T、G 的核苷酸有 5 种

C. HIV 的核酸彻底水解后得到 6 种小分子物质

D. 脱氧核糖核苷酸是以碳链为基本骨架的多聚体

5. 科学家在太平洋深海热泉附近新发现两种微生物，现在想研究这两种微生物亲缘关系的远近，对细胞中某些物质的组成进行分析来作为理论依据，一般不采用的物质是（　　）

A. 蛋白质　　B. DNA　　C. RNA　　D. 核苷酸

6. 水稻和玉米从外界吸收硝酸盐和磷酸盐，可用于细胞内合成（　　）

A. 淀粉　　B. 脂肪　　C. 核酸　　D. 甘油

7. “桂子月中落，天香云外飘。”咸宁被誉为“桂花之乡”，在桂花花瓣细胞中，组成核酸的碱基、五碳糖、核苷酸的种类分别是（　　）

A. 5、2、8　　B. 4、2、2　　C. 5、2、2　　D. 4、4、8

8. 右下是核酸的基本单位——核苷酸的模式图，下列说法正确的是（　　）

A. HIV 病毒中①有 1 种，②有 2 种

B. 人体细胞内②有 2 种，③有 8 种

C. DNA 与 RNA 在核苷酸上的不同的点只是②的不同

①
②
③

D. 人体内的 A、C、G、U 可以构成的核苷酸有 7 种

9. 生物体内某些重要化合物的元素组成和功能关系如图所示，其中 X、Y 代表元素，a、b、c 分别是组成甲、乙、丙三种生物大分子的单体，这三种单体的结构可用 d 或 e 表示。下列相关叙述错误的是（　　）

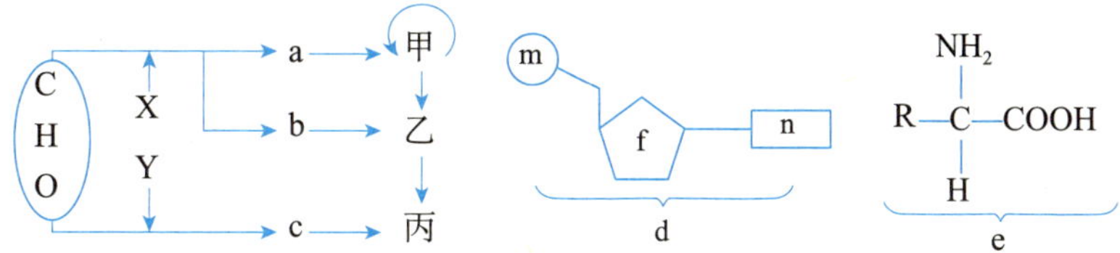

A. X 表示的元素是 N 和 P，Y 表示的元素一定有 N

B. 在真核细胞中，甲主要分布于细胞质，乙主要分布于细胞核

C. 如果 d 是乙的基本单位，那么 n 不可能是胸腺嘧啶

D. e 是丙的基本单位，多个 e 可通过肽键连接起来

10. 下列各种生物中关于碱基、核苷酸、五碳糖种类的描述，正确的是（　　）

	A	B	C	D
	大肠杆菌	人口腔上皮细胞	HIV	豌豆叶肉细胞
碱基	5 种	5 种	4 种	8 种
核苷酸	5 种	8 种	8 种	8 种
五碳糖	1 种	2 种	2 种	2 种

A. A　　B. B　　C. C　　D. D

二、综合题（每题 25 分，共 50 分）

11. 生物体中某些有机物及元素组成如下图。其中 x、y 代表化学元素，a、b、c、d 代表不同的有机小分子，A、B、C、D、E 代表不同的生物大分子，请据图分析回答：

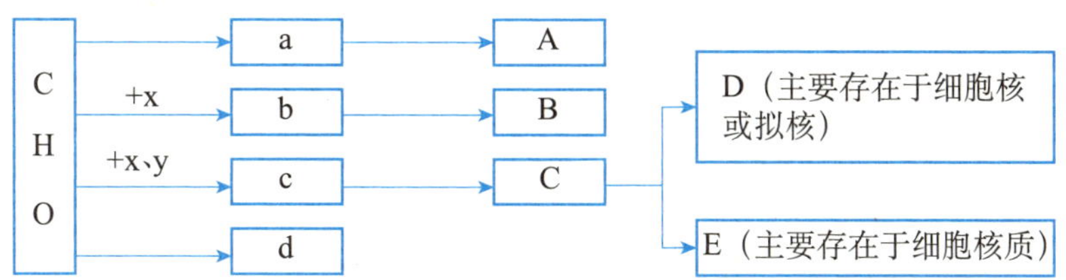

（1）若 A 为植物细胞壁的组成成分之一，则 A 表示的物质是____________。

（2）若 B 是胰岛素，除 x 外，还含有另一种元素，x 及另一种元素为____________，b 的结构通式为____________。

（3）蓝细菌中每个单体 c 都是由一分子含氮碱基、一分子____________和一分子____________组成的。

12. 请回答下列关于遗传物质探究的问题：

（1）20 世纪初，大多数科学家更倾向于认为生物体的遗传物质是蛋白质和核酸，而不是糖类和脂肪，他们的理由可能是________________；与蛋白质相比，核酸作为遗传物质的优点是________________。

（2）在用^{32}P标记的噬菌体侵染细菌实验中，上清液中的放射性较高的原因：____________________；____________________。

（3）现在人们认为 DNA 是主要的遗传物质，理由是____________________。

“DNA 分子的结构”课前学习评测参考答案

1. A　2. B　3. D　4. D　5. D　6. C　7. A　8. D　9. B　10. B

11. 纤维素　　N、S　　$R-\underset{NH_2}{\overset{H}{\underset{|}{\overset{|}{C}}}}-COOH$　　五碳糖　　磷酸

12. 蛋白质和核酸都具有多样性（合理即可）　结构不容易受环境影响，更稳定（合理即可）

实验过程中，保温时间过长，细菌裂解，子代噬菌体释放

保温时间过短，部分噬菌体没有侵入大肠杆菌

大部分生物的遗传物质是 DNA

附录四　“DNA 分子的结构”课后学习评测

一、单选题（每题 5 分，共 50 分）

1. 下图为 DNA 分子部分结构示意图，以下叙述正确的是（　　）

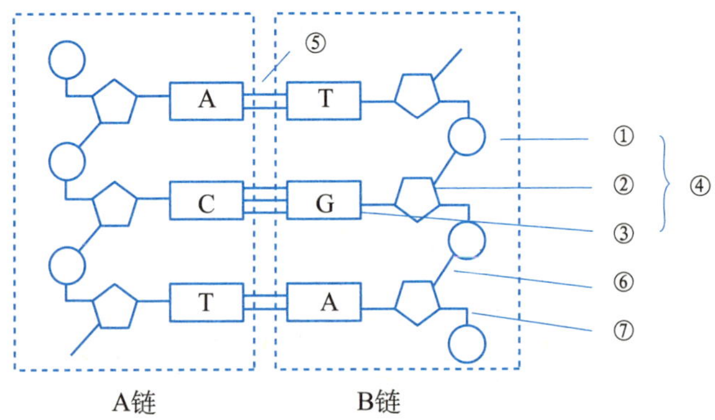

A. DNA 聚合酶能催化⑤键的形成

B. ④连接成一个鸟嘌呤脱氧核苷酸

C. A 链嘧啶碱基数等于 B 链嘧啶碱基数

D. 图中的DNA片段的彻底水解产物有6种

2. 下列有关DNA的叙述，不正确的是（　　）

A. 双链DNA分子中，每个磷酸基团连接两个脱氧核糖

B. 双链DNA分子中，两条链上的配对碱基间通过氢键连接

C. 通过碱基互补配对，保证了DNA复制能够准确地进行

D. DNA分子的多样性和特异性是生物多样性和特异性的物质基础

3. 下列关于DNA分子结构特点的叙述正确的是（　　）

A. DNA分子的两条链方向相同

B. 碱基和磷酸交替排列位于DNA分子内侧

C. 两条链上的碱基通过氢键连接

D. 每条DNA链都有两个游离的磷酸基团

4. 下列关于脱氧核苷酸各成分间连接关系的描述中，正确的是（　　）

A. 磷酸—脱氧核糖—含氮碱基　　B. 脱氧核糖—磷酸—含氮碱基

C. 磷酸—含氮碱基—脱氧核糖　　D. 磷酸—核糖—碱基

5. 某同学制作了形状、大小和颜色不同的物体用以代表脱氧核糖、磷酸和不同碱基，再利用代表共价键和氢键的连接物将它们连接成一个由100个脱氧核苷酸组成的DNA质粒结构模型，其中含有30个腺嘌呤。下列有关叙述正确的是（　　）

A. 模型含有70个胞嘧啶　　B. 制作模型需要418个连接物

C. 可制作4种不同颜色的碱基　　D. 需制作9种形状不同的物体

6. 下列关于生物体内DNA分子中（A＋T）/（G＋C）与（A＋C）/（G＋T）两个比值的叙述，不正确的是（　　）

A. 不同的双链DNA分子，（A＋C）/（G＋T）比值相同

B. 不同的双链DNA分子，每一条链中的两个比值相同

C. （A＋T）/（G＋C）比值越小，双链DNA分子的稳定性越高

D. 经半保留复制得到的DNA分子，两比值与亲代DNA分子相同

7. 科学家在人体快速分裂的活细胞（如癌细胞）中发现了DNA的四螺旋结构。形成该结构的DNA单链中富含G，每4个G之间通过氢键（解旋酶能打开该键）等形成一个正方形的“G-4平面”，继而形成立体的“G-四联体螺旋结构”（如下图）。下列叙述不正确的是（　　）

A. “G-四联体螺旋结构”是由DNA单链螺旋而成的高级结构

B. 可以用DNA解旋酶打开“G-四联体螺旋结构”的氢键

C. DNA的“G-四联体螺旋结构”复制时遵循碱基互补配对原则

D. “G-四联体螺旋结构”中（A＋G）/（T＋C）的值与DNA双螺旋中的

此比值相等且都等于 1

8. 在一个双链 DNA 分子中，碱基总数为 m，腺嘌呤碱基数为 n，则下列叙述不正确的是（　　）

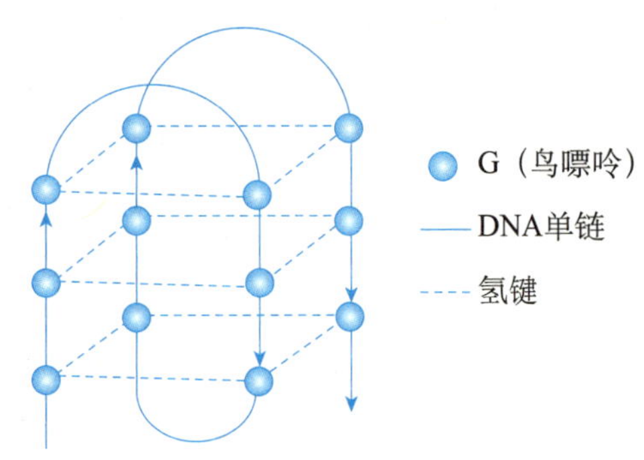

A. 脱氧核苷酸数＝磷酸数＝碱基总数＝m

B. 碱基之间的氢键数为 3m /2－n

C. 一条链中 A 的数量为 n/2

D. 鸟嘌呤的数量为（m－2n）/2

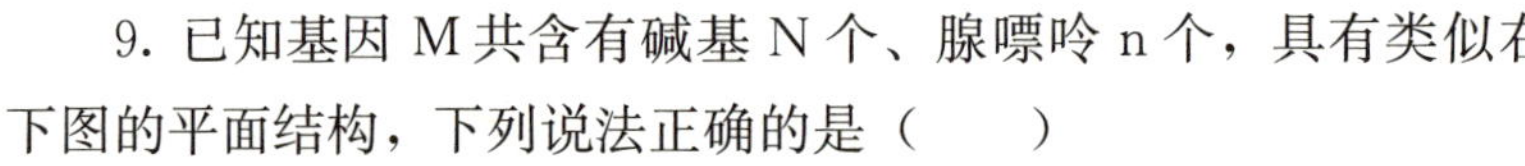

9. 已知基因 M 共含有碱基 N 个、腺嘌呤 n 个，具有类似右下图的平面结构，下列说法正确的是（　　）

A. 基因 M 共有 4 个游离的磷酸基

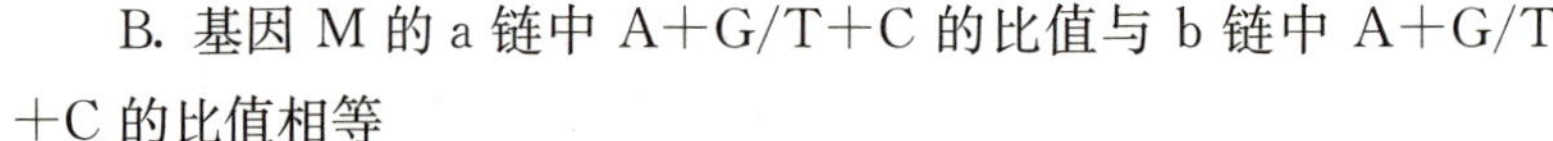

B. 基因 M 的 a 链中 A+G/T+C 的比值与 b 链中 A+G/T+C 的比值相等

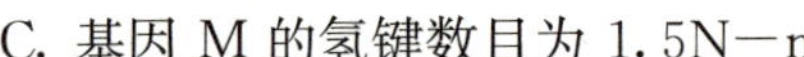

C. 基因 M 的氢键数目为 1.5N－n

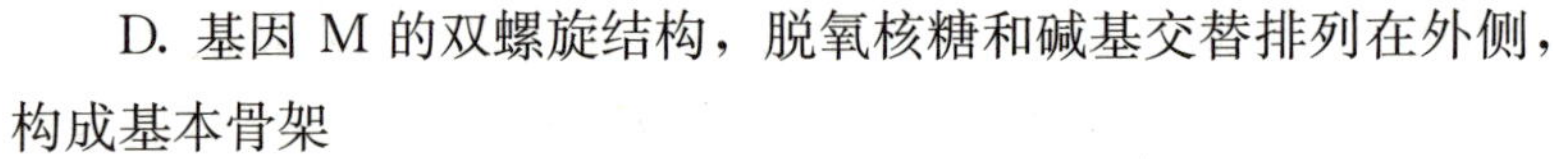

D. 基因 M 的双螺旋结构，脱氧核糖和碱基交替排列在外侧，构成基本骨架

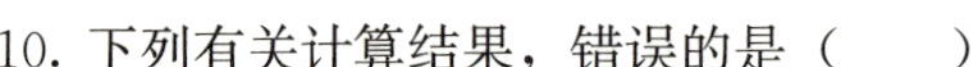

10. 下列有关计算结果，错误的是（　　）

A. 若某 DNA 分子中，一条链中的 A 占该链的 30%，另一条链中的 A 占此链的 20%，则 DNA 双链中 A 占双链的 30%

B. 在某双链 DNA 分子的所有碱基中，鸟嘌呤占 26%，则腺嘌呤占 24%

C. 某 DNA 分子的一条单链中（A+T)/（C+G)＝0.4，其互补链中该碱基比例也是 0.4

D. 若某 DNA 分子中 A 占双链的比例为 c%，则一条链中的 A 占该单链的比值为 0～2c%

二、综合题（每题 25 分，共 50 分）

11. 下图为 DNA 分子结构的局部示意图，请根据图回答下列问题：

（1）图中部分由________个脱氧核苷酸聚合而成。一个脱氧核苷酸包括图中的________编号部分。

（2）图中的 4 或 5 称为________，且 DNA 分子共有________（填写字母）四种。

（3）DNA 一般是由________条脱氧核苷酸长链构成的。

12. 研究 DNA 分子结构的科学家是__________，其运用了构建__________

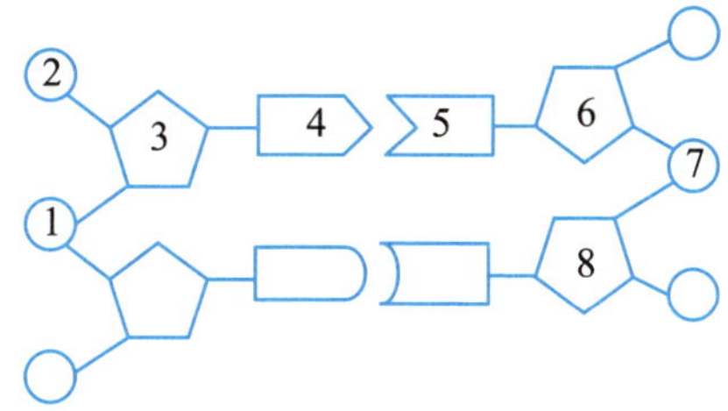

模型的方法。关于 DNA 分子模型的搭建实验，某同学欲制作一段具 12 对碱基的 DNA 片段模型。在准备材料时，该同学至少需准备代表脱氧核糖的五边形纸片_________块，代表磷酸的圆形纸片_________块，代表不同碱基的长方形纸片________块。

“DNA 分子的结构”课后学习评测参考答案

1. D　2. A　3. C　4. A　5. C　6. B　7. D　8. C　9. C　10. A

11. 4　2、3、4（或 5、6、7）　含氮碱基　A、G、C、T　两

12. 沃森和克里克　物理　24　24　24

参考文献

[1] 遗传信息的携带者——核酸. [2019－12－20]. https://www.bilibili.com/video/BV1ZJ411t7ym?from=search&seid=10814305759933345666.

[2] DNA 计算. [2021－11－11]. https://www.bilibili.com/video/BV117411G7E9?from=search&seid=7041782839125330028.

[3] 生物解题 2.45 DNA 计算. [2021－11－11]. https://www.bilibili.com/video/BV1Yi4y1s7Bg?from=search&seid=7041782839125330028.

[4] 伟大的女性科学家：罗莎琳·富兰克林. 科普研究，2013（2）.

[5] 破解 DNA 之谜：诺贝尔奖得主詹姆士·沃森. [2021－11－11]. https://www.bilibili.com/video/BV1st411S76V?from=search&seid=1544631105181245593.

[6] 遗传乐章：DNA 的故事. [2021－11－11]. https://www.bilibili.com/video/BV1jx411x735/?spm_id_from=333.788.videocard.9.

[7] 邢丽丽. 基于精准教学的混合式教学模式构建与实证研究. 中国电化教育，2020（9）.

汪沅，男，中共党员，西南大学教育学硕士，现任湖北省宜昌市夷陵中学生物教师、教务处副主任。第六届中国未来学校大会混合式学习 TOP10 领袖教师。

第二节 舞动的皮影　行进的唐山

一、主题分析

习近平总书记指出："一个国家、一个民族的强盛，总是以文化兴盛为支撑的，中华民族伟大复兴需要以中华文化发展繁荣为条件。"作为一线教师，我们也肩负着弘扬传统文化的使命。

唐山是中国评剧和皮影戏的发源地，2006 年唐山皮影戏经国务院批准列入第一批国家级非物质文化遗产名录。唐山皮影戏的唱腔、音乐、表演、造型等有着独特的地域风格，具有较高的欣赏与研究价值。从前，皮影演出经常带来万人空巷的效果。今天，人们的注意力更多集中在眼前的一方小小屏幕上。现在，国内能够进行皮影戏剧本创作的人不足 10 个，皮影戏艺人年龄偏大，找不到徒弟传承，欣赏皮影艺术的人也越来越少。唐山皮影戏面临着失传的困境。为了让更多人感受皮影戏魅力，弘扬传统文化，就诞生了这一活动案例。

根据案例特点，本活动采取了线上自学、线下汇报与校内校外相结合的活动形式，符合混合式学习的特点，详细活动设计见下文。

适用的年级：高一。

二、学习流程

本活动分课前学习、课上学习和课后学习三部分，具体流程如图 2-2-1 至图 2-2-3 所示。

三、学习准备

（一）教学环境

线上：开平教育云公共服务平台。

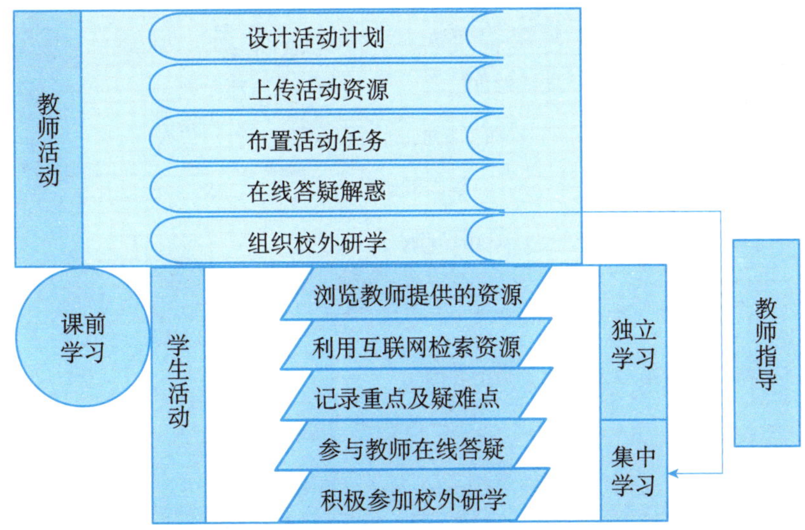

图 2-2-1　课前学习流程图

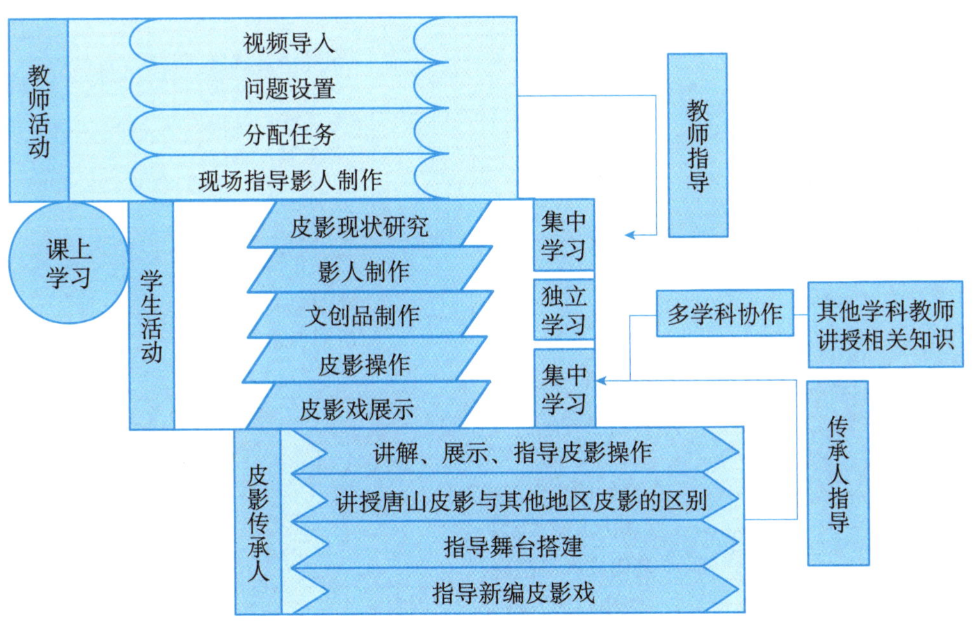

图 2-2-2　课上学习流程图

线下：唐山博物馆、唐山市群众艺术馆、美术教室、录播教室。

（二）学习资料

学习资料以线上为主，具体资料如表 2-2-1 所示。

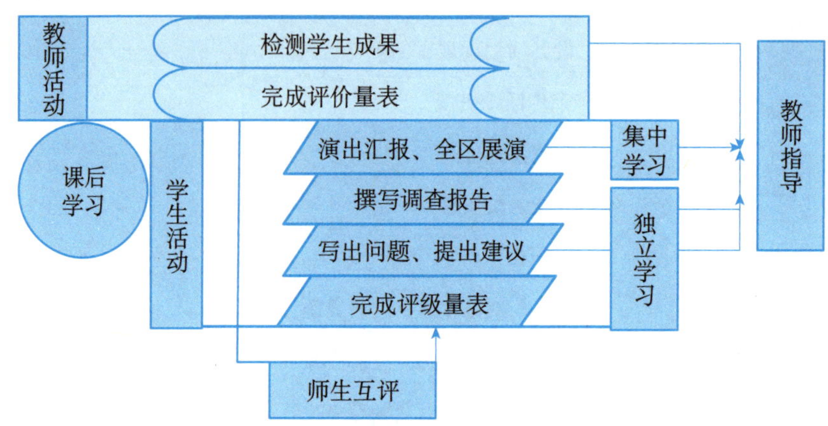

图 2-2-3 课后学习流程图

表 2-2-1 线上学习资料

<table>
<tr><th>分类</th><th colspan="2">内容</th></tr>
<tr><td rowspan="3">视频资料</td><td>发展历史</td><td>冀东文艺三枝花——皮影
老艺人采访片段</td></tr>
<tr><td>艺术欣赏</td><td>《镇冤塔》选段
《五峰会》选段
《金石缘》选段
《双失婚》选段
《大闹天宫》选段</td></tr>
<tr><td>独特性</td><td>影人制作教程
唱腔介绍</td></tr>
<tr><td rowspan="4">图片资料</td><td>影人欣赏</td><td>戏剧影人
皮影卡通</td></tr>
<tr><td colspan="2">掐嗓唱</td></tr>
<tr><td colspan="2">握杆方法</td></tr>
<tr><td colspan="2">老艺人示范</td></tr>
<tr><td rowspan="7">文本资料</td><td colspan="2">《奇妙的唐山皮影》</td></tr>
<tr><td colspan="2">《唐山皮影艺术》</td></tr>
<tr><td colspan="2">唐山皮影研究现状</td></tr>
<tr><td colspan="2">《唐山皮影戏的保护与创新》</td></tr>
<tr><td colspan="2">《唐山皮影戏经典剧目审美价值研究》</td></tr>
<tr><td colspan="2">关于皮影的古诗词</td></tr>
<tr><td colspan="2">《唐山皮影造型艺术的发掘与保护研究》</td></tr>
<tr><td rowspan="2">网站资料</td><td colspan="2">中国非物质文化遗产网</td></tr>
<tr><td colspan="2">唐山线上博物馆</td></tr>
</table>

四、学习目标

（一）教学目标

价值体认目标：（1）通过对皮影艺术进行传承与学习，弘扬优秀传统文化，增强民族自豪感和文化保护意识。（2）通过向皮影艺术家学习并熟练利用握杆进行皮影戏表演，感受皮影的魅力，了解皮影操作的原理，欣赏皮影美学艺术，从历史、工学、艺术等角度构建知识体系。

责任担当目标：能够在皮影戏的鉴赏中感受艺术与生活的关系，提升保护与传承优秀传统文化的能力。

问题解决目标：通过线上推送的学习资料，了解唐山皮影的发展历程，掌握皮影制作的过程与工艺。通过线下研学，了解皮影的制作工艺及皮影的演绎方式等，能够通过小组合作探究的方式处理遇到的问题。

创意物化目标：通过课上皮影的再创作，引发对传统文化再创新的思考，提高自主创新能力。通过皮影戏汇报演出，实现学以致用，让皮影艺术走入课堂。

（二）教学重难点

重点：了解唐山皮影的艺术特点与制作方法。

难点：掌握皮影的制作方法，保护和传承优秀传统文化。

五、学习过程

（一）课前学习阶段

1. 线上自学

教师利用开平教育云公共服务平台设立“舞动的皮影　行进的唐山”主题活动（见图 2－2－4），发布自主学习任务单（见表 2－2－2）。根据布卢姆的知识目标分类理论，将唐山皮影发展历史等浅层知识按照视频资料、图片资料、文本资料、网站资料分类打包推送，使学生充分发挥主观能动性，根据自身情况随时查阅学习，以提高学生的核心素养。

图 2－2－4　线上主题活动

表 2-2-2 自主学习任务单

课题名称		舞动的皮影　行进的唐山	
班级		学生姓名	
一、学习指南			
1. 达成目标 通过线上线下的混合式学习，让学生了解、走进唐山皮影，并根据当前时代背景进行皮影戏再创作，形成保护并传承传统文化的意识。			
2. 学习方法及建议 (1) 利用网课平台学习线上资源。 (2) 深入了解唐山皮影的艺术表现形式。 (3) 通过皮影戏再创作促进传统文化的传承。			
3. 活动形式预告 (1) 到唐山博物馆研学。 (2) 到唐山市群众艺术馆向老艺人请教。 (3) 皮影戏再创作。 (4) 开平教育云公共服务平台交流分享。			
二、学习任务			
1. 搜集学习资料 要求：根据任务分工搜集资料，组织皮影戏彩排。			
2. 困惑与建议			

2. 校外研学

组织学生走出校园，参观唐山博物馆，感受皮影的前世今生，激发学生的兴趣，并且到唐山市群众艺术馆向老艺人请教，感受老艺人的匠人精神以及皮影文化的博大精深。

(二) 课上学习阶段

1. 皮影现状研究

(1) 视频导入。

学生观看唐山皮影《五峰会》经典片段，通过这段有趣的皮影戏，对学习皮影戏产生兴趣。

（2）问题设置。

1）汇总平台数据，汇报学习情况。

教师提问："通过课前老师推送的学习资源，哪位同学能给大家介绍一下皮影的发展历史?"

学生踊跃回答并完成线上学习成果量表。

教师总结："同学们回答得非常好，还有同学结合了唐山的发展史，让我们看到了皮影见证了近代唐山的发展。"

2）集中观看视频，发现皮影的奥秘。

教师提问："同学们，你们在《大闹天宫》这段视频中发现了皮影的哪些奥秘呢?"

学生回答：

学生 A："画面色彩绚丽，每一个场景都需要更换皮影道具。"

学生 B："有丰富的故事情节，画面的动态感很强。"

学生 C："有美妙的声音，有打击乐器，好像还有唢呐，有故事旁白，还有不同于现在的唱腔。"

学生 D："皮影中的人物动作灵活。"

教师总结："同学们的观察非常仔细，你们都发现了皮影背后的奥秘，皮影戏是不是非常有趣？那就让我们在接下来的几次课中一起学习舞动的皮影吧。"

3）多学科融合，组建合作团队。

教师提问："同学们都发现了唐山皮影的奥秘，那我们一起来组建一支研究皮影的队伍吧！大家看一看，我们需要邀请哪些教师加入我们的研究队伍中?"

学生集思广益：独立思考，发现在皮影中涉及美术、音乐、语文、历史、信息技术、物理、生物等学科知识，需要相关教师辅助完成任务。

（3）分配任务。

任务一：影人创作。

任务二：皮影戏汇报演出。

任务三：皮影文创品、宣传手册制作。

学生根据自身特长选择一个任务并由志同道合的同学组成合作小组，培养团队协作意识和统筹协调能力等。

2. 影人制作

（1）趣味导入。

教师拿出准备好的影人，现场展示，使学生对影人制作产生浓厚的兴趣。

（2）学习影人制作。

教师通过视频展示影人制作的五个步骤（见图 2-2-5）。学生认真学习，培养自主学习能力。

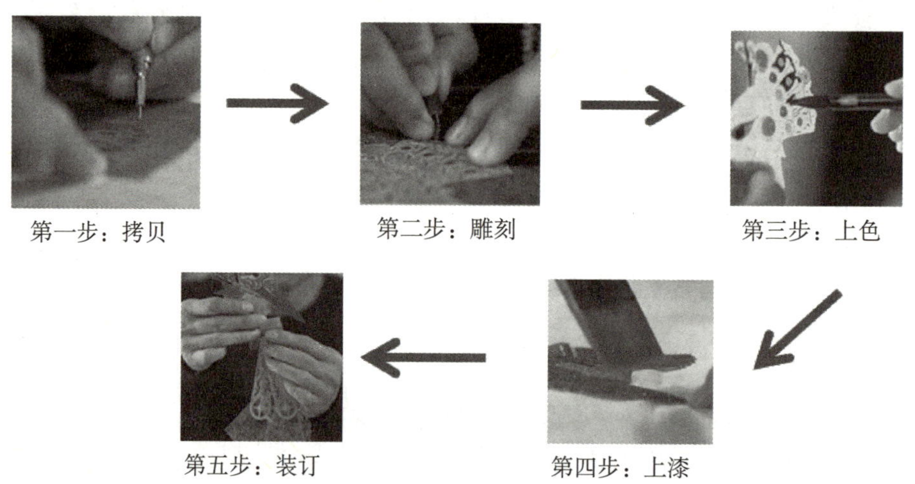

第一步：拷贝　第二步：雕刻　第三步：上色　第四步：上漆　第五步：装订

图 2-2-5　影人制作过程

（3）动手操作。

教师发放制作影人所需材料，现场指导并讲解每一步的注意事项。学生按课前分好的小组，将理论与实践相结合，进行影人制作，在实践中培养了动手操作能力。

3. 文创品制作

学生利用皮影形象制作书签、影人装饰品、宣传手册等，提高了学生的动手能力，以及保护、弘扬传统文化的意识。

4. 皮影操作

（1）皮影团队现场指导。

皮影传承人带着传统艺术走入课堂，为学生讲解皮影并现场展示皮影的操作方法。

学生学习并由专业老师手把手地教如何操作影人，使学生在实际操作中掌握影人的操纵技法及双手握姿等，在实践中培养了操作能力。

（2）唐山皮影的特点及构成要素。

皮影传承人讲授唐山皮影与其他地区皮影的区别。

唐山皮影的主体为头茬、影人戳子、景片、大量的道具造型等，皮影传承人分别介绍各个部分的特点。

在皮影传承人的指导下，生涩的知识变得生动有趣，学生认真学习，自主发现问题、提出问题。

（3）多学科协作。

邀请本校的物理、生物教师现场讲授皮影的相关知识，讲授皮影成像原理：依光成型，借光弄影，通过灯光的照射将人物展现在影窗上，只能在二维空间里实现上下前后活动。

学生在实际操作中由浅入深、层层递进地掌握皮影相关理论知识。

5. 皮影戏展示

（1）皮影舞台搭建。

再次邀请皮影传承人现场指导学生进行皮影舞台搭建，使学生在实际操作中获得知识、锻炼能力。

（2）网络平台分享。

学生在皮影传承人的指导下新编皮影戏，并利用开平教育云公共服务平台进行全区展示。学生在实际操作中，掌握了皮影戏的操作方法和表演形式，实现了传统文化的互动式体验。

（三）课后学习阶段

学生撰写唐山皮影如何适应当代社会发展的调查报告，并写出在学习本节课时所遇到的困难，向教师提出较合理的教学改进建议。

学生完成过程性评价及终结性评价（见附表 1、2、3、4）。

通过完成作业，检测学生的学习成果，同时通过完成评价量表的形式实现自评和师生、生生互评。

六、教学反思

本次活动充分发挥了混合式学习的优势，打通了线上线下全流程，促进了学科间的融合，加快了校内外资源的高度共享，实现了生生、师生间的互动与协作；打破了传统教学模式，激发了学生的学习热情，将皮影空间、场景设计融入教学，兼顾了教学效果与学生兴趣；同时将数智化融入教学，促进了优质教育资源共享，实现了对学生学习数据的统计分析。

（一）促进学科融合，加快校内外资源共享

唐山皮影是一种集精美的雕刻工艺、灵巧的操纵技巧和长于抒情的唱腔于一体的综合艺术。因此，在活动过程中要更注重学科间的相互融合。比如与美术学

科相融合，在影人的制作过程中需要美术教师做美育及影人形象设计指导；与物理学科相融合，学生利用光影成像等物理知识完成皮影戏小舞台的搭建；与语文学科相融合，学生在皮影戏剧本再创作中要求语言流畅、表述清晰，这是对学生语言表达能力以及文学素养的训练；与音乐学科相融合，学习皮影唱腔与曲目编排；与信息技术学科相融合，学生完成线上自学、网络搜索和作品回传，有效提高了学生的信息素养。

为丰富课堂形式，线下研学部分由教师带领学生走进唐山博物馆，感受皮影的前世今生；到唐山市群众艺术馆向老艺人请教，让学生全方位、多角度地体会唐山皮影的魅力。邀请皮影传人走进课堂，为学生进行指导，有效提高了学习效果。校内外资源相融合，实现了教学资源的高度共享。

（二）创新教学模式，兼顾教学效果和趣味

与传统课堂相比，混合式学习还课堂于学生，让学生成为真正的主体、参与者，教师从讲授者变成活动设计师、组织者。本次活动充分调动了学生的积极性，让学生在活动中自己动手设计皮影、自己搭建舞台，尝试皮影戏的各个环节，深入民间、艺术场馆实际体验皮影的魅力。通过这一系列的操作，教学效果倍增，趣味性也大大提升。

（三）融入数智化，助力学习效果翻倍

本次活动利用开平教育云公共服务平台批量上传活动资料，有效地帮助教师沉淀唐山皮影相关知识，搭建本次活动的课程体系；通过统计学生对活动资料的浏览情况，分析学生的兴趣、疑难所在，有利于设置本次活动的相关内容，确定重难点。

同时，在实践中教师也发现部分学生对开平教育云公共服务平台操作不熟练、信息检索能力差，造成部分线上任务未能及时完成，影响了学生的活动热情。这就要求教师在加强自身信息素养的同时兼顾学生信息素养的提升。

在皮影汇报展示中，本次活动利用开平教育云公共服务平台进行全区展播，大大扩大了宣传与交流的范围，使学生对唐山皮影有了深入的体验，教师也在学生热切的眼神中看到了唐山皮影可期的美好未来。该活动案例在活动模式、活动环节的设计及学科探究工具的运用等方面均具有一定的创新性，对高中综合实践活动的开展具有一定的借鉴作用。

附表 1：课堂学习成果评价量表（共 30 分）

<table>
<tr><th>班级</th><th></th><th colspan="4">姓名</th><th colspan="3"></th></tr>
<tr><th rowspan="2">评价项目</th><th rowspan="2">评价标准</th><th colspan="4">等级（权重）分</th><th rowspan="2">自评</th><th rowspan="2">小组评</th><th rowspan="2">教师评</th></tr>
<tr><th>优秀</th><th>良好</th><th>一般</th><th>较差</th></tr>
<tr><td rowspan="3">价值体认</td><td>了解唐山皮影的发展历史</td><td>10</td><td>9</td><td>7</td><td>4</td><td></td><td></td><td></td></tr>
<tr><td>掌握皮影制作的方法</td><td>8</td><td>7</td><td>5</td><td>3</td><td></td><td></td><td></td></tr>
<tr><td>熟练利用握杆进行皮影戏表演，感受皮影的魅力，提高传承传统文化的意识</td><td>10</td><td>9</td><td>5</td><td>4</td><td></td><td></td><td></td></tr>
<tr><td rowspan="3">责任担当</td><td>能够从皮影戏的创作中领悟到老一辈艺人的匠人精神</td><td>8</td><td>7</td><td>5</td><td>3</td><td></td><td></td><td></td></tr>
<tr><td>提高艺术欣赏能力</td><td>8</td><td>7</td><td>5</td><td>3</td><td></td><td></td><td></td></tr>
<tr><td>能够增强保护传统文化的责任意识</td><td>8</td><td>7</td><td>5</td><td>2</td><td></td><td></td><td></td></tr>
<tr><td rowspan="2">问题解决</td><td>能够处理小组合作探究时遇到的问题</td><td>8</td><td>7</td><td>5</td><td>2</td><td></td><td></td><td></td></tr>
<tr><td>能够熟练利用握杆进行皮影戏表演</td><td>8</td><td>7</td><td>5</td><td>2</td><td></td><td></td><td></td></tr>
<tr><td rowspan="3">创意物化</td><td>在课堂上积极参与，积极动手动脑</td><td>8</td><td>7</td><td>5</td><td>2</td><td></td><td></td><td></td></tr>
<tr><td>小组成员间配合默契，彼此协作愉快，互帮互助</td><td>8</td><td>7</td><td>5</td><td>2</td><td></td><td></td><td></td></tr>
<tr><td>对本次学习内容兴趣浓厚，提出了有深度的问题</td><td>8</td><td>7</td><td>5</td><td>2</td><td></td><td></td><td></td></tr>
<tr><td colspan="2">课外拓展：撰写唐山皮影如何适应当代社会发展的调查报告，并写出在学习本节课时所遇到的困难，向教师提出较合理的教学改进建议。</td><td>8</td><td>7</td><td>5</td><td>2</td><td></td><td></td><td></td></tr>
<tr><td colspan="9">备注：1. 评价得分为自评、小组评、教师评三项计算总分后取平均值。
2. 评价得分要把 100 分制换算成 30 分制。</td></tr>
</table>

附表 2：学生学习感受评价表（共 20 分）

<table>
<tr><td>学生姓名</td><td></td><td>所在班级</td><td></td><td>课题内容</td><td></td></tr>
<tr><td>评价指标</td><td>评价分值</td><td colspan="3">学生反思具体内容</td><td>评价得分</td></tr>
<tr><td>对于本节课的教学内容，你有什么想法？</td><td>可以从选题、教学内容设置、活动形式等方面加以说明，根据学生思考的深度和创新性给分，共 7 分</td><td colspan="3"></td><td></td></tr>
<tr><td>这节课你都有哪些收获？</td><td>根据学生的参与度和思考的深度给分，共 5 分</td><td colspan="3"></td><td></td></tr>
<tr><td rowspan="4">这节课你觉得自己在哪些方面还可以做得更好？</td><td>在自主学习方面，共 2 分</td><td colspan="3"></td><td></td></tr>
<tr><td>在小组协作方面，共 2 分</td><td colspan="3"></td><td></td></tr>
<tr><td>在实际动手方面，共 2 分</td><td colspan="3"></td><td></td></tr>
<tr><td>在其他方面（可补充说明），共 2 分</td><td colspan="3"></td><td></td></tr>
</table>

附表 3：小组成果汇报评价表（共 30 分）

<table>
<tr><td>汇报组别</td><td></td><td colspan="2">汇报主题</td><td colspan="3"></td></tr>
<tr><td>汇报人</td><td></td><td>评价者</td><td></td><td>评价者组别</td><td colspan="2"></td></tr>
<tr><td colspan="2">一级指标</td><td colspan="3">二级指标</td><td>分值</td><td>得分</td></tr>
<tr><td colspan="2" rowspan="5">作品的内容（55 分）</td><td colspan="3">观点明确，设计的方案有一定的创造性</td><td>15</td><td></td></tr>
<tr><td colspan="3">条理清晰</td><td>10</td><td></td></tr>
<tr><td colspan="3">内容无科学性错误</td><td>10</td><td></td></tr>
<tr><td colspan="3">内容完整</td><td>10</td><td></td></tr>
<tr><td colspan="3">突出了所选择的主题</td><td>10</td><td></td></tr>
<tr><td colspan="2" rowspan="4">作品的制作水平（15 分）</td><td colspan="3">编排合理</td><td>4</td><td></td></tr>
<tr><td colspan="3">无知识性错误</td><td>3</td><td></td></tr>
<tr><td colspan="3">界面美观</td><td>3</td><td></td></tr>
<tr><td colspan="3">能恰当地使用多媒体元素（如图片、音频、视频）</td><td>5</td><td></td></tr>
<tr><td colspan="2" rowspan="4">汇报者的表现（10 分）</td><td colspan="3">表情自然</td><td>2</td><td></td></tr>
<tr><td colspan="3">握杆操作熟练</td><td>2</td><td></td></tr>
<tr><td colspan="3">表达内容清晰</td><td>4</td><td></td></tr>
<tr><td colspan="3">能在规定时间内完成</td><td>2</td><td></td></tr>
</table>

续表

<table>
<tr><td>汇报组别</td><td></td><td colspan="2">汇报主题</td><td colspan="3"></td></tr>
<tr><td>汇报人</td><td></td><td>评价者</td><td></td><td>评价者组别</td><td colspan="2"></td></tr>
<tr><td colspan="2">一级指标</td><td colspan="3">二级指标</td><td>分值</td><td>得分</td></tr>
<tr><td colspan="2" rowspan="3">小组协作学习（20 分）</td><td colspan="3">小组成员能和谐相处</td><td>6</td><td></td></tr>
<tr><td colspan="3">演出时能发挥合作精神</td><td>7</td><td></td></tr>
<tr><td colspan="3">该小组成员在研究过程中给了其他小组帮助</td><td>7</td><td></td></tr>
<tr><td colspan="2">听完汇报后我的问题</td><td colspan="5"></td></tr>
<tr><td colspan="7">备注：1. 本表针对该生所在小组做评价，对该生的评价还需要在小组内进行。对于每个小组，都有 N 张这种评价表，取所有评价表的均值作为对该小组的评价得分。
2. 评价得分要把 100 分制换算成 30 分制。</td></tr>
</table>

附表 4：小组协作互评表（共 20 分）

编号	评价项目	小组成员 1	小组成员 2	小组成员 3	小组成员 4
1	在大部分时间里他（她）踊跃参与，表现积极（3 分）				
2	他（她）的意见总是对我很有帮助(3 分)				
3	他（她）经常鼓励/督促小组其他成员积极参与协作（3 分）				
4	他（她）能够按时完成应该做的那份工作和学习任务（3 分）				
5	我对他（她）的表现满意（3 分）				
6	他（她）对小组的贡献突出（3 分）				
7	如果还有机会我非常愿意与他（她）再分到一组（2 分）				
8	对他（她）总体上是认可的（2 分）				
每名成员得分总和					

王薇，女，河北师范大学教育硕士，唐山市第二十三中学信息技术教师，第六届中国未来学校大会混合式学习 TOP10 领袖教师，负责本次学习的统筹安排、知识讲授，并为活动全程提供技术支持。

姚金蕾，女，中共党员，河北科技师范学院教育学硕士，唐山市第二十三中学历史教师，负责历史文化知识的讲授和组织学生进行参观学习。

李春晓，女，中共党员，长安大学工学硕士，唐山市第二十三中学化学教师，负责学习过程线上线下答疑和相关理科知识讲授。

第三节 探寻碰撞中的守恒量

一、主题分析

“探寻碰撞中的守恒量”是高一物理的一节实验探究课，以碰撞运动现象开篇，进行碰撞过程中的运动规律探究，希望通过从特殊到一般、从定性到定量的科学探究过程，提升学生的科学探究思维和科学探究能力，使学生逐步正确认识运动规律，促进学生核心价值观和学科关键能力的发展。在探究过程中，教师要把以自己为中心转变为以学生为中心，把教学内容导向转变为学习导向，把知识传授转变为能力培养。混合式学习方式恰好满足这样的需要。混合式学习，是在“适当的”时间，通过应用“适当的”学习技术，与“适当的”学习风格相契合，给“适当的”学习者传递“适当的”能力，从而取得最优化学习效果的一种学习方式。混合式学习既能充分发挥教师引导、启发、监控教学过程的主导作用，又能突出体现学生作为认知过程主体的主动性、积极性与创造性。在“互联网＋”时代，学校传统的面对面单向传输式学习模式已经不能满足生长于数字地球上的学生的需求。融合传统课堂现场学习与网络在线学习优势的混合式学习将成为未来学校课程实施的主要方式和主流模式。

二、学习流程

《探寻碰撞中的守恒量》一课的教学流程如图 2-3-1 所示。

三、学习准备

《探寻碰撞中的守恒量》一课的教学所需准备的资源如表 2-3-1 所示。

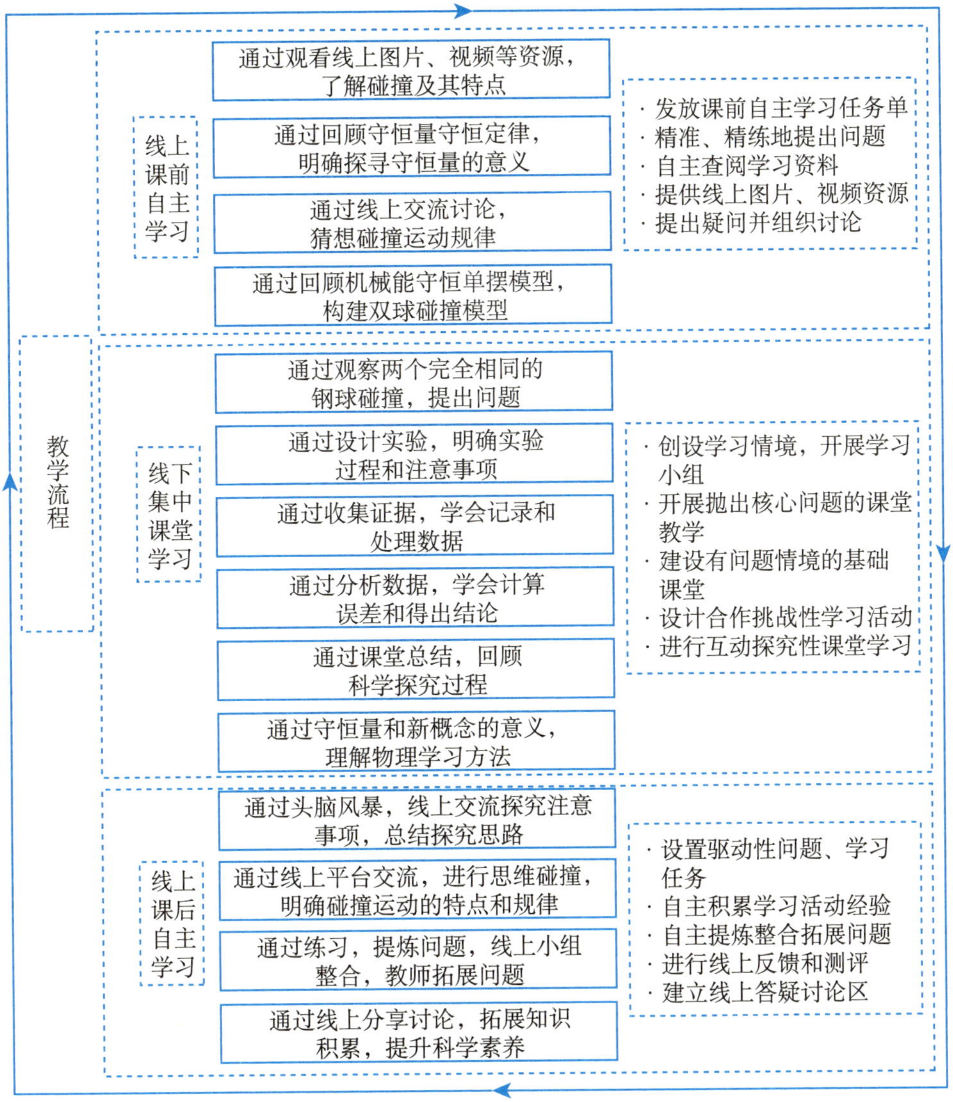

教学流程

线上课前自主学习
- 通过观看线上图片、视频等资源，了解碰撞及其特点
- 通过回顾守恒量守恒定律，明确探寻守恒量的意义
- 通过线上交流讨论，猜想碰撞运动规律
- 通过回顾机械能守恒单摆模型，构建双球碰撞模型

· 发放课前自主学习任务单
· 精准、精练地提出问题
· 自主查阅学习资料
· 提供线上图片、视频资源
· 提出疑问并组织讨论

线下集中课堂学习
- 通过观察两个完全相同的钢球碰撞，提出问题
- 通过设计实验，明确实验过程和注意事项
- 通过收集证据，学会记录和处理数据
- 通过分析数据，学会计算误差和得出结论
- 通过课堂总结，回顾科学探究过程
- 通过守恒量和新概念的意义，理解物理学习方法

· 创设学习情境，开展学习小组
· 开展抛出核心问题的课堂教学
· 建设有问题情境的基础课堂
· 设计合作挑战性学习活动
· 进行互动探究性课堂学习

线上课后自主学习
- 通过头脑风暴，线上交流探究注意事项，总结探究思路
- 通过线上平台交流，进行思维碰撞，明确碰撞运动的特点和规律
- 通过练习，提炼问题，线上小组整合，教师拓展问题
- 通过线上分享讨论，拓展知识积累，提升科学素养

· 设置驱动性问题、学习任务
· 自主积累学习活动经验
· 自主提炼整合拓展问题
· 进行线上反馈和测评
· 建立线上答疑讨论区

图 2-3-1 教学流程

表 2-3-1 学习准备

<table>
<tr><td colspan="5">用到的教学环境</td></tr>
<tr><td>线上授课平台</td><td colspan="4">腾讯会议、腾讯课堂、钉钉、CLASSIN 等</td></tr>
<tr><td>线上作业平台</td><td colspan="4">小程序、QQ 群、微信群、钉钉、智学网等</td></tr>
<tr><td colspan="5">适合学生的资源</td></tr>
<tr><td>学习强国 App 教育频道</td><td>北京数字学校</td><td>海淀区中小学资源平台</td><td>北京市智慧学伴平台</td><td>国家中小学网络云平台</td></tr>
</table>

中小学课堂	https：//cache. bdschool. cn	https：//zypt. bjhdedu. cn	https：//slp. bnu. edu. cn	https：//ykt. eduyun. cn

四、学习目标

(1)了解生产、生活中的碰撞运动现象，知道碰撞的特点。

(2)经历寻求碰撞运动规律的过程，领会实验探究思路，体会猜想、推理和证据的重要性。

(3)提高实验方案设计、证据收集和数据分析技能。

(4)了解物理学中动量概念的形成过程，探索理解动量概念。

五、学习过程

(一) 第一阶段：线上课前自主学习

在线上课前自主学习阶段，为了提升学生的自主学习能力，促进学生思考，激发学生的学习兴趣，采用发放自主学习资料包的方式，同时附有如何自学的学习指导和课前自主学习任务单（见表 2－3－2），促成前置任务驱动的自主学习。资料包的内容，从实际出发，合理选择，精心设计，力求精练、简单、独立完成性强、指向课堂教学的核心内容。在这个过程中，教师充分信任学生，把学习的选择权和主动权交给学生，向学生提供具有可选择性的优质学习资源。资源的选择要精准、丰富、形式多元。资源的使用要注意任务驱动、适当抛出问题、应需而设、评价激发、从起点精准诊断学生。学生以学习指导为参照，结合自己的实际情况，进行灵活的选择和计划。关注学生和资源的交互，强调二者的“融合”，线上学习激活学生保持学习的动机。学生通过进行课前基础性学习，实现积极主动地自主学习。

表 2－3－2　课前自主学习任务单

一、线上课前自主学习内容指南 1. 课题名称：探寻碰撞中的守恒量。 2. 自主学习目标：了解生产、生活中的碰撞运动现象，知道碰撞的特点，知道守恒量的意义。 3. 学习方法建议：观看网络图片、视频及其他线上学习资源、资料包内容，阅读教材。

二、线上课前自主学习任务引导 请根据学过的知识及规律，浏览线上教学资源，查阅相关资料，自主思考以下问题： Q1：你学习过哪些运动？分别有什么运动规律？ Q2：什么是碰撞运动？碰撞运动的特点有哪些？ Q3：列举生产、生活中或卡通动画中的碰撞现象。 Q4：你学习过哪些守恒量、守恒定律？ Q5：机械能守恒条件是什么？
三、线上课前自主学习知识辨析（正确的画“√”，错误的画“×”） Q1：碰撞有很多情形，我们所寻找的守恒量必须在各种碰撞情形下都不改变。（　） Q2：微观粒子相互作用时并不发生直接接触，因此不能称其为碰撞。（　） Q3：在碰撞现象中，内力一般都远大于外力，并且作用时间极短。（　） Q4：单摆运动可通过测量静止释放小球高度，计算小球经最低点时的速度大小。（　） Q5：当只有重力做功时，系统机械能守恒。（　）
四、线上课前自主学习小组总结讨论

（二）第二阶段：线下集中课堂学习

课堂教学是在一个确定的物理空间里开展的面对面教育教学活动。在这个确定的空间里，教师与学生、学生与学生、学生与学习资源之间均处于一个全方面、立体化接触状态，双向互动非常方便。教师在讲授时通过直接观察、话语问答、眼神交流和气氛感受，频繁地与学生互动，及时调整讲授内容、速度和方式，这样也能使学生有被密切关注和关照的感觉。在课堂教学过程中，教师可以充分发挥语言功能，依据课程标准、学业要求进行引导，帮助学生建立知识网络，使学生具备更多的系统化知识。教师精讲教学内容，做到语言准确到位、吸引学生，给学生足够时间去思考，提前预设哪些地方需要提问，如何设置问题更准确，哪些地方需要布置课下活动，哪些地方要进行示范性板书。教师基于驱动性问题和学习任务创设学习情境，组织有意义的学习小组，设计有挑战性的学习活动，开展抛出核心问题的课堂教学，建设有问题情境的基础课堂，进行探究性课堂学习。教师通过及时、有效的指导，促进学生认识的提升与能力的发展，课堂中共同学习的气氛也有利于提高学生的注意力。线下集中课堂学习具体安排如表 2-3-3 所示。

表 2-3-3 集中课堂学习具体安排

<table>
<tr><td colspan="2">环节一：线上课前自主学习反馈，提出问题</td></tr>
<tr><td>教师活动 1
（1）教师根据线上课前自主学习任务单检查学生自主学习情况，请学生小组代表分享学习成果，教师对相应问题做出反馈。
（2）在碰撞运动中，哪个物理量发生了明显改变？
（3）教师提出速度不好测量。如何研究？如何转换？如何构建一动碰一静一维碰撞模型？
（4）教师展示单摆，引导学生思考。
</td><td>学生活动 1
（1）学生根据线上课前自主学习情况，总结碰撞运动的特点。
（2）学生小组讨论。
（3）学生小组根据线上课前自主学习，分享单摆的特点，并思考如何构建模型。
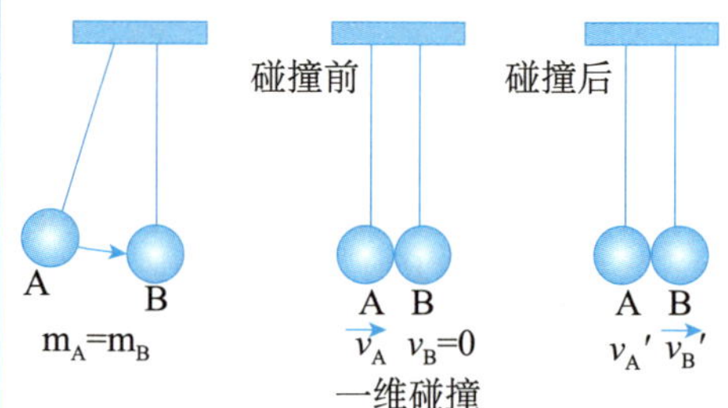
</td></tr>
<tr><td colspan="2">活动意图：
（1）学生进行线上课前自主学习，教师收集问题，准确掌握学生的情况，及时进行反馈。学生带着问题进入线下课堂学习，线上线下紧密衔接，提高学习效率。
（2）传达物理学中的转换思想，将不好测量的速度转换为好测量的高度。构建模型解决生活中的复杂碰撞问题，认识模型的意义，构建两个钢球一动碰一静一维碰撞模型。</td></tr>
<tr><td colspan="2">环节二：演示实验，产生猜想</td></tr>
<tr><td>教师活动 2
演示 1：使用双线摆，用两根长度相同的线绳，分别悬挂两个完全相同的钢球 A、B，且两球并排放置。拉起 A 球，然后放开，该球与静止的 B 球发生碰撞。
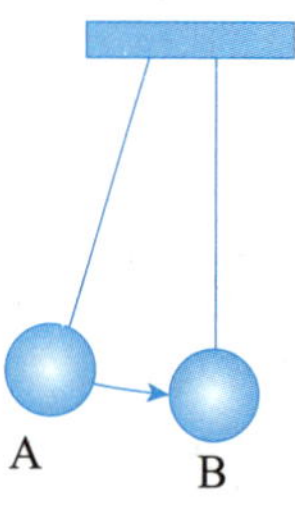
</td><td>学生活动 2
（1）学生观察：碰撞后 B 球摆起的最大高度等于 A 球被拉起时的高度。
学生猜想：速度不变，机械能不变，动能不变，等等。</td></tr>
<tr><td>演示 2：将 A 球换成大小相同的 C 球，使 C 球的质量小于 B 球的质量，用手拉起 B 球至 A 球拉起的高度后放开，撞击静止的 C 球。</td><td>（2）学生观察：碰撞后 C 球摆起的最大高度大于 B 球被拉起时的高度。猜想：碰撞过程中速度发生变化。</td></tr>
</table>

<table>
<tr><td>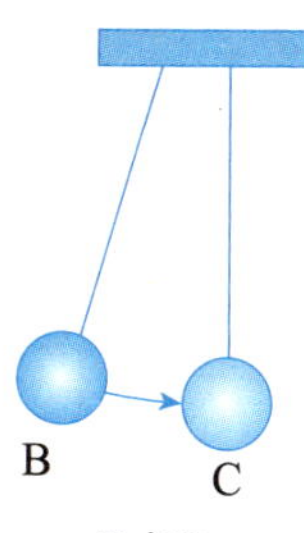

$m_B>m_C$
演示 3：在完全相同的 D、E 两球表面粘上等质量的强黏性橡皮泥，拉起 D 球后放开，碰撞后两球粘在一起运动。
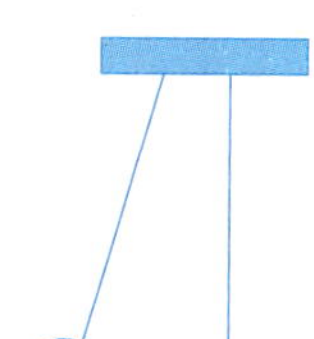

$m_D=m_E$
教师引导学生猜想碰撞中的科学规律。</td><td>（3）学生观察：碰撞后两球一起上摆的高度不能达到 D 球拉起高度的一半。猜想：碰撞过程中机械能发生变化。</td></tr>
<tr><td colspan="2">活动意图：
（1）引导学生积极思考，与已有知识建立联系，为未知知识的学习埋下伏笔。
（2）增加学生的课堂参与度，发挥学生的主体作用，促使学生进行思考和探究。
（3）引导学生继续猜想，开发学生的发散思维能力和想象力，积累学生的学习兴趣。</td></tr>
<tr><td colspan="2">环节三：设计实验，收集证据</td></tr>
<tr><td>教师活动 3
（1）教师引导学生构建一动碰一静一维碰撞模型，实现从定性和半定量研究到定量研究，设计实验方案。
思考 1：需要测量哪些物理量？
思考 2：如何测量？
思考 3：如何设计实验方案？
（2）教师根据学生小组代表讲述的设计方案，有针对性地提出问题。教师强调小车与钢球碰撞形式对应（准备了 3 种形式），以及碰撞前后速度等效替代思想。
（3）教师讲解数字计时器使用的注意事项。</td><td>学生活动 3
（1）学生设计方案，构建模型；学生小组讨论；学生小组代表演示和讲解设计方案。
（2）学生选择小车碰撞形式。
C 类形式
碰撞后粘在一起共同运动
B 类形式
碰撞后以不同的速度运动
A 类形式
碰撞后动车静止，静车运动
（3）学生听讲。</td></tr>
</table>

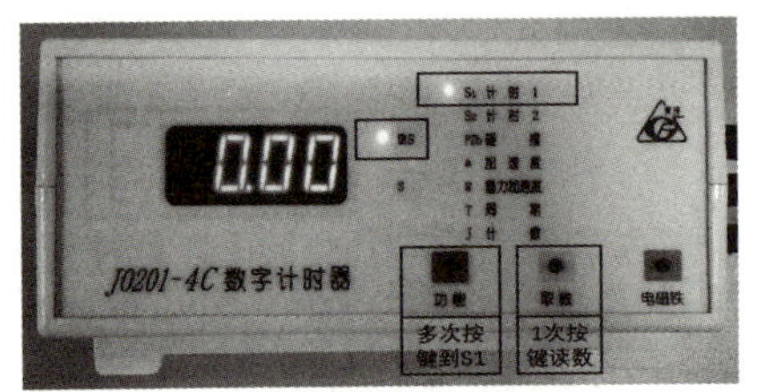

(4) 教师出示碰撞小车初始位置图，强调实验过程中小车摆放位置等注意事项。

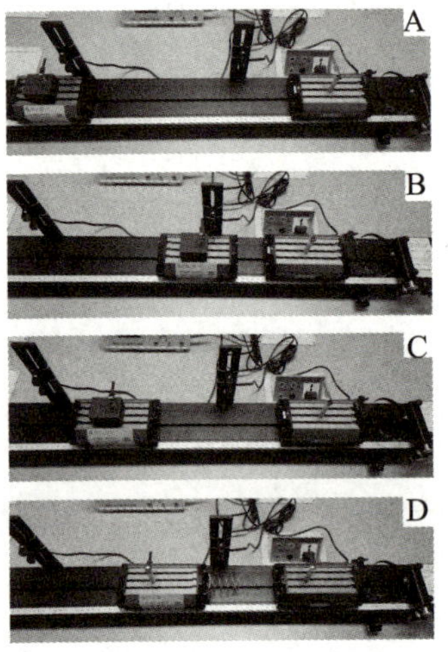

(5) 教师说明开始实验，强调注意事项。

m/kg	$m_1=$		$m_2=$	
	碰撞前		碰撞后	
$\Delta t/\mathrm{ms}$	Δt_1	Δt_2	$\Delta t_1'$	$\Delta t_2'$
		无		
$v/(\mathrm{m\cdot s^{-1}})$	v_1	v_2	v_1'	v_2'
		无		
mv	$m_1v_1+m_2v_2$		$m_1v_1'+m_2v_2'$	
$\frac{v}{m}$	$\frac{v_1}{m_1}+\frac{v_2}{m_2}$		$\frac{v_1'}{m_1}+\frac{v_2'}{m_2}$	

(4) 学生选出小车合理的摆放方式，并解释小车位置合理与不合理的理由。

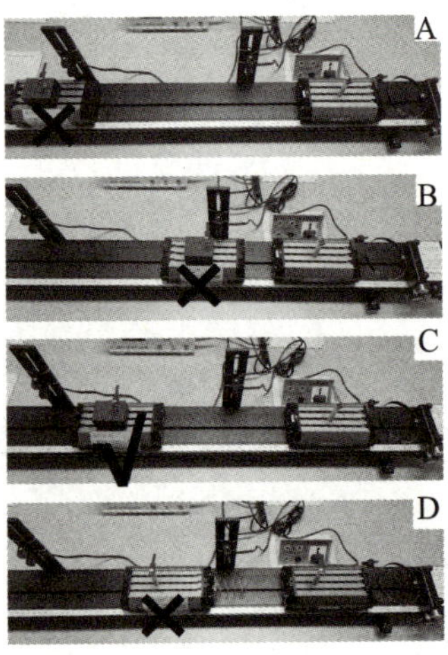

(5) 学生按小组分工合作完成实验，记录数据，处理数据，填写表格。

活动意图：

(1) 培养学生的思考与分析能力，锻炼学生的合作和共同解决问题的能力。

(2) 培养学生的理论探究与实验探究相结合的科学思维，以及设计实验的能力。

(3) 掌握碰撞前后速度的测量方法，掌握数据采集和数据处理的方法。

环节四：分析数据，得出结论	
教师活动 4 （1）教师引导学生分析实验数据。 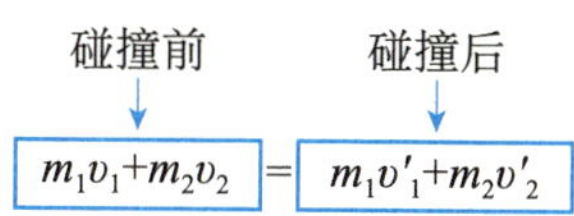 （2）教师普遍调查有无其他结果。 （3）教师引导学生分析每一项表达里都有质量与速度的乘积，将质量与速度的乘积定义为一个新物理量——动量，用字母 p 表示，$p=mv$。 （4）教师引导学生总结，碰撞中系统的总动量不变，但是其中每一个动量都在发生变化，所以碰撞前后系统动量守恒。	**学生活动 4** （1）学生小组代表分享实验结果。 （2）学生分享交流。 （3）学生记录。 （4）学生类比机械能守恒，得出动量守恒。
活动意图： （1）培养学生从数据中获取信息、概括实验结果和总结实验结论的能力。 （2）与线上课前自主学习相联系，引导学生分析归纳，得出动量概念。 （3）与线上课前自主学习相联系，类比机械能守恒，得出动量守恒。	
环节五：回顾科学探究过程，强调守恒量、新概念意义	
教师活动 5 （1）教师引导学生回顾科学探究过程。 （2）教师强调当得出的结论与猜想不一致时，再次观察现象，多次进行科学探究。 （3）教师引导学生回顾守恒量和守恒定律，进行学科融合，理解探寻守恒量的意义。 （4）教师强调新概念的意义。	**学生活动 5** 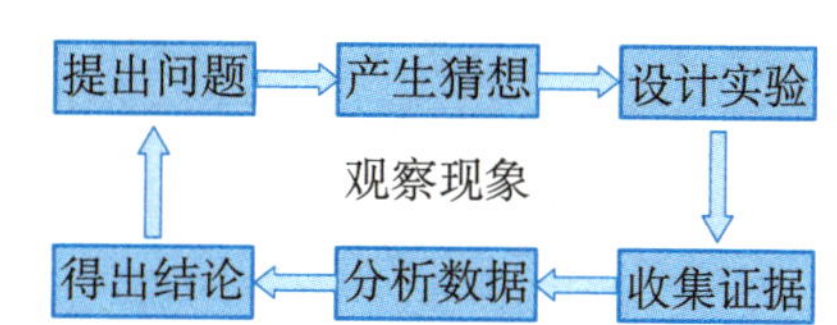 学生回忆物理学科和其他学科中的守恒量，分享并交流。
活动意图： （1）培养总结意识，重温动量建立过程，体会定性到定量多轮探究过程，理解探究的重要意义。 （2）与线上课前自主学习相联系，理解寻求守恒量方法的重要性，为后续学习做铺垫。	

（三）第三阶段：线上课后自主学习

课后学习要注重培养学生的迁移能力和解决问题的能力，研制课后自主学习任务单（见表 2－3－4），渗透有指导的自主学习，设置驱动性问题和学习任务，积累学习活动经验，提炼整合习题问题，适时回应学生的问题。调动学生的学习积极性和创造性思维，启发学生思考，培养学生提出问题、解决问题的能力。充分发挥学生的自主性，以学生为主，让学生积极、主动地进行知识归纳梳理，培养学生的学习兴趣。教师课后与学生交流学习情况，将线上提问与线下交流相结合，确保学生的学习状态，每周找不同的学生沟通，搜集学生问题改进教学设计；课后进行有针对性的过程诊断，明晰学生的认知发展路径，明确学生的概念理解程度，把握学生的科学思维发展水平，让学习真实发生，有效对学生进行个性化辅导，最大限度地发挥线上答疑的优势。课后诊断和课后答疑对于提高教育质量、实现教育公平至关重要。

表 2-3-4 课后自主学习任务单

一、线上课后驱动性学习任务设计思路 (1) 学习任务设计围绕体验活动、情境探究、基础过关、能力提升四个方面，不同学习基础和学习意向的学生可以灵活选择适合自己的任务。 (2) 学习任务内容与课堂学习内容匹配，包含学科核心活动，体现课程标准和高考素养考查的命题导向，对应学业检测目标，突出学科核心素养。 (3) 学习任务素材关联真实情境，内容体现学科实际应用，任务指向真实问题解决，体现动手动脑相结合。 (4) 学习任务设问灵活，答案开放，能够测查学科关键能力及学科思想方法。学习任务数量和难度适当，完成时间合理，固定时间线上讨论交流。
二、线上课后自主积累学习活动经验（体验活动、情境探究） (1) 线上平台上传收集到的碰撞微视频或碰撞图片，总结碰撞的特点，进行情境探究。 (2) 线上平台讨论交流“探寻碰撞中的守恒量”实验中的注意事项，进行强化巩固。 (3) 线上平台讨论交流其他等效替代的实验探究方案，进行思维碰撞。 (4) 线上平台讨论交流碰撞的其他可能性以及关联整合相关知识内容，进行头脑风暴。
三、线上课后自主提炼整合拓展问题（基础过关、能力提升） (1) 教师提供基础过关和能力提升任务内容。题目选取内容参考课程标准、教材课后习题以及综合高考素养导向。 (2) 学生自主进行知识归纳梳理，提炼问题，线上小组整合问题，教师拓展问题。 (3) 固定时间进行线上平台答疑讨论，建立线上答疑讨论区，及时高效进行课后反馈。 (4) 学生线上进行科学漫步，分享讨论相关科学内容，提升全体学生的科学素养。
四、线上课后自主学习小组总结讨论

六、案例自评

(1) 本案例基于混合式学习进行教学设计，教学立意基于课程标准要求。混合式学习把教学内容和过程的设计有意识地转向对学生学习内容和活动的设计。线下与线上的呈现是不一样的，教学活动具有连续性、系统性、关联性、紧密性。线上学习并不是重复线下学习，也不只是简单“温故”，而是更要“知新”。

线上以学为主，强调经历、能力、综合、疑难和个性；线下以教为主，突出知识、规范、任务、重点和共性。

（2）本案例注重任务设置，目标设计指向学生学科核心素养的发展，具体、可检测，达成度较高。教师在教学过程中注重组织引导，明确学习目标，使学生带着学习任务进行线上学习。教师线上互动交流频繁，语言表述简洁清楚，问题设置合适，使学生有参与感，能激发学生的学习积极性。教师线下教学情境生动活泼，使学生可以在一个轻松愉悦的学习氛围中学习。

（3）本案例的教学改进侧重于学生活动环节。混合式学习要用极致的课程体验让学习真实发生，用跨界思维创新教育的全过程，抓住课程的本质，更新教学理念，制定准确的教学目标，设计清晰的教学活动，体现学生的主体地位，只有这样，才能有效甚至高效，才能让每一个学生享受到有质量的教育。

（4）本案例聚焦于核心价值观教育与学科核心素养发展，这体现在设置了情境化、活动化、任务化等课堂学习活动。线上学习让我们反思学科教学，思考教育的下一个台阶，以及学生应该享有怎样的学习，才能适应、迎接、拥抱未来。混合式学习让我们看到教育的明天，线上线下混合式学习，将成为未来学习的新常态。

参考文献

[1] 高杨，高丽丽．高中物理混合式教学的应用研究．中学课程辅导（教师教育），2020（22）．

[2] 顾庆彬．基于混合式教学的高中物理实验课程包的设计与开发．新课程（教研版），2020（3）．

[3] 贾春龙．高中物理学科混合式学习的实践研究．上海教育，2020（Z2）．

[4] 冯晓露．发挥技术优势　优化教学流程　物理学科混合式学习的实践探索．上海教育，2020（Z2）．

[5] 钱霞．核心素养视角下的高中物理混合式学习探讨．物理之友，2019，35（5）．

李洪健，男，中共党员，北京工业大学博士，北京市八一学校高中物理教师，学校天问实验室负责人，同时担任团队辅导员，承担科技活动辅导等工作。第六届中国未来学校大会混合式学习TOP20种子教师。

第四节 用 AI 装点人大附中分校

一、主题分析

随着第三次人工智能浪潮的兴起，“AI in ALL”已经成为当今时代的主旋律之一。混合式学习在国内外已经掀起一股热潮。在传统教学中，师生靠文字交流，情感上的互动较少，而在线学习又容易使学生在学习过程中态度散漫，一遇到稍微难解决的问题就退缩，为了满足现代教育教学的需求，在这样的情况下，一种更加有效的新型学习模式——混合式学习应运而生。混合式学习能促进教师的“教”、学生的“学”，提升学生的自主学习能力、探索能力和协作能力以及教师的综合素质。混合式学习模式逐渐成为国内教育领域研究和发展的重点。

传统的学习方式已经不能满足学生日益增长的学习需求，尤其在新冠肺炎疫情期间，教育部“停课不停学”的要求也表明混合式学习在某些情境中是十分必要的。在后疫情时代，如何寻求教学方式的突破，实现“互联网＋”“智能＋”促进有效学习，是所有教育者需要思考的问题。混合式学习将是未来教学改革的重要方向。

混合式学习提供了多种学习活动，如自主学习、协作学习、讨论交流等。它有利于学生主动参与课程学习，促进学生与教师之间的双向交流，给课程教学注入活力；有利于改变单一的课堂教学方式，丰富教学情境，提高学生的核心素养；有利于学生利用碎片化时间学习，提升学生的自主学习与创新思维能力；有利于从心理上提升学生的学习认知，实现因材施教，实现学生的个性化学习；注重学生评价，能够更全面地了解学生的学习情况，符合新课标的要求。

顺应时代需求，立足自身学情，充分认识到将混合式学习应用于教学中的必要性。在“精度、深度、温度”育人理念的引领下，“三层五域”的课程体系已经在人大附中分校初步形成规模。推进混合式学习应用于教学中，可以满足个性化需求，实现能力进阶。人大附中分校强大的师资储备是课程研发和实践的有力保障。因此，混合式学习课程的“本土化”，既拥有充分的现实可能性，也将进一步丰富人大附中分校的课程体系，助力师生成长。

人大附中分校混合式学习课程建设旨在改变传统的教学模式，基于网络平台，跨学科融合同台授课，以学生为主体开展教学工作，以期提升学生的创造能力、逻辑思维能力、发现并解决问题的能力、跨学科融合能力、合作探究能力，提升学生的科学素养。

在这样的大背景下，我以人大附中分校“精度、深度、温度”育人理念为指导，结合对混合式学习的理解、对 AI 的探索和实践，将“生活中的人工智能”与人大附中分校的教学特点相结合，设计出了适合人大附中分校高一学生的 AI 课程项目。本课程通过将混合式学习方式与 AI 技术相结合来设立项目挑战任务，解决实际问题，以学生为主体，辅以教师引导。

为了让学生更加深入地认识和理解生活中的人工智能，切身体验“AI+”带给生活的改变，我们利用混合式学习形式，带领学生推开 AI 的大门，共同探索生活中的人工智能。

本课程面向人大附中分校高一的全体学生，本年级的学生已经有一定的计算机基础，例如熟悉 Python 等，但是仍存在基础参差不齐的现象，教师可通过测试进行摸底，从而进行分层次教学。作为北京市海淀区的高一学生有一定的资源优势，接受新知识的能力更强一些，但也有一些学生存在惰性，对待项目不能持之以恒，故需要教师根据学生的具体学情进行分组，使每个小组都有学生起积极的带头作用，开展 AI 设计。人大附中分校的学生依托的平台非常棒，人大附中本部已经有成熟的人工智能课程，那里学生的 AI 设计非常出色，为人大附中分校开设该项课程提供了宝贵的经验和技术支持。

二、学习流程

线上与线下相结合。线上利用慕课平台，创建网络学习课程，发布与课程相关的知识及视频，调动学生参与互动的积极性；进行简单测评；可以发表言论与大家探讨交流，也可以上传有意义的短视频，相互学习；利用微信群来发放当天的课件及作业，及时有效地与学生沟通。线下教师利用多媒体进行教学引导，学生参与互动，提高课堂的效率。

本课程的学习流程如图 2-4-1 和图 2-4-2 所示。

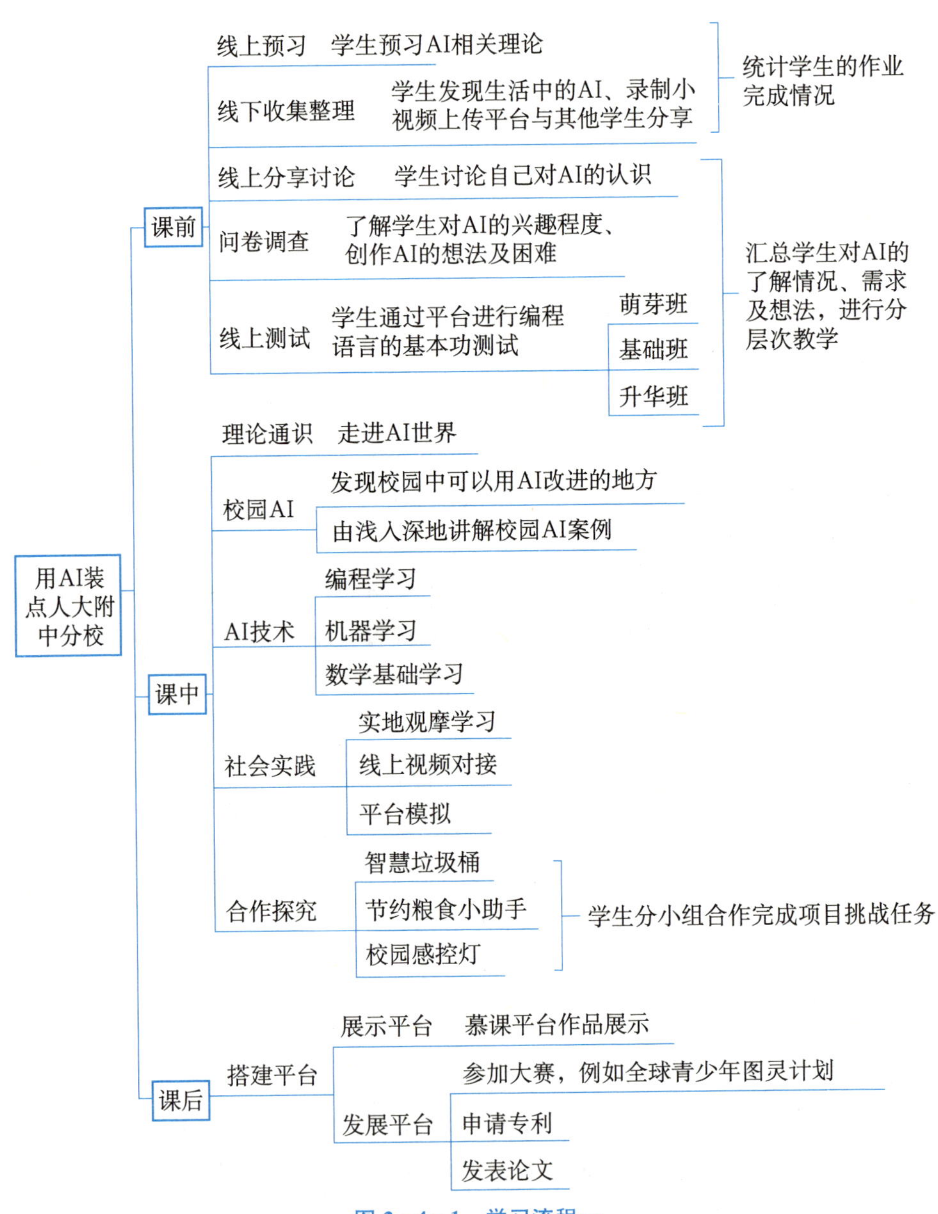
用AI装点人大附中分校
课前
线上预习
学生预习AI相关理论
线下收集整理
学生发现生活中的AI、录制小视频上传平台与其他学生分享
统计学生的作业完成情况
线上分享讨论
学生讨论自己对AI的认识
问卷调查
了解学生对AI的兴趣程度、创作AI的想法及困难
线上测试
学生通过平台进行编程语言的基本功测试
萌芽班
基础班
升华班
汇总学生对AI的了解情况、需求及想法，进行分层次教学
课中
理论通识
走进AI世界
校园AI
发现校园中可以用AI改进的地方
由浅入深地讲解校园AI案例
AI技术
编程学习
机器学习
数学基础学习
社会实践
实地观摩学习
线上视频对接
平台模拟
合作探究
智慧垃圾桶
节约粮食小助手
校园感控灯
学生分小组合作完成项目挑战任务
课后
搭建平台
展示平台
慕课平台作品展示
发展平台
参加大赛，例如全球青少年图灵计划
申请专利
发表论文

图 2-4-1 学习流程一

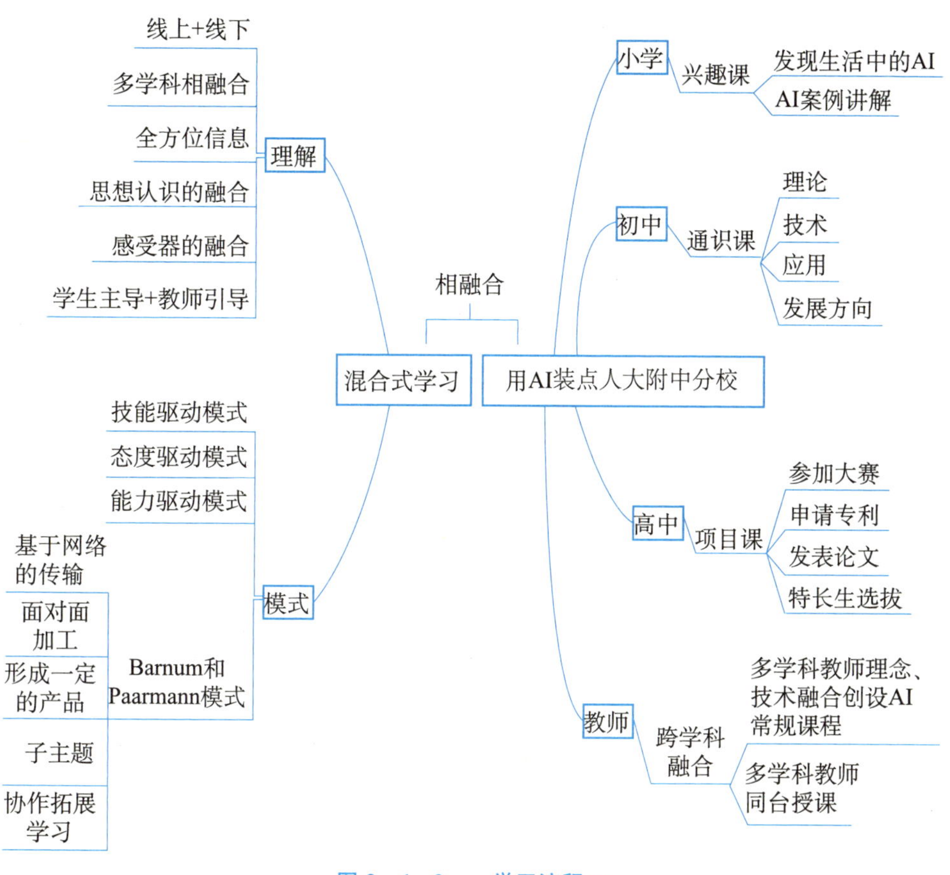

图 2-4-2　学习流程二

三、学习准备

本课程所需资源如表 2-4-1 所示。

表 2-4-1　所需课程资源

<table>
<tr><td>课程实施</td><td colspan="3">教学方法：原理讲授、案例实施、社会实践、上机操作
组织形式：线上线下混合式学习、小组合作探究、项目式学习
课时安排：一学期 10 节课，每节课 80 分钟
班级规模：35 人</td></tr>
<tr><td rowspan="2">课程资源</td><td>课程内容来源</td><td>课程活动场地</td><td>所需设备</td></tr>
<tr><td>教师对 AI 的资源整合</td><td>校内计算机教室</td><td>计算机</td></tr>
</table>

四、学习目标

在物理教学应用中建设与本校育人理念相适应的混合式学习的课程体系，丰富与完善本校已有的课程体系；依托网络平台，例如创办慕课与微信公众号，探索混合式学习在本校物理教学中实施的路径与有效策略；跨学科融合同台授课，打破传统教学模式，将物理与信息技术相结合，使课堂更加生动有趣，提升学生的学习兴趣及多学科融合能力；改善课程教学效果，提高教学质量，以学生为主体开展特色化教学。

学生通过本课程的学习，了解人工智能的发展概况、基本原理、研究范畴、应用领域和发展方向，了解人工智能是一门多领域、多学科相融合的学科。通过线上与线下相结合的混合式学习方式，激发学生对人工智能的兴趣，进而促进学生深入思考与研究。学生通过本课程的学习，能够掌握程序调试的一般过程和方法，初步具有判断程序正误的能力。通过让学生体验简单 AI 应用的实现过程，使学生掌握简单的 AI 应用搭建方法，培养学生对 AI 的兴趣。培养学生的创造能力、逻辑能力和解决问题的能力，提升学生的科学素养。

本课程的开设可以激发学生的 AI 思维。教师与家长应该帮助学生培养拥抱未知的能力，而不仅仅是传授知识与技能本身。学生要打好坚实的基础，提高自身的科学素养，掌握编程、计算思维、AI 机器学习等各种新技能，更好地拥抱未来。

五、学习过程

从易到难，从通识到具体创作。本课程介绍了 AI 的发展概况、基本原理、研究范畴、应用领域和发展方向，及与 AI 编程相关的知识，循序渐进的算法学习、数学相应知识及项目的实践，旨在使学生了解 AI 的应用，培养学生的编程思维及动手实践能力。以下是依托人大附中分校学生的学情进行的课程体系建构。课前：通过慕课平台开设网络学习课程。学生录制与 AI 相关的小视频上传到网上并在讨论区留言讨论。采用问卷星了解学生的困惑与需求。整合以上学情信息，设计预习内容。通过平台设计试卷，根据学生的水平采取分班式教学。全方位了解学生的学情，有利于分层教学，使学生更好地提升自己。课中：依托校内计算机教室，由浅入深地讲解校园 AI 案例，通过编程、模块拖拽等方式进行合作探究。在所学知识的基础上进行项目创新。课后：针对优秀作品搭建平台，便于学生之间交流学习。将平台开放，有助于更多人进行学习，更好地提升学生的科学素养，并且有助于家长全方位了解孩子，实现家校社的完美融合，达到最优的育人目标。

AI 课程的学习采取作品评价、组间互评、个人自评等形式，注重评价主体多元化、评价方式多样化、评价数据全面化。将过程性评价和结果性评价有机结合，并且注意弱化结果性评价，而突出过程性评价。过程性评价的目的是激发创造热情，促进积极参与、沟通交流。过程性评价的内容包括：原始数据的记录、小组分工协作情况、作品制作的时间安排、学生的参与程度、动手能力、解决实际问题的能力、学习体会等。同时，教师通过过程性评价获得教学的反馈信息，并对学生的创造过程进行观测和总结，以此对自己的教学行为进行反思和调整，以更好地激发学生的创意。在学生的创造过程结束后，教师对各小组的创造项目进行结果性评价，评价的内容包括：项目作品的完整性、美观性、创新性、功能性、实用性，汇报演示文稿成果，等等。

探索尝试人工智能与各个学科相结合，提高学生的学习兴趣，达到教育的最优化，培养学生跨学科思维的能力（见图 2-4-3）。

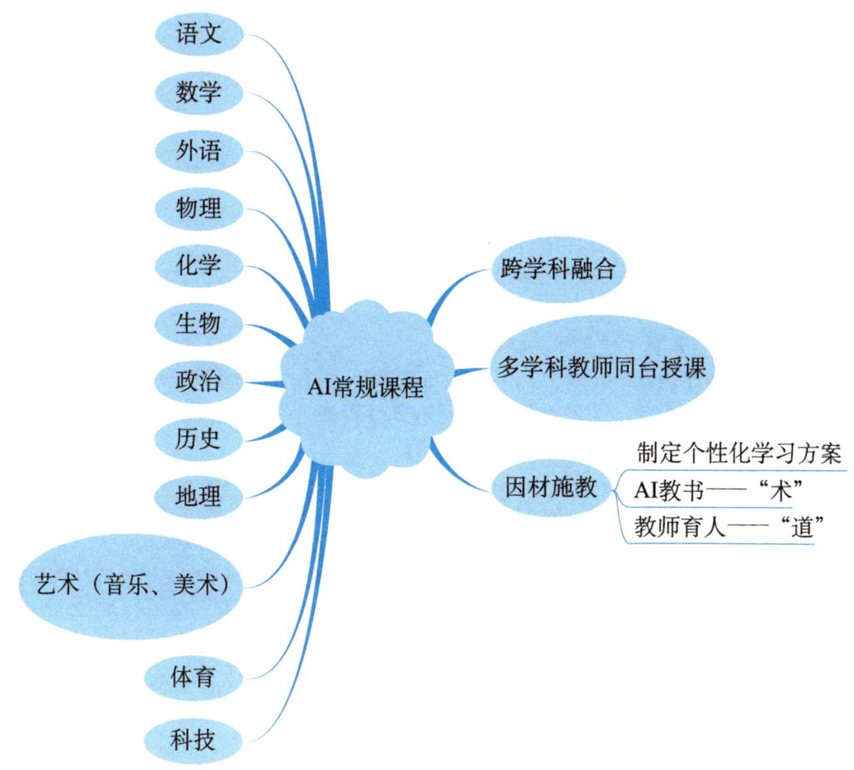

图 2-4-3 AI 与各学科结合

原来的混合式学习散见于课堂。本课程结合学生需求和核心素养目标，将混合式学习引入校本课程中，依托网络平台使其课程化，充分体现了进阶性。开发课程网络学习平台，配合混合式学习开展教学，使学习过程及学生成果可视化，使学生的学习有载体，学生有成就感。开发形成一整套混合式学习在教学中应用的课程资源（如课程纲要、教学设计等），积累课程实施过程中的评价体系（如典型课例、学生成果等），侧重过程性发展，重视学生的学习过程呈现。

下面以高一课程为例加以说明（见表 2-4-2 和表 2-4-3）：

表 2-4-2 课程内容

<table>
<tr><td>课程内容</td><td>从易到难，从通识到具体创作。本课程介绍了 AI 的发展概况、基本原理、研究范畴、应用领域和发展方向，及与 AI 编程相关的知识，循序渐进的算法学习、数学相应知识及项目的实践，旨在使学生了解 AI 的应用，培养学生的编程思维及动手实践能力。
【课前】通过泛雅慕课平台进行线上预习
【课中】
第 1 节　走进人工智能的世界
第 2 节　发现校园生活中的 AI（一）
第 3 节　发现校园生活中的 AI（二）
第 4 节　各种各样的 AI 技术（一）
第 5 节　各种各样的 AI 技术（二）
第 6 节　AI 的数学基础
第 7 节　社会实践
第 8 节　小组合作项目探究（一）
第 9 节　小组合作项目探究（二）
第 10 节　成果展示 & 评价总结
【课后】对于优秀作品搭建平台
展示平台：在泛雅慕课平台进行成果展示，供家长及社会各界人士欣赏。
发展平台：组织参加大赛，例如全球青少年图灵计划；申请专利；发表论文等。</td></tr>
</table>

表 2-4-3 学习活动设计

教学过程	教师活动	学生活动	设计意图
1. 线上 通过泛雅慕课平台开设网络学习课程	➢整理组合人工智能的简史。 ➢录制小视频呈现生活中的人工智能。	◇ 学生在讨论区留言讨论自己周围有哪些人工智能。 ◇ 学生录制自己周围有关人工智能的小视频上传到网上，相互之间进行交流学习。	学生自己主动参与收集整理过程，成为课程开设的主导者。 在学习交流过程中深刻了解人工智能，激发学生的兴趣，为更好地开设本课程奠定基础。

续表

教学过程	教师活动	学生活动	设计意图
泛雅慕课平台测试	通过网络平台设计与计算机编程语言，如C语言、Python等相关的试卷。 根据学生的水平进行分班式教学，开设“萌芽”“基础”“升华”三个梯度的班级。	学生作答	全方位了解学生的学情。有利于分层次教学，使学生更好地提升自己。
2. 线下授课	➢理论课 通过课件＋视频＋互动的方式在线下进行讲解。 第1节　走进人工智能的世界 √ 人工智能是什么 √ 人工智能的发展史 √ 百花齐放的AI时代 (讲述过程中穿插视频及图片)	学生欣赏了解	了解人工智能的发展概况、基本原理、研究范畴、应用领域和发展方向，了解人工智能是一门多领域、多学科相融合的学科。通过线上与线下相结合的混合式学习方式，激发学生对人工智能的兴趣，进而促进学生深入思考与研究。
	第2节　发现校园生活中的AI（一） 第3节　发现校园生活中的AI（二） 教师引导学生观察我们的校园，发现校园中可以用AI改进的地方。 例如： (1) 智能垃圾桶(人靠近时自动打开，远离时自动闭合)； (2) 疫情监控机器人——体温测试机器人（设在校门口测量进出人员的体温)； (3) 人脸识别（设在校门口对进出人员进行记录)； (4) 语音识别； (5) 人机大战。 教师根据学生的分组情况，结合每名学生自身的学情进行小组内的微调。设立项目。 案例由浅入深地讲解，便于学生理解。	学生参与讨论互动 ◇ 根据对人工智能的了解，结合生活中的实际案例，提出新的改善思路。 ◇ 投票选出几个有代表性的创意想法，进行分组，设立组名。 ◇ 学生根据自己的兴趣进行选组。 学习生活中AI的简单案例制作过程。	理论联系实际，使学生对人工智能进一步深入了解。展开奇思妙想，进行分组。

续表

<table>
<tr><th>教学过程</th><th>教师活动</th><th>学生活动</th><th>设计意图</th></tr>
<tr><td rowspan="4">2. 线下授课</td><td>➢技术学习课
根据学生分的小组，分别进行有针对性的培训。例如进行软件设备的编程、设计的指导。

第 4 节　各种各样的 AI 技术（一）
第 5 节　各种各样的 AI 技术（二）
第 6 节　AI 的数学基础</td><td>学生根据自己的需要进行相对应的学习。</td><td>能够使学生掌握程序调试的一般过程和方法，初步具有判断程序正误的能力。
使学生了解循序渐进的算法学习及数学相应知识。
培养学生的编程能力，为国家储备人才，并且使学生了解人工智能是一门多领域、多学科相融合的学科。</td></tr>
<tr><td>➢社会实践课
立足于北京中关村、清北科技实验室等

采用：
√实地观摩学习
√线上视频对接
√慕课平台模拟

第 7 节　社会实践</td><td>参观学习</td><td>通过参观，使学生感受到科技带来的巨大变化，从而对人工智能产生浓厚的兴趣，有科技改善生活的意识。通过实地观察学习，了解最先进的技术，有助于项目的推进。</td></tr>
<tr><td>➢发明创造
组织学生分小组进行人工智能的创造

第 8 节　小组合作项目探究（一）
第 9 节　小组合作项目探究（二）</td><td>学生以小组为单位进行分工合作，创造属于自己的人工智能。</td><td>培养学生的团队协作能力。</td></tr>
<tr><td colspan="3">项目挑战任务
➢智慧垃圾桶
根据语音提示或图片识别自动打开相应的垃圾桶，如果错放就会发出警报，便于实施垃圾分类。
采用数学建模中多项式的方法设计垃圾桶的摆放位置。
➢节约粮食小助手
设计学生自动点餐 App，午餐时学生在食堂窗口通过人脸识别取餐。设计制作“无异味”的校园堆肥数字化厨余桶（应用生物发酵工程内容）。
➢校园感控灯
通过编程手段使校园内的路灯根据有无人进行亮度的调试。</td></tr>
</table>

续表

教学过程	教师活动	学生活动	设计意图
2. 线下授课	➤成果展示 组织学生以小组为单位进行成果展示。 ➤评价总结 教师根据学生的表现进行评价总结。 第 10 节　成果展示 & 评价总结	分享每个组员的角色、承担的任务，设计的思路，如何制作，在生活中有哪些应用。 • 小组自评 每一个组员针对自己在此次作品制作过程中的表现进行评价；其他组员对其进行评价。 • 组间互评 各个小组对其他小组的作品进行评价。	培养学生善于发现问题、解决问题的能力。实现很好的育人价值。将学习与生活紧密结合。 培养学生的自我反思能力，使他们善于发现别人身上的闪光点。
3. 搭建平台	展示平台：在泛雅慕课平台上进行成果展示，供家长及社会各界人士欣赏。 发展平台：组织参加大赛，例如全球青少年图灵计划；申请专利；发表论文；等等。	上传作品加注解 参加大赛 申请专利 发表论文	为学生提供展示自己的平台，使学生的成果得到认可，让学生有成就感，促进学生的健康成长。 便于学生之间交流学习。平台开放，有助于更多人进行学习，更好地提升学生的科学素养，并且有助于家长全方位了解孩子，达到家校社的完美融合。

六、案例自评

混合式学习在设计过程中应该以学生为主体、辅以教师引导。培养学生发现问题、解决问题的能力。依托学生的基本学情来设计课程，应该注意校本性、规范性、合理性、可行性、引领性、技术性。在设定挑战性任务时需要基于学生的问题需求和素养达成设计题型，混合式学习用到的线上平台在教学过程中充当工具角色，为课程服务。混合式学习的最终目的是立德树人，就像以人大附中分校“精度、深度、温度”三度育人理念为指导，将课程设计与人大附中分校教学特点相结合，设计适合人大附中分校学生的课程项目。混合式学习不仅仅是线上线下的简单融合，例如我的课程设计的展望部分：创设 AI+，将 AI 与常规课程相结合，多学科教师合作教学，培养学生的跨学科思维能力。AI 在未来课程构建中是一盏明灯，有辐射性。结合对混合式学习的理解、对 AI 的探索和实践，去构建适合学生全方位发展的混合式课程体系模型。混合式学习是多学科的融合，是全方位信息、思想认识的融合，是以学生为主体与以教师为引导的融合。

教育，既是教书，更是育人。学然后知不足，教然后知困。教育的目的是促进人的全面发展，包括人格、品德、情操和综合素养等方面的成长。教育是鲜活的，教师的价值在于设计、整合资源，检索适合学生的内容。在教学过程中，教师需要居于幕后。教师是引领者，培养学生接受新知识的能力，培养学生的创造能力、逻辑能力、发现并解决问题的能力、跨学科融合能力、合作探究能力，提升学生的科学素养。教学没有理想境界，仅有最佳境界！教书首先是技术，然后才可能升华为艺术。技术教有法，艺术教无法，教书有法而没有定法。教书首先是职业，然后才可能是事业。职业便是要有规范要求，成为事业要用自己的生命加以创造。新入职的我只有遵从前辈指导学习客观规律，才能奉献思想、创新，进而使教书变成事业。

在“AI in ALL”这样的大背景下，通过开设本课程，可以激发学生的 AI 思维，改变学生的一生。一个人带动周围一群人，一群人带动更多的人，一起进步成长，为社会的发展建设贡献自己的力量，展现普及推广的情怀与使命。我为能够成为人大附中分校的一员而感到无比骄傲与自豪，我会带着这份信仰砥砺前行，开创未来教育的新篇章！

徐影，女，中国人民大学附属中学分校高中物理教师。第六届中国未来学校大会混合式学习 TOP20 种子教师。

第五节 How to make your continuation writing vivid?

一、主题分析

自新高考改革在多省实行以来，读后续写作为一种新题型出现在大众视野中，它要求学生在读完部分文章后续写两个段落（两个段落的段首句已给出），使其逻辑合理、内容丰富以及语言生动。这既考查了学生的阅读理解能力，也考查了学生的写作运用能力，给广大教师和学生带来了不小的挑战。

学生在读后续写中所面临的主要问题之一，便是给自己的作文润色，让其所创作的文章生动起来。这一问题要求教师突破传统的“填鸭”式教学，由传统的教师全程讲解写作技巧、学生被动吸收，逐渐转变为以学生为中心，教师充当课程设计者和教学活动指导者，让学生在有效的课堂时间内进行写作技巧的实际操作，进而使自己的文章生动起来。在这个过程中教师的作用，就是确保学生在有效的课堂时间内掌握高效的写作技巧。

混合式学习这一教学模式就恰好可以很好地解决这一问题。

课前，学生提前学习教师设计的丰富教学资源；课中，教师与学生一起重点解决课前学习的疑惑，并且通过完成各种学习活动而落实所学内容；课后，学生线上完成作业，进一步巩固所学内容。

整个教学过程以学生为中心，充分利用线上资源和线下资源，并将二者结合起来，让学生扎实地掌握英语写作技巧，实现学习兴趣高、学习效率高及学习质量高的“三高”教学。

二、学习流程

该教学案例的学习流程按照“课前”“课中”“课后”这一基本框架展开，具体学习过程则围绕以学生为中心来激发学生的学习兴趣、推进学生认知的发展以及促进学生之间的交流合作这一根本目标来设计，如图 2－5－1 所示。

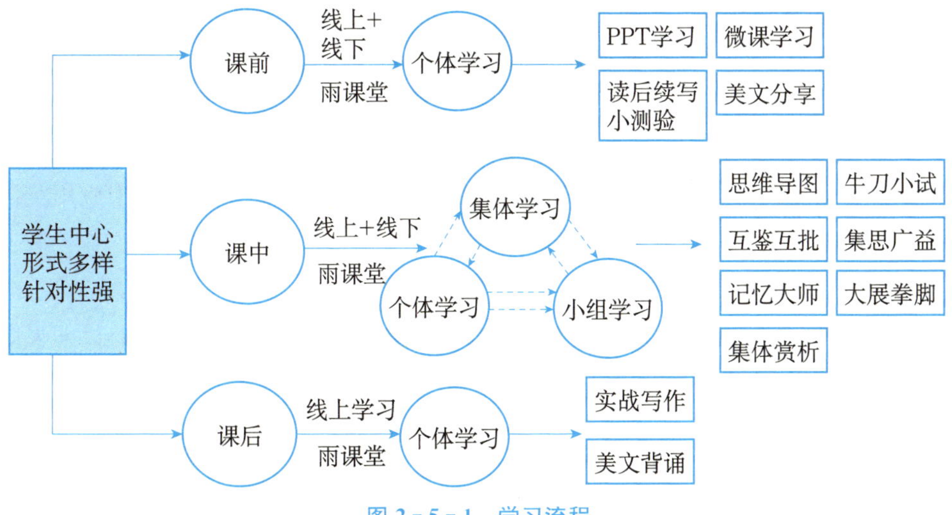

图 2－5－1　学习流程

三、学习准备

该混合式学习案例的学习准备包括教学环境与教学资源，具体如图 2－5－2 所示。

教学环境
- ✓ 多媒体综合教室
- ✓ 平板电脑
- ✓ 八字团队式摆放桌椅

教学资源
- ✓ 微课
- ✓ PPT课件
- ✓ 测试题

八字团队式摆放桌椅

图 2－5－2　学习准备

四、学习目标

新课程在确定课程标准时，提出了知识与技能、过程与方法以及情感态度与价值观这一三维目标，因此该案例的学习目标也将分别从这三个维度来设计、制定。

1. 知识与技能目标

通过这节课的学习，学生能够了解动作链和 show don't tell 这两个使读后续写变得更生动的技巧，并将其运用到具体的英语写作中。

2. 过程与方法目标

学生通过思维导图、牛刀小试等多种学习活动，提高在英语写作中应用英语语法知识和句法知识的能力。

3. 情感态度与价值观目标

通过这节课的学习，学生能够体会与他人合作交流的乐趣，有将自己的见解公开并与他人交流的愿望，增强学习英语的趣味与自信心。

五、学习过程

教师提前将打印的自主学习单（见表 2－5－1）发给学生，学生在每个阶段对照自主学习单完成相应的任务，并打√。这一方面督促了学生及时落实学习任务，另一方面则有利于教师了解学生的学习情况。

表 2－5－1　自主学习单

How to make your continuation writing vivid?		
班级：	姓名：	
学习阶段	具体内容	是否完成（若完成请打√）
课前学习活动	预习 PPT＋微课	
	完成读后续写小测验＋美文分享	
课中学习活动	画出完整的思维导图	
	运用动作链写句子	
	鉴赏、批改同桌所写的句子	
	合作小组组员搜集表达情绪的好句	
	摘抄并背诵表达每种情绪的三个好句	
	运用 show don't tell 进行《哈利·波特》片段描写	
	赏析并背诵优秀句型和短语	
课后学习活动	完成 2020 年 7 月浙江新高考英语读后续写题目	
	背诵 2020 年 7 月浙江新高考英语读后续写范文	

（一）课前学习活动

学生通过教师分享的邀请码进入班级群，接收教师发布的公告，课前预习内容以及进行课前小测。教师在公告中发布学生预习的具体要求（见图 2－5－3），并可随时查看学生是否已读公告，跟进预习进度。

< 返回 | 英语预习 | 发布时间：2021-07-13/16:02/周二　　导出数据

英语预习　　未读：12人

发布人：cococutie

发布时间：2021-07-13/16:02/周二

请各位同学在今天晚上24点前完成今天发布的预习内容并完成预习测验，预习将计入期末总评，请认真完成！

图 2－5－3　预习具体要求

1. 课前预习内容

课前预习内容包括 PPT 和微课（见图 2－5－4），具体讲解了让读后续写变得更生动的两个技巧，即动作链（action chain）和 show don't tell，讲义和视频这两种形式满足了具有不同感知觉渠道偏好的学生的需求。

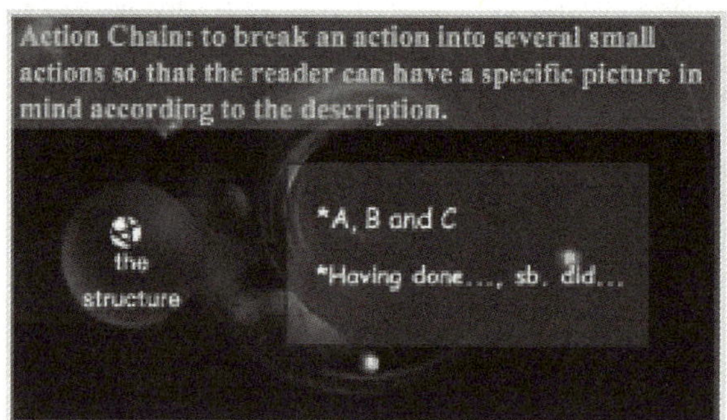

图 2-5-4　课前预习内容

如图 2-5-5 所示，PPT 页面有教师的语音讲解，便于学生更好地掌握预习内容，同时学生可在不太理解的页面上点击“不懂”，并在下方评论区评论，这一极具交互性的设计可以让教师在课前了解本节课中的难点内容，进行有针对性的备课。根据学生的反馈和评论，学生认为分解动作链有难度，且学生对于 show don't tell 这个技巧的语料储备不够。

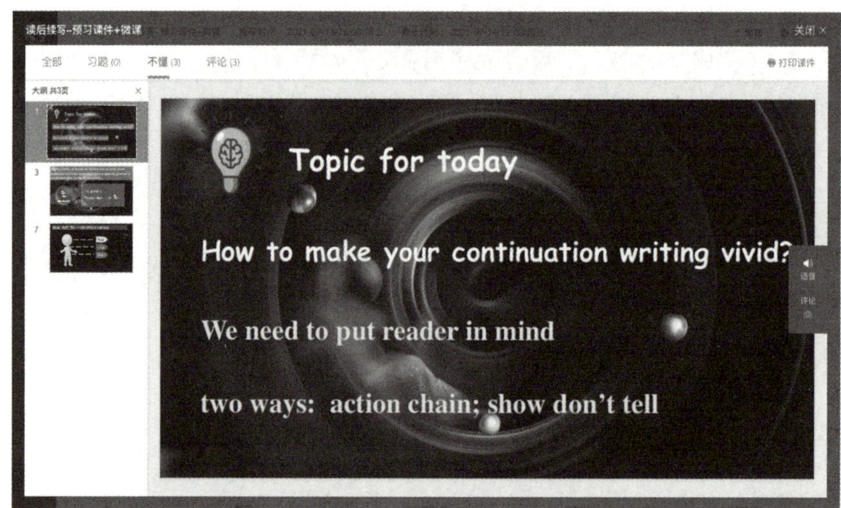

图 2-5-5　PPT 页面

学习 PPT 和微课设有截止时间，教师可随时查看学生的完成情况，具体可查看每一名学生的观看时长和未观看页，根据其所反映的每一名学生的预习情况，教师在课前及时督促未完成或未认真完成的学生及时完成预习任务（见图 2-5-6）。

2. 课前小测

课前小测包括读后续写小测验和美文分享（见图 2-5-7）。

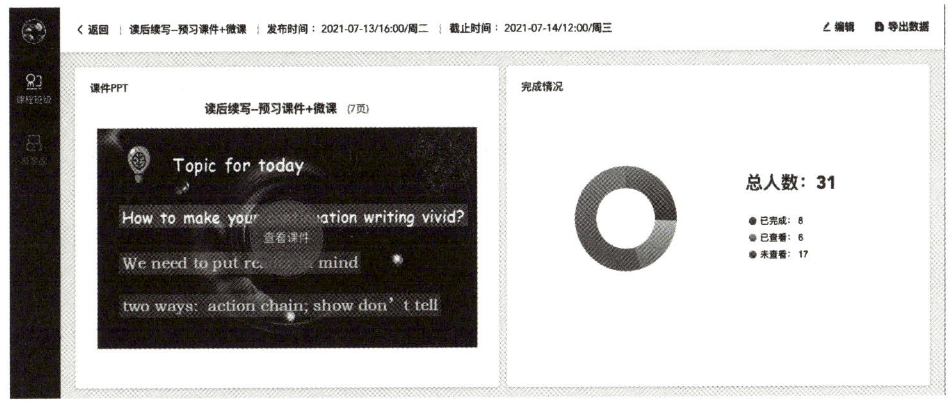

图 2-5-6　完成情况显示

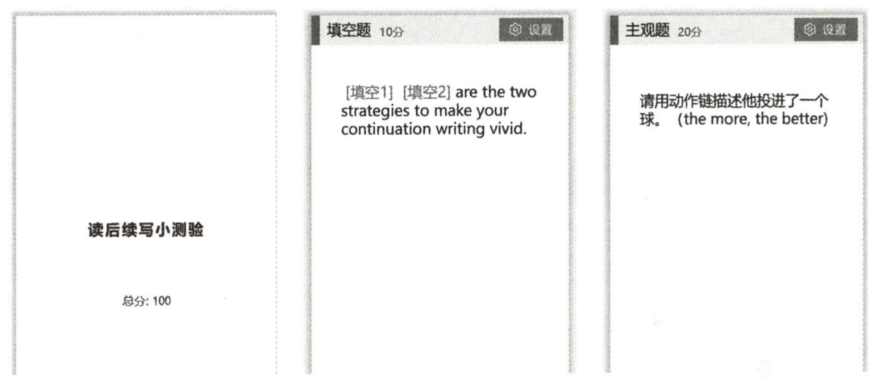

图 2-5-7　课前小测

学生在学习完 PPT 和微课后，完成读后续写小测验。读后续写小测验以填空题和主观题的模式测试了预习的基本内容，包括动作链和 show don't tell 的基本要素，以及两种技巧的应用。结果发现，大部分学生对于预习的基本内容掌握牢固，能够熟记让读后续写变得更生动的两种基本技巧的内容，但在两种技巧的应用方面仍存在较大的问题，教师在课堂活动中将着重让学生在写作中具体应用这两种技巧。

美文分享要求学生分享阅读过的精彩故事片段，但到截止时间，仅有小部分学生完成了分享，由此可见学生日常的英语文章阅读量输入较少，教师在后期要增加英文故事的输入。

（二）课中学习活动

由学生的课前学习活动反馈可知，学生需要加强对动作链和 show don't tell 的具体应用，因此教师利用雨课堂针对每种技巧精心设计了以下教学活动（见图

2－5－8)。

鉴于动作链主要考察语法结构，因此针对动作链的具体练习设计了牛刀小试和互鉴互批，便于学生在练习中掌握相应的语法结构；而 show don't tell 主要需要学生的日常积累储备，因此针对 show don't tell 的具体练习设计了集思广益和记忆大师。

针对两种技巧的综合总复习则设计了思维导图、大展拳脚以及集体赏析这三项活动。

活动的开端和结尾都是集体活动，中间则穿插着个体活动和小组活动，形成了一个活动形式的闭环。

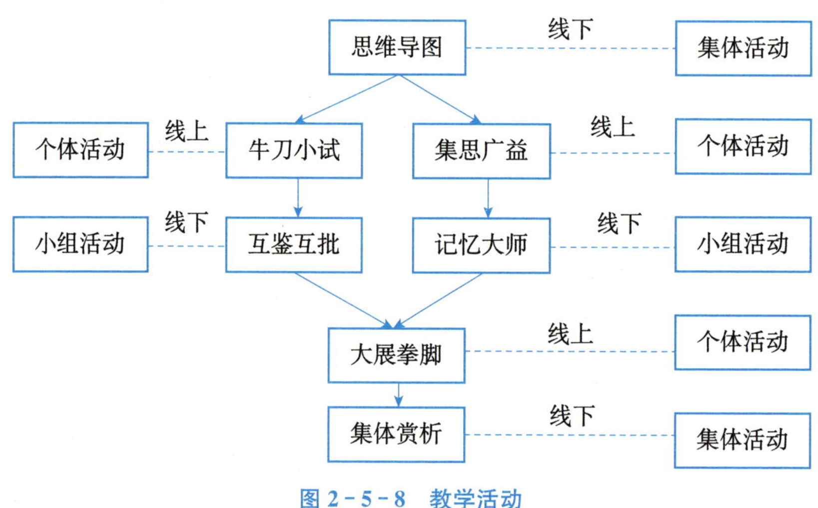

图 2－5－8 教学活动

(1) 思维导图（见表 2－5－2）：

表 2－5－2 思维导图活动

教师活动	学生活动	活动意图
利用思维导图带领全体学生回顾动作链和 show don't tell 的具体内容；以思维导图为基本框架进一步讲解动作链和 show don't tell 的应用策略和技巧；针对学生发布的弹幕内容进行详细讲解。	跟随教师集体回顾动作链和 show don't tell 的具体内容，发弹幕发表听课感受。	帮助学生回顾课前学习活动的内容，解决学生在课前和课中学习活动中反映的难点问题，便于后续课堂活动的顺利开展。

(2) 牛刀小试——动作链（见表 2－5－3）：

表 2-5-3　牛刀小试活动

教师活动	学生活动	活动意图
在雨课堂界面设置主观题，让学生利用动作链语法结构表达图片内容，查看学生的作答情况，给出针对性的指导。	运用动作链语法结构生动表达图片内容。	让学生课堂实战应用动作链，在练习中巩固对动作链语法结构的掌握。

（3）互鉴互批——动作链（见表 2-5-4）：

表 2-5-4　互鉴互批活动

教师活动	学生活动	活动意图
让同桌彼此交换答案，互相鉴赏、批改，观察指导并随时准备解答学生的困惑。	彼此交换答案，鉴赏批改。	增加学生的课堂参与度与积极性，进一步加深学生对动作链语法结构的理解和记忆。

（4）集思广益——show don't tell（见表 2-5-5）：

表 2-5-5　集思广益活动

教师活动	学生活动	活动意图
在雨课堂界面设置主观题，给出情绪主题（开心、愤怒、担忧、害怕、紧张），让小组分别选择情绪主题并上网搜集对应的好句。	小组合作上网搜集表达所选情绪的好句，在雨课堂小程序中作答。	增强学生的小组合作意识，同时让学生意识到输入在写作中的重要性。

（5）记忆大师——show don't tell（见表 2-5-6）：

表 2-5-6　记忆大师活动

教师活动	学生活动	活动意图
在雨课堂中展示各小组搜集到的情绪好句，带读分析所有句子，让学生针对每种情绪挑三句摘抄并背诵。	每种情绪选择三个好句，摘抄并当堂背诵。	积累一定的表达情绪的好句并培养建立个人语料库的习惯。

（6）大展拳脚（见表 2-5-7）：

表 2-5-7　大展拳脚活动

教师活动	学生活动	活动意图
播放《哈利·波特》视频片段，在雨课堂界面设置主观题，让学生进行段落写作并应用动作链和 show don't tell 这两种写作技巧，进行随堂指导。	运用动作链和 show don't tell 对视频片段进行段落写作，在雨课堂小程序中作答。	让学生在写作中灵活地综合应用这两种写作技巧。

（7）集体赏析（见表 2－5－8）：

表 2－5－8　集体赏析活动

教师活动	学生活动	活动意图
挑选学生作答中的优秀片段描写进行集体赏析，分析其中所用到的好的句型结构以及好的词汇短语表达。	摘抄记录好的句型和词汇短语表达并背诵。	帮助学生巩固动作链和 show don't tell 这两种技巧的基本内容，培养学生分析范文并积累记忆的习惯。

（三）课后学习活动

经过课前预习的实施和课中活动的开展，学生已经掌握了动作链的基本语法结构并积累了一定量的 show don't tell 相关好句。为了进一步巩固所学内容和加强学生的应用实践，教师在雨课堂发布作业公告，要求学生完成实战写作和美文背诵这两个课后任务。

1. 实战写作

教师选择 2020 年 7 月浙江新高考英语读后续写题目，让学生在作文纸上完成读后续写实战写作，要求学生用到动作链和 show don't tell 这两种写作技巧，并在文章中用红笔画线标注出来。

90％的学生在写作中用到了动作链和 show don't tell 这两种写作技巧，写作的内容更加生动丰富。

2. 美文背诵

当学生完成作文上传后，教师在雨课堂发布 2020 年 7 月浙江新高考英语读后续写范文，要求学生背诵后上传音频到作业界面。这一任务能让学生在背诵中分析文章结构和文章句型，并且熟记文章中的好词佳句。

（四）课后学习评价

经过本次学习，学生可以掌握动作链和 show don't tell 这两种写作技巧的基本概念和结构，并将其恰当地运用到读后续写中。对于学生的学习情况，采取评价内容全面、评价主体多元的评价方式进行评定。

评价内容全面主要体现在不再以单一的测试数据来对学生的学习过程进行评价，而是从学生的课前预习任务完成度（由雨课堂后台数据获得）、课堂任务完成情况和参与度（由教师课堂观察获得）以及课后任务完成情况（由教师课后批改获得）等方面来评价。

评价主体多元主要体现在学习评价过程不再由教师一人完成，学生自己也参与到评价过程中。学生进行自评，以便更好地了解自身的学习情况。

基于以上评价方式设计了以下两个表格，即教师评价表和学生自评表（见表2-5-9和表2-5-10）。

表2-5-9 教师评价表

读后续写：How to make your continuation writing vivid?				
姓名： 班级：				
课前预习任务完成度（25分）	课堂任务完成情况和参与度（35分）	课后任务完成情况（40分）	总分	点评

表2-5-10 学生自评表

读后续写：How to make your continuation writing vivid?				
姓名： 班级：				
评价内容		评价等级		
		优（10）	良（7）	中（5）
知识掌握度	我知道什么是动作链			
	我知道什么是 show don't tell			
	我能将动作链应用到续写中			
	我能将 show don't tell 应用到续写中			
课堂参与度	我认真听教师讲课和同学发言			
	我在课堂上积极思考教师提出的问题			
	我积极参加小组讨论，并且和他人合作			
课后落实度	我认真完成教师布置的预习作业			
	我认真完成教师布置的课后作业			
	我每天复习课上学习的内容			

学生自评表通过问卷星发布，问卷结果如图2-5-9所示：大部分学生认为自己在知识掌握度、课堂参与度和课后落实度方面都表现得较好，少部分学生则认为自己在课堂参与度上有所欠缺。

学生通过教师评价表和学生自评表了解了自己的学习情况，完善了自己的知识板块，同时在下一次学习中努力改善自己的学习状态和学习习惯，以这种螺旋上升的方式养成良好的学习习惯。

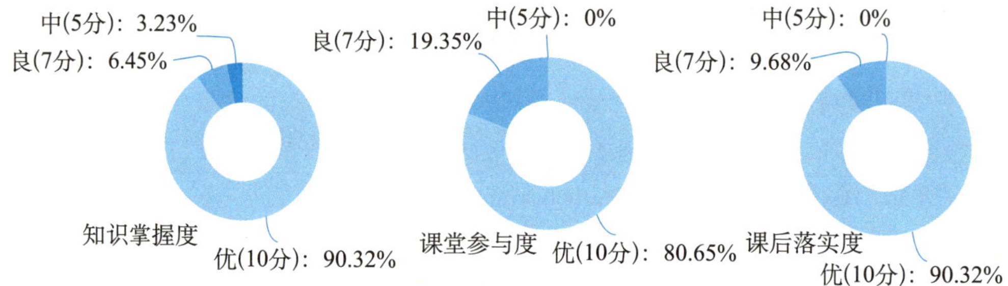

图 2-5-9 学生自评结果

六、案例自评

“我是一名农村小学的校长，我的本专业并不是数学，但是我教的孩子的数学比城里的孩子还考得好。”

在那场云集全国中小学教育技术精英教师的分享会上，大家都被这位来自广东一所偏远小学的校长的“大放厥词”惊诧到了，纷纷问他究竟是如何做到的。

这位头发稍有些凌乱的校长笑着说了四个字“翻转课堂”，然后开始细细讲述他是如何利用这一混合式学习的典型模式开展他的教学的。

课前，他通过各种互联网渠道寻找全国优秀的对应教学视频案例，让学生在家里学习；课上，他从不占用大量时间讲授，而是让学生利用课前学习的内容在课堂上做数学题目，他则负责专门解决学生在做题过程中遇到的问题。

学生在课堂上的每一分钟都被充分利用，用来解决自己在数学学习中遇到的“疑难杂症”，就学习效率而言，有了非常显著的提高，学习成绩的提高也就在意料之中了。

听完这位校长的讲述，他一开始的“大放厥词”也显得有理有据了。

对于当时刚踏入教育行业不久的我而言，听到这番言论无疑是吃惊甚至震撼的。因为，“翻转课堂”作为混合式学习的一种，我只在专业书籍和文献研究中看到过，身边既没有成功的先例也没有人尝试过。而如今听到了真实的成功例子，我受益匪浅，并引发了我对混合式学习这一模式在真实课堂中应用的思考与探索。

传统教学模式的显著优点，在于一个教师可以对应一群学生上课，这不仅能降低教学成本，也能极大地提高教学效率。但其存在的弊端也显而易见：首先，班级学生未进行分层，学习基础参差不齐，这便导致教师在教学内容的选择和教学进度的推进上不能满足所有学生的需求。其次，在传统教学模式中，课堂的大部分时间以教师讲授为主，这就导致学生在学习中产生的疑惑不能在课堂上得到高效解决。最后，在传统教学模式中，教师在一定时间内是不会变更的，学生所学习的该科目的所有知识都由该教师来讲解。这一点在乡村学校尤为突出，乡村学校由于诸多因素限制而无法获得优秀的教学资源，这就使本就落后的乡村教育进展更加缓慢。

而混合式学习的优点恰好可以解决以上这些问题：首先，学生课前线上学习教学内容和前测使得教师能够明确学生的难点问题，在课堂上有针对性地解决这些问题，满足每个学生的需求；其次，课前的学习内容可以不受时间和地点限制供学生反复学习，帮助学生全面深入地掌握学习内容，这是传统教学中将课堂作为知识传授的主要阵地所无法达成的；最后，课前的线上学习资源形式丰富、内容多样，教师可以选取网络渠道中的优秀教学资源来供学生学习，使学生获得更优质的学习资料。正如那位广东的校长，即便他不是最优秀的数学教师，也可以为学生找到优秀的数学教学资源，来解决学生切实的学习问题。

虽然说混合式学习的出现，以及它对学生成长所起到的作用不言而喻，但是在混合式学习的道路上，教师仍然需要不断地学习探索，积累理论和实践经验。

譬如，如何确保学生课前认真落实学习任务。即便诸多教学 App 都有后台数据显示学生的学习时长和学习进度，但后台数据的显示终究与学生的真实学习情况有一定的差距。若课前这一重要的开端任务未认真完成，那么后续的课堂教学便无法开展，课堂便是无效的。

这时，教师不仅仅是课程的设计者和学习的指导者，更是文化的塑造者，也就是说教师要塑造浓厚的学习氛围，让每一名学生都认识到课前自主学习的重要性，并主动积极落实。

这对教师提出了更高的要求。一方面，教师不仅需要加强和家长的沟通合作（学习氛围塑造的初期需要家长一定的监督和指导，在后期浓厚的学习氛围形成后，各项学习任务将由学生独立自主完成），也需要精通班级管理知识以及心理学知识，敏锐地掌握学生群体的心理变化，采取相应的措施，确保混合式学习的顺利开展。另一方面，混合式学习对教师的信息素养提出了更高的要求。教师不仅要有扎实的学科基础知识，也需要精通各类学习互动 App 的使用，以帮助学生选择合适的平台，设计合适的学习活动。与此同时，教师还需要精通微课和课件制作，搜集整理优质教学资源，便于不同认知水平的学生学习。

探索出一条适合本学科以及不同年龄段学生的混合式学习之路无疑是艰难的，但一旦这条路被铺开，便将有无数的孩子成为受益者。

这激励着我在今后的教学生涯中要坚定信念，与诸位优秀的教师同人一起不断尝试、不断学习、不断改进，充分发挥和利用混合式学习的优点，努力使它扩散并深入全国各地的每一节课堂，从而打破信息壁垒和教学垄断，逐步实现教育资源的共建、共生和共享，加速中国基础教育的转型，实现真正的教育公平。

张可钰，女，中共党员，湖南师范大学学科教学（英语）专业研究生，湖北省宜昌市第一中学英语教师。第六届中国未来学校大会混合式学习 TOP10 领袖教师。

第三章

初中案例

混合式学习没有绝对的形式，在“线上 ＋ 线下”教学的前提下，教师可以根据自身的想法添加其他元素，其最终目的是发掘行之有效的教学方法，不断提高教学质量。教学按课前、课中、课后三个阶段及教师＋学生两条主线展开。教师在课前通过推送任务和在线辅导进行导学，在课中组织课堂教学，在课后推送任务并促进学习；学生在课前完成自学任务，在课堂教学中参与体验及领悟，在课后进行巩固和拓展。

初中阶段筛选的四个案例来自地理、生物和心理健康领域，既有利用多元化的“云服务”提高学习效率的案例，也有聚焦适切度、参与度、融合度、达成度的精准复习课案例，既有短线的课堂教学案例，也有长线的心理健康案例。从这些案例中，我们可以看到教师是如何从筛选内容、筛选路径、筛选工具、可行性分析以及问题链分析这些环节思考并开展混合式学习的。

第一节 北方地区的自然特征与农业

一、主题分析

苏州工业园区星洋学校创建于 2015 年，秉持的校训是“立德 · 立人 · 立天下”，学校注重培养学生的核心素养和 21 世纪学习者的技能。它旨在建设一个面向未来的学校，在“互联网＋”背景下进行课堂变革，其主动对接区域智慧教育“无限学习、无限未来”的创新实践，实现了新学校现代化水平的显著提升。学校“云课堂”就是在这样的背景下诞生的，并于 2018 年 5 月入选江苏省基础教育前瞻性教学改革实验项目。

在智慧教育的框架下，通过“互联网＋”背景下的教学整合与创新实践，构建了“移动、互动、合作、周转、创造客户”的“云课堂”（见图 3－1－1）。“云课堂”的教学理念与混合式学习这种把传统学习方式的优势和网络化学习的优势结合起来的理念非常契合。

地理学科具有区域性与综合性的特点，所以地理课程标准明确说明地理教学重视地理信息载体的运用，这也就要求教师能积极利用地理信息资

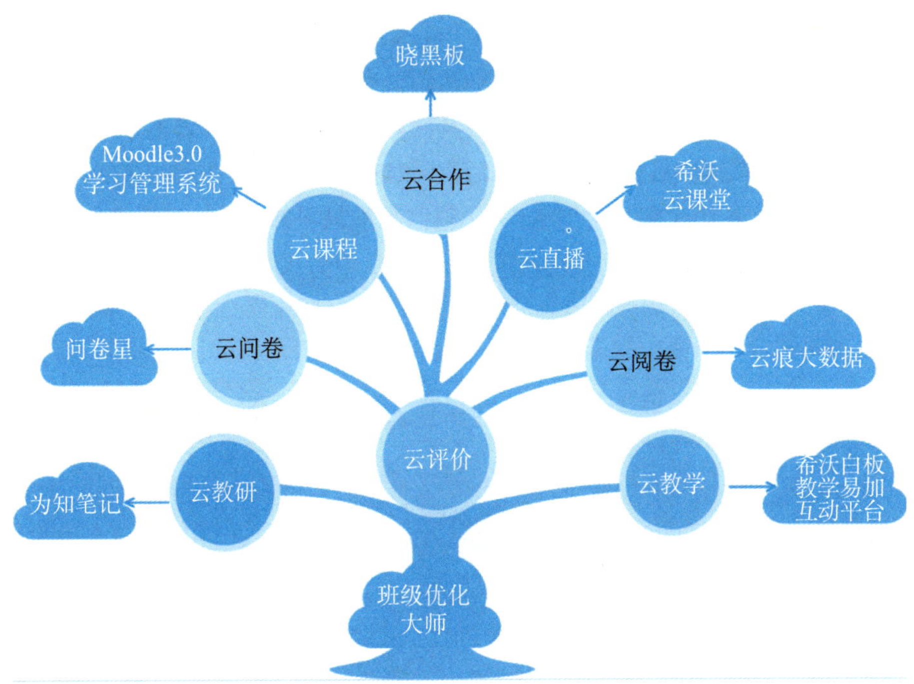

图 3-1-1 星洋学校“云课堂”整体架构

源和信息技术手段，优化和丰富地理教学活动，促进学生学习方式的转变。所以，借助星洋学校的“云”平台，不仅有利于我们更好地开展地理混合式教学活动，同时也有利于培养学生的地理核心素养。

二、地理精准复习总计划

本次课程的设计分为课前、课中和课后三个阶段，整体学习框架如图 3-1-2 所示。

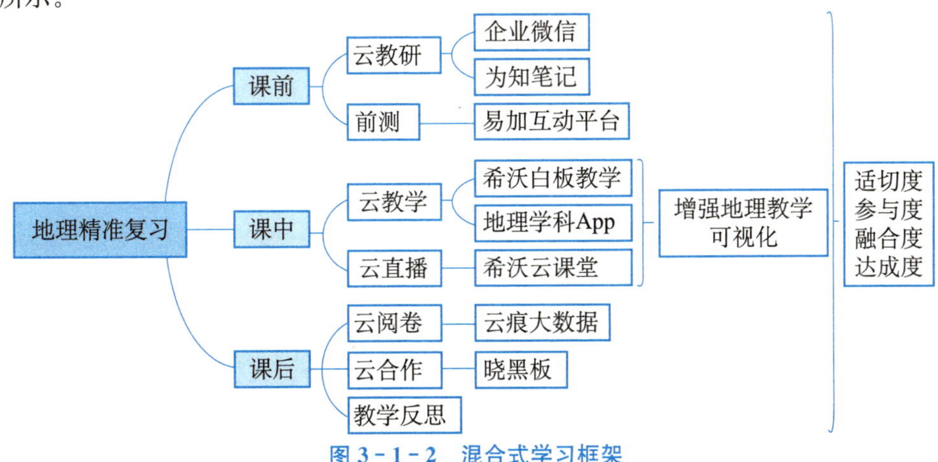

图 3-1-2 混合式学习框架

复习是一个系统性重复学习的过程，但它不是机械的无意义的学习，而是精准化的有意义的学习。只有这样，复习才能达到事半功倍的效果。所谓精准复习，是通过优化教学手段，使得复习更准确，更具针对性。为了达到良好的学习效果，我们将复习的过程从课堂延伸至课前与课后，同时在复习的过程中利用多元化的“云服务”提高地理学习的效率。当然，为了提高精准复习的效果，最后进行“四度”化的教学评价。所谓“四度”即适切度、参与度、融合度、达成度。

三、具体教学流程

从课前、课中、课后三个环节，利用相关网络平台进行混合式教学的流程（见图3-1-3）。

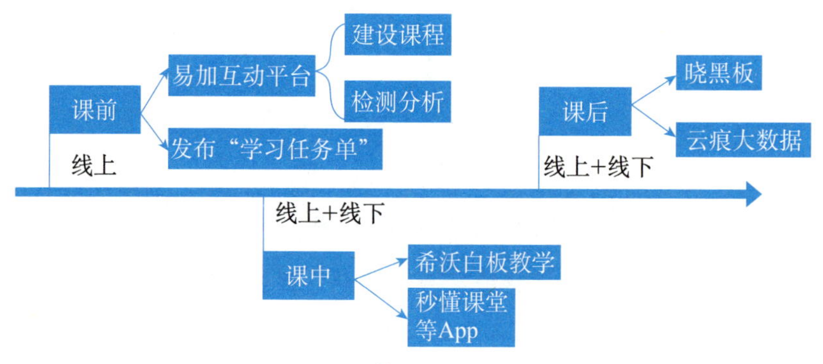

图3-1-3 精准复习线性流程图

（一）课前——线上学习（前测）

使用平台：易加互动平台

易加互动平台是一款由苏州工业园区教育局推出的网校平台，一款可以在线进行互动教学的平台。它汇集多种板块，如互动课堂、作业、课程、资源等等，不仅可根据学生所在年级在线自由选择课程，还可进行线上互动教学，另外，易加互动平台还支持多终端教学、推送学习资源等。

教师在寒假来临之际利用易加互动平台进行了大量的准备工作。在组内成员的共同努力下，将苏州地理主要复习资料《初中地理学习能力自测》上的题目进行电子化，并录入易加互动平台系统当中。然后，教师将建设好的题库，形成课程发布给学生。同时，教师也将相关的微课推送给学生，微课资源可以有效帮助学生在课前自主学习。当学生答题之后，易加互动平台可以根据答题情况统计分析数据，从而了解学情，使得之后的复习更有针对性。

（二）课中——线上+线下

教学平台：希沃白板。

希沃白板是一款由希沃（seewo）自主研发，针对信息化教学的互动教学平台。

1. 发布课堂学习任务单

课堂学习任务单详情如表 3-1-1 所示：

表 3-1-1　课堂学习任务单

一、学习指南
1. 课题名称：北方地区的自然特征与农业。
2. 达成目标： （1）自主建构北方地区自然特点的思维导图。 （2）通过小组协作探究活动——寻找北方地区的颜色，能综合运用北方地区自然特征的相关知识进行解释。 （3）完成进阶作业，巩固提升。
3. 学习方法建议：根据书本及资料，小组合作完成。
二、学习任务
任务一：基础知识梳理——自主构建思维导图
任务二：协作探究——寻找北方地区的颜色 1. 例如，北方地区的冬天可以用白色来形容，请你根据北方地区的自然环境特征进行解释。 2. 你认为北方地区还有哪些颜色，并说明理由。
任务三：进阶作业——巩固提升 中国文化博大精深，许多名篇佳作蕴含着丰富的地理知识。据此完成 1—5 题： 1. 下列诗句能反映南方地区景色的是（　　） A. 岱宗夫如何？齐鲁青未了　　B. 白日依山尽，黄河入海流 C. 大漠孤烟直，长河落日圆　　D. 气蒸云梦泽，波撼岳阳城 2. “早穿皮袄午穿纱，围着火炉吃西瓜”反映了该地区（　　） A. 降水稀少　　B. 气温日较差大 C. 热量充足　　D. 气温年较差大 3. 下列关于我国北方地区的叙述，错误的是（　　） A. 属于亚热带季风气候　　B. 地形以平原和高原为主 C. 耕地类型以旱地为主　　D. 煤、铁、石油资源丰富 4. 东北平原在冷湿的环境下，发育了肥沃的土壤，人们常把它称为（　　） A. 红土地　　B. 黄土地　　C. 紫土地　　D. 黑土地 5. 北方地区农业特点是（　　） A. 农田多为旱地，主要种植小麦、玉米、谷子等粮食作物 B. 农田多为旱地，主要种植水稻、甘蔗等作物 C. 农田多为水田，主要种植小麦，玉米等作物 D. 农田多为水田，主要种植水稻、甘蔗等作物 6. 北方地区与西北地区的分界线是（　　） A. 大致是 4000 米等高线　　B. 大致是 800 毫米年等降水量线 C. 大致是一月平均气温 0℃等温线　　D. 大致是 400 毫米年等降水线

2. 教学过程设计

课题：北方地区的自然特征与农业。

教材版本：初中地理人教版。

教材分析：本节复习内容选自第六章“北方地区”第一节的内容，它是本章内容的总览，在复习过程中起到承上启下的作用。所以，本节内容既是前一章“四大地理区域”内容的承转，也是学习北方地区的开端。通过对本节内容的学习，主要掌握北方地区的位置与范围，地形、气候、河流等自然环境特征以及其对农业的影响，为后面学习北方地区的内容做铺垫。但是，由于本节内容是复习课，因此重点在于培养学生对基础知识的系统把握以及运用，同时掌握区域地理的学习方法，培养学生综合分析的思维能力与区域认知的能力。

学情分析：

（1）从定性分析的层面来看，由于是复习课，因此学生对本节基础知识的理解更容易，但是对知识之间的联系则缺乏灵活运用以及整体把握。同时，学生在区域认知方面也存在困难。所以，复习的关键也在于向学生传授地理学习的一般性规律，并使学生能学以致用。

（2）从定量分析的层面来看，前期的工作是利用易加互动平台发布课程，学生利用假期完成相关练习，最终根据数据分析把握学情。

（3）从数据分析来看，主要存在以下问题：1）学生的完成率低，主要原因是假期安排自主学习，学生的自律性以及学习积极性不够高；2）练习的准确率低，具体原因首先是对部分知识点的遗忘，其次是读图能力仍是学生的薄弱点。那么，细化到北方地区的相关知识点的考察上，学生关于北方地区的自然特征对农业影响的综合分析还比较片面，缺乏对地理知识的深度学习。

课标要求：

（1）在地图上指出北方地区的范围。

（2）用事例说明北方地区的自然特征对生产生活的影响。

复习目标：

（1）在地图上，准确找出北方地区的位置和范围。

（2）掌握北方地区的地形、气候、河流等自然地理特征。

（3）通过协作探究，运用北方地区自然特征的相关知识综合分析北方的自然现象以及自然环境对农业的影响。

复习重点：利用北方地区自然特征的相关知识综合分析自然现象。

复习难点：理解自然环境对农业的影响。

复习方法：合作探究法、读图分析法等。

本课程的教学具体过程如表 3-1-2 所示。

表 3-1-2　教学过程

环节	教师活动	学生活动	意图
一、课前反馈，精准指导	根据课前易加互动平台的数据反馈，解释错误率比较高的题，进行精准辅导。 通过播放微课，对本节课的主要知识点进行简单回顾。	观看微课，并自主回顾相关知识，为后续学习做好铺垫。	及时反馈学生的学习情况，并进行指导。
二、建构思维导图，借助 AR 强化知识	教师利用希沃白板，展示思维导图，并用 AR 展示北方地区的地形特点。	学生自我构建知识结构。 根据教师出示的思维导图进行补充完善。	通过知识梳理，让学生在头脑中建构起知识框架，便于理解与记忆。 利用 AR，增强地图阅读可视化。
三、协作探究，展示交流	问题 1：根据资料包，思考如果让你用一种颜色来形容北方的冬天，那么是什么颜色呢？根据相关资料解释原因（可以从位置、气候、降水等因素考虑）。 教师准备相关的地图，以供学生分析。 答案预设：白色。北方地区纬度位置偏高，冬季寒冷、气温低，属于温带季风气候，所以降雪是冬天常见的一种气象。白雪皑皑也是北方地区冬季的一道亮丽风景。 问题 2：根据书本，你觉得还可以用什么颜色来形容北方地区？ 答案预设：黄色与黑色。北方地区有黄土地和黑土地。 问题 3：在中国地图中圈出上述颜色分别位于北方地区的哪里。 答案预设：学生根据地图找出黄土地主要位于的黄土高原和华北平原，黑土地主要位于的东北平原。 问题 4：从气候、河流、地形、植被等角度解释东北平原黑土的形成原因。 答案预设：（1）江河汇流，河流冲击形成平原，地势平坦。（2）夏季雨热同期，植物生长繁盛；冬季漫长寒冷，微生物活动弱；枯枝落叶腐化分解慢，形成深厚的腐殖质层。（3）冷湿的环境，发育肥沃的黑土。 总结学习方法：地理要素之间是相互影响的，要能综合分析地理问题。		设置问题链条，在帮助学生回忆所学知识的同时，培养学生的读图、用图能力以及综合思维能力。

续表

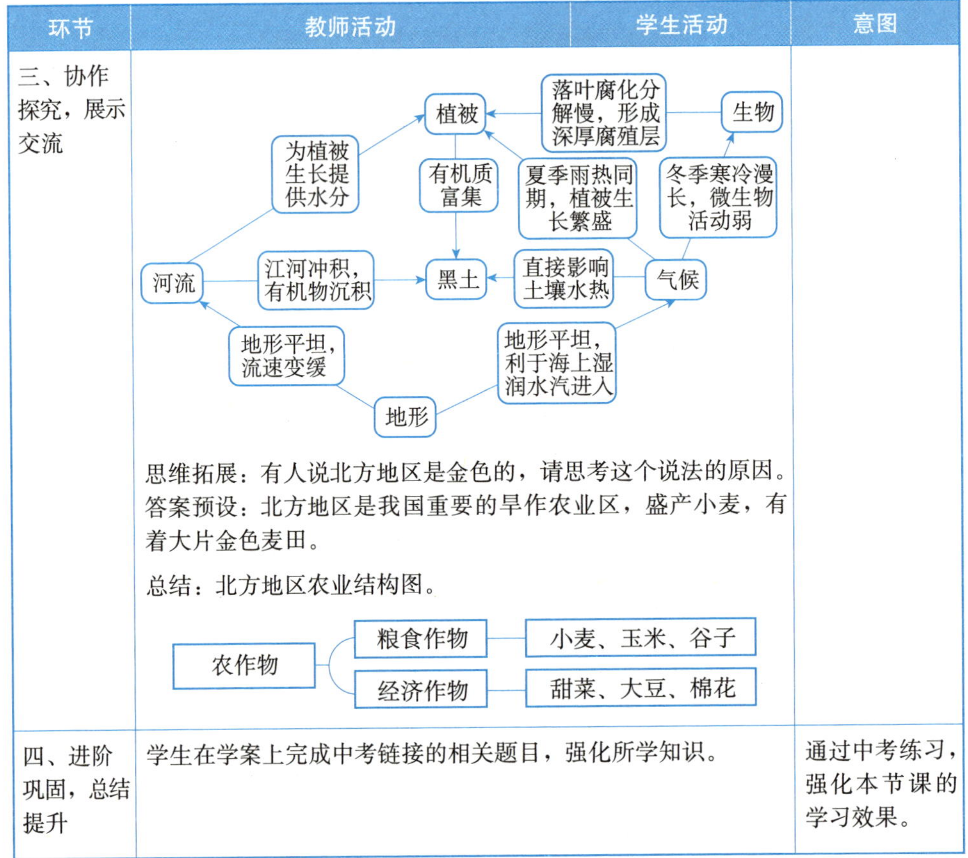

环节	教师活动	学生活动	意图
三、协作探究，展示交流	植被 落叶腐化分解慢，形成深厚腐殖层 生物 为植被生长提供水分 有机质富集 夏季雨热同期，植被生长繁盛 冬季寒冷漫长，微生物活动弱 河流 江河冲积，有机物沉积 黑土 直接影响土壤水热 气候 地形平坦，流速变缓 地形平坦，利于海上湿润水汽进入 地形 思维拓展：有人说北方地区是金色的，请思考这个说法的原因。 答案预设：北方地区是我国重要的旱作农业区，盛产小麦，有着大片金色麦田。 总结：北方地区农业结构图。 农作物 粮食作物——小麦、玉米、谷子 经济作物——甜菜、大豆、棉花		
四、进阶巩固，总结提升	学生在学案上完成中考链接的相关题目，强化所学知识。		通过中考练习，强化本节课的学习效果。

知识框架如图 3-1-7 所示。

利用思维导图可构架出本节课的知识点，同时建立知识之间的相关联系。

（三）课后——搭建线上、线下学习平台，精准满足学生的知识诉求

借助平台：晓黑板、云痕大数据。

晓黑板是一款专门根据教师与家长的需求量身定制的免费教学沟通工具。

云痕大数据是一种新型快速阅卷模式，在不改变教师阅卷习惯的前提下，结合高速扫描仪和图像识别处理技术，实现客观题自动阅、主观题手动阅、自动结分的快速阅卷目的。云痕阅卷将教师从枯燥的阅卷工作中彻底解放出来，并提供全面的数据分析系统，可以让教师更精准、快速、轻松地提高教学质量。

苏联教育学家维果茨基曾提出“最近发展区”（“最近发展区”就是低一级水平向高一级水平发展的过渡区）的理论。为了帮助学生达到“最近发展区”，课

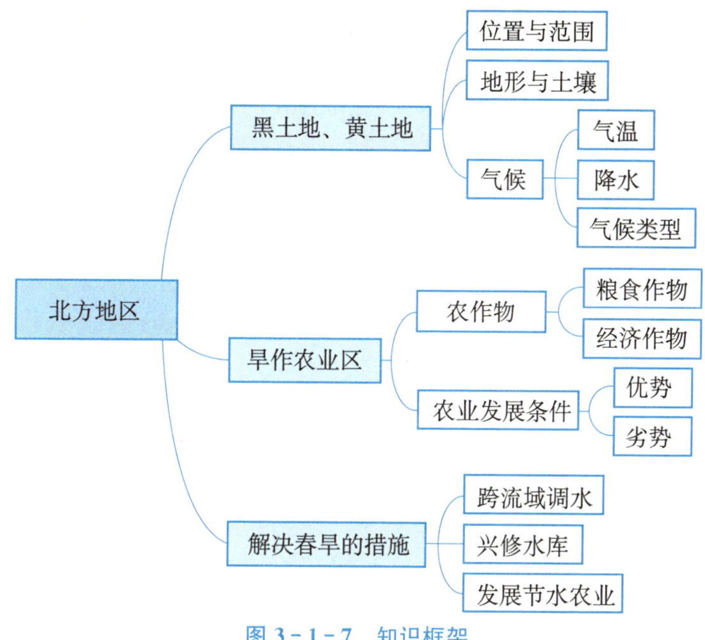

图 3-1-7 知识框架

后的工作也要落实好。这主要包括以下几个方面：

（1）为了今后的教学更精益求精，根据课前、课中的数据反馈，利用企业微信和为知笔记分别做好课后的研讨以及二次备课。

（2）利用晓黑板搭建家校沟通平台，为学生进行线上答疑，以此精准满足学生的知识诉求。

（3）为了强化学生的学习，在北方地区专题复习完后，教师根据学生的学习情况编辑单元测试题，并借助云痕大数据分析答题情况，了解学生的薄弱点，在课上则利用试卷讲评功能进行针对性的突破。课下，教师利用希沃白板制作知识胶囊进行有的放矢的讲解，让学生个性化地自主学习。

四、教学评价

根据星洋云课堂整体教学范式的评价支架，将定量评价与定性评价相结合，进行“四度”教学评价（见图 3-1-8）。建构主义学习理论强调，学习过程是学习者自我主动构建的过程。学生作为学习的主体，也是重要的评价对象。参与度反映的是学生在课堂上学习的自主性与互动性，具体包括学生的多种感官协同使用，以及线上与线下的多元合作等。适切度则反映的是教师的主导性。精准化复习离不开教师的主导作用，教师必须在了解学情的基础上，把握课堂，有针对性地引导学生学会学习，帮助学生超越其“最近发展区”。融合度则是在课堂上充分整合教学资源，利用多元化的教学手段，营造出具有交互性、多样性、丰富性的良好课堂生态环境。课堂教学目标的达成度是对最后教学结果的评测，也是至关重要的评价标准，具体体现为课堂问题是否具有针对性，诊断是否具有准确性，课堂是否具有生成性。下面列出了四度课堂教学评价量表（见表3-1-3）以及在线课堂教学评价二维码。

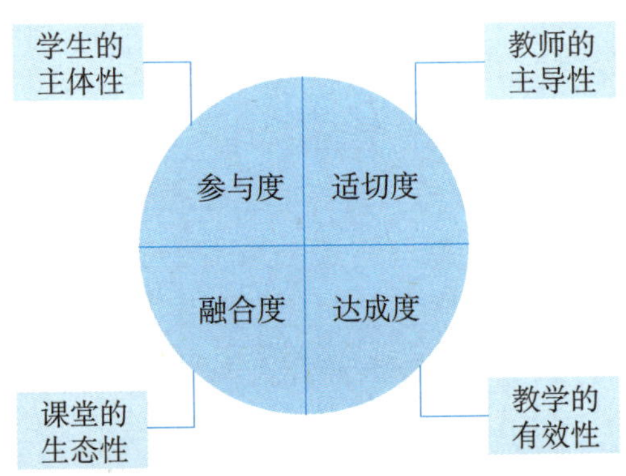

图3-1-8　四度课堂教学评价模式

表3-1-3　四度课堂教学评价量表

四度课堂教学评价标准：各评价点完全符合（得分：权重分值90%～100%，下同）、符合（75%～89%）、基本符合（60%～74%）、基本不符合（60%以下）四类，取平均得分；但有1个点评为“基本不符合”，则该项得分不高于75分，有2个则得分不高于60分。 总得分90分以上为优秀，75～89分为良好，60～74分为合格，60分以下为不合格。		
四度	具体内容	分值
适切度——主导性（20分）	基础性（10分）：目标明确，重点突出，基础扎实，科学严谨	
	层次性（5分）：详略得当，难易适度，循序渐进，结构清晰	
	针对性（5分）：关注差异，设计合理，精准诊断，因势利导	
参与度——主体性（30分）	学习的态度（10分）：主动参与，积极思考，敢于展示，乐于分享	
	学习的广度（10分）：线上线下，多元合作，充分互动，参与度高	
	学习的深度（10分）：多感官协同，个性化学习，分析综合评价有创新	
融合度——生态性（20分）	情感上（5分）：信任激励，好学乐思，亲切融洽，民主和谐	
	资源上（5分）：线上与线下融合，校内与校外融合，虚拟与现实融合	
	方法上（10分）：以学习者为中心，将信息与通信技术（ICT）优化教学方式和ICT转变学习方式相结合，优化教学情境与交互方式，鼓励自主、合作、探究，做到教法与学法贯通，传承与创新并举	

续表

四度	具体内容	分值
达成度——有效性（30分）	问题的针对性（5分）：关键问题能引发学生积极思考、深度学习	
	诊断的精准性（5分）：反馈及时，指向性强，对教学调控与诊断效果好	
	课堂的生成性（20分）：活动设计预设充分，有开放度，教师善于启发，鼓励合作，学生自主发现建构 质疑、求变、迁移、创新，整体分层递进，学科核心素养与课程目标达成度高	
总体评价		

五、教学反馈与建议

相较于传统复习课，运用混合式学习模式进行地理复习课，有以下几个方面的优势：

（1）从复习的资源来看，更具丰富性。使用信息技术，可以获取海量的网络资源，帮助学生了解时事政治，教学素材更灵活而不呆板。

（2）从教学关系来看，更具交互性。在精准复习过程中，学生并不是孤立的个体，而是相互合作学习的共同体。学生在合作学习的过程中可以相互促进，共同进步。此外，传统的复习课更多是以教师讲述为主的接受式课堂，教学比较机械。而在混合式学习模式下，学生是完成课堂教学活动的主体，教师则是引导者、组织者。

（3）从教学手段来看，更具多元性。借助各种“云服务”，使教学内容的呈现形式由单一变得更加多元化，改变了以往以讲练结合为主的复习模式。同时，多样化教学手段的使用，不仅是一种与时俱进的体现，也是在信息技术影响下社会对培养新型人才的需要。

（4）从教学的效果来看，更具精准性。在传统教学中，教师了解学情一般通过成绩以及课堂上的长期观察。而利用互联网手段，教师通过课前学习可以快速了解学情，同时对学情的把握也更为精准和细化，从而使复习具有针对性，提高了复习的效率。

但是，在实际教学过程中也存在一些问题：其一，教师对课前与课后的监督作用比较弱，所以个别学生会在这两个自主学习部分出现“罢工”现象，部分学生的学习主动性还不够；其二，根据四度课堂教学评价的量化结果发现，共有8位教师参与了在线评价，其中50%认为本节复习课缺乏课堂生成性问题（见图3-1-9），可见大多数学生还停留在对知识的基本运用上；其三，根据云痕大数据平台对学生知识能力的分析发现，学生在一些综合分析的问题上困惑较大。

选项	小计	比例
5	4	50%
6	2	25%
7	1	12.5%
8	1	12.5%
1	0	0%
2	0	0%
3	0	0%
4	0	0%
9	0	0%
10	0	0%
本题有效填写人次	8	

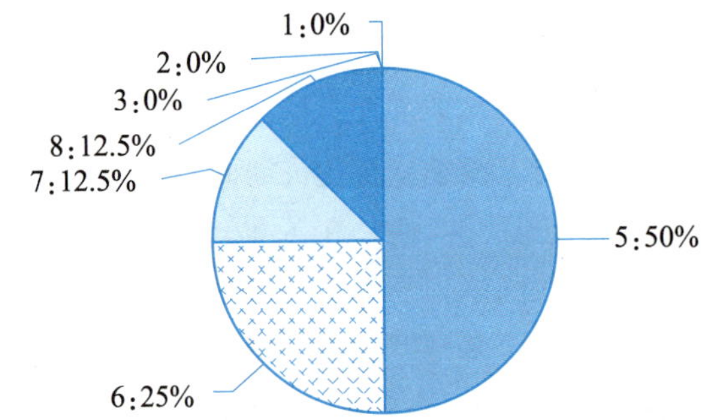

图 3-1-9　达成度中课堂生成性的教学评价量化结果

当然不存在完美的课堂，只有通过不断改善，才能提高课堂教学的水平。因此，针对暴露出的问题，提出一些改进措施：(1) 学习任务不在于多，而在于精。所以，要减轻课前与课后的任务量，减轻学生的学习负担。(2) 建立良好的家校沟通机制，让家长对学生的学习进行侧面监督。(3) 自我监督是学习的根本，建立以鼓励机制为主的奖惩措施，以提高学生地理学习的主动性。(4) 好的学习态度是良好课堂的开端和根源，所以要多关注学生，从学生的角度思考和设计课堂，帮助学生提高地理学习的积极性，建设思维型的地理课堂，以期提高学习的深度。(5)“授人以鱼，不如授人以渔”，对遗留的问题，可在后期的复习中不断渗透，教会学生掌握知识迁移的一般规律。

最后，参照星洋云课堂云端一体化的教学范式，结合地理学科的特点，我也就我们的地理精准复习模式形成了一个不成熟的构想（见图 3-1-10）。当然，在实际的教学过程中我们也发现，其实每一种云服务都各有所长，所以在今后的教学工作中，我们会针对每个教学环节的需要，做出相应的调整和改进。我想，将来这个模式也会不断得到完善。

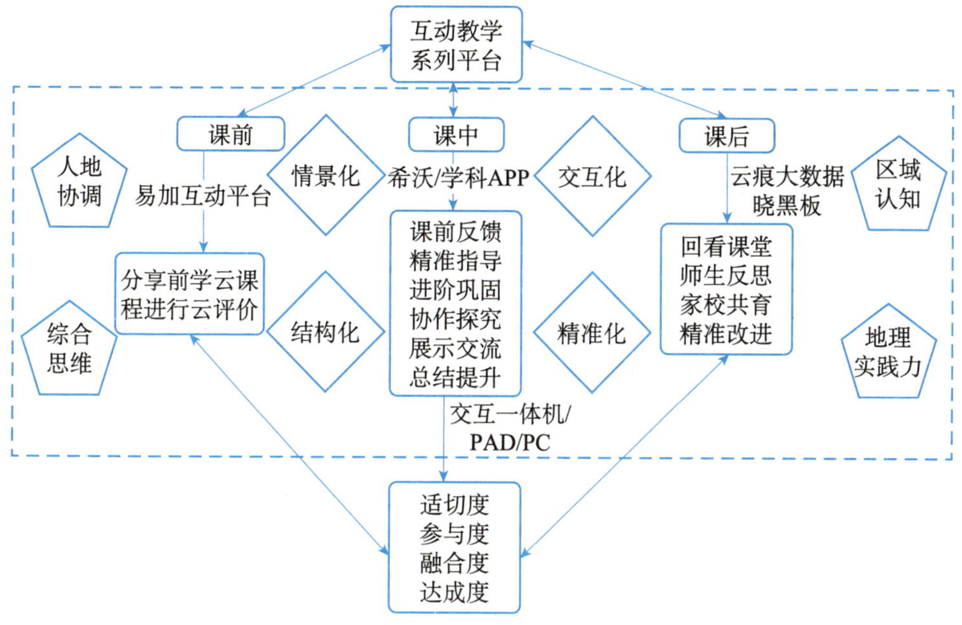

图 3-1-10　地理混合式精准复习模型构想

姜婷，女，苏州工业园区星洋学校地理教师，第六届中国未来学校大会混合式学习 TOP20 种子教师。

第二节　一杯咖啡，品味撒哈拉以南非洲

一、主题分析

（一）教材分析

本课选自人教版《地理》七年级下册第八单元“东半球其他的地区和国家”，该部分教材内容对应课标“认识区域”部分中的世界地理区域讨论。本单元共四小

节，分别学习三个地区（中东、欧洲西部、撒哈拉以南非洲）与一个国家（澳大利亚）（见图 3－2－1）。本单元的学习重点为运用地图、图表、资料，学生能够描述一个区域的地理位置、自然环境和人文环境，切实掌握区域学习的方法。

图 3－2－1 “东半球其他的地区和国家”单元框架

本课为第三节“撒哈拉以南非洲”的第一课时。撒哈拉以南非洲这一区域在世界政治、经济事务中发挥着重要的作用，同时与中国经济、政治关系非常密切，是对应课程标准内容最为典型的区域之一。在本课中，学生要在学习过程中概括归纳认知区域地理要素的一般规律和方法，并能够将这一规律和方法进行迁移，在以后的学习中应用，解决现实中的区域地理问题。本课通过案例式学习方法进行世界区域认知的学习，将课前探究活动“寻找你身边来自撒哈拉以南非洲的产品”的结果作为引入，以咖啡及其生长习性为线索，认识区域位置，探究自然环境，认识非洲多彩的文化，认识自然环境各要素与人类活动之间的相互影响，提升综合思维和区域认知能力，建立学生的人地协调观。

（二）学生情况分析

七年级学生目前已经掌握了地理学工具——地球仪和地图，具备了从地图中提取地理信息的基本能力，通过对第六章亚洲、第七章日本等国家或地区的学习，基本掌握了认识世界区域地理的一般方法，已具有一定的学习基础。但这个阶段的学生在思维上仍以具体的形象思维为主，归纳总结和迁移应用的能力仍需引导和加强。我校学生学习素质水平中等，具有一定的地理学习基础，对地理学习的兴趣浓厚，具有可提升空间。授课班级学生的学习素质相对较高，对地理学习的兴趣浓厚，整体水平较高，可提升空间较大。

授课班级在教学前已完成课前线上小测，其中包括一道简答题，一组选择题（3 小题），一道综合题（4 小题），满分 20 分。测试结果：47 人参与，平均分 16.2 分，满分率仅为 8.5%，满分率较低。此外，通过课前的作业反馈、考试反馈和个别谈话，了解到如下学情：学生在认识区域时，既难以熟练地运用区域认知的方法，也难以熟练运用综合的思维方式，全面地认识自然和人文地理要素对区域发展的影响，因此很难形成深层次的人地协调观，对地理问题仍缺乏理性的思考，急需通过有效手段进行提升。

（三）课标分析

1. 课标要求

“在地图上找出某地区的位置、范围，读图说出该地区的地理位置特点”“运用图表说出某地区气候的特点以及对生产生活的影响”“运用资料描述某地区富有地理特色的文化习俗”等。

2. 对课标的理解与把握

课标要求主要体现在：（1）学生阅读地图，结合所学知识找到某一个区域的地理位置，并尝试分析某一区域的地理位置特点；（2）阅读地形图，总结某一区域的地形、地势特点，并分析这种特点对人们生产生活的影响；（3）阅读图表，分析区域气候特点对人们生产生活的影响；（4）结合资料，能够介绍具有地域特色的文化习俗。

（四）执行基础

混合式学习是一种将互联网技术与教育深度融合的教学新模式，它融合了线下和线上的学习。混合式学习既要发挥教师引导、启发、监控教学的主导作用，又要充分体现学生学习过程的主动性、积极性和创造性的主体地位。

本案例将利用 UMU 互动学习平台进行教学。UMU 互动学习平台是一款能够综合制作微课、测试问卷，追踪学习进程的教师与学生线上交流互动平台，可为线上学习提供有效的执行基础，能够满足远程教学、答疑、讨论、测试等基本教学需求，有助于混合式学习的课前—课中—课后各教学环节的顺利开展，助力学生核心素养的提升。

二、学习流程

（一）总体学习思路

本案例的总体学习思路如图 3-2-2 所示，针对学生的实际问题和学情，运用图表等多种资料，迁移区域学习的基本方法，基于 UMU 互动学习平台，采用混合式学习的方式，进行撒哈拉以南非洲这一区域的学习，达成了学习目标。混合式学习的教学模式，助力实现了学情精准获取、课程资源深度挖掘、线上线下融合教学、学生能力对比提升、知识提前感知。

混合式学习
课前线上
课中线下
课后线上
基于UMU等平台、课程支持资源
支持
生生、生资、师生活动
撒哈拉以南非洲
支持
多元立体评价体系
实现
精准
挖掘
融合
提升
感知
学习目标

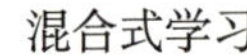

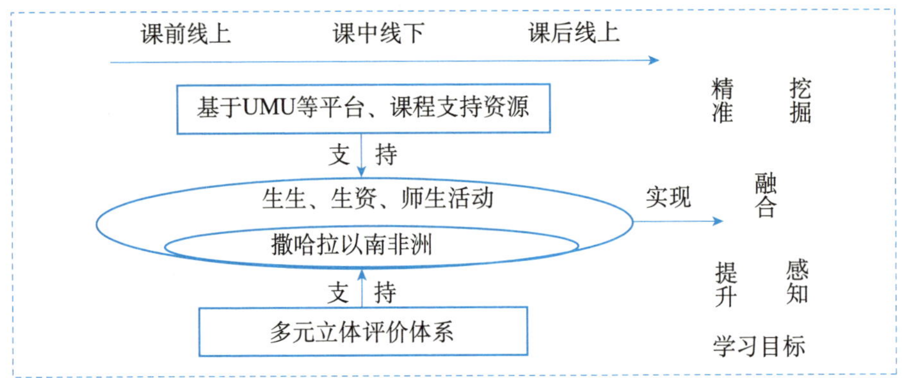

图 3-2-2　混合式学习总体学习思路

（二）教学流程

本设计按照“课前”“课中”“课后”三个阶段来逐步开展撒哈拉以南非洲的混合式地理学习，如图 3-2-3 所示。

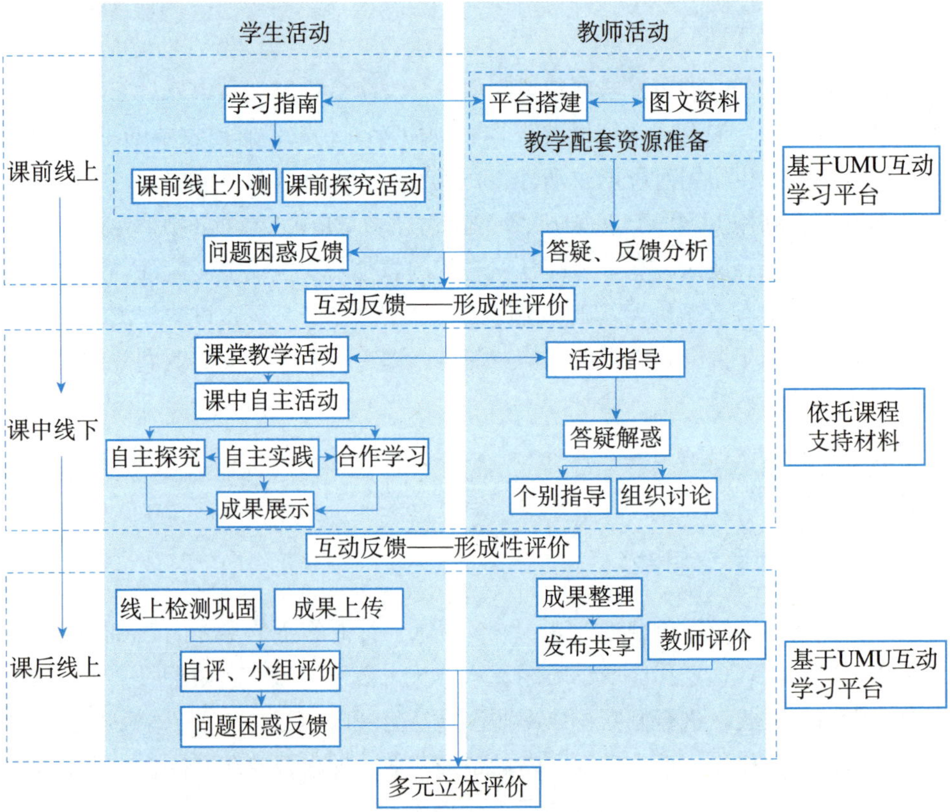

学生活动
教师活动
课前线上
学习指南
平台搭建
图文资料
教学配套资源准备
课前线上小测
课前探究活动
问题困惑反馈
答疑、反馈分析
基于UMU互动学习平台
互动反馈——形成性评价
课中线下
课堂教学活动
活动指导
课中自主活动
答疑解惑
自主探究
自主实践
合作学习
成果展示
个别指导
组织讨论
依托课程支持材料
互动反馈——形成性评价
课后线上
线上检测巩固
成果上传
成果整理
发布共享
教师评价
自评、小组评价
问题困惑反馈
基于UMU互动学习平台
多元立体评价

图 3-2-3　教学流程

线上学习部分已提前在 UMU 互动学习平台上搭建完成并实施，如图 3-2-4 所示。

（三）问题框架

本案例课程学习内容的问题框架如图 3-2-5 所示，课程安排合理，逻辑清晰，层层递进，符合七年级学生的认知规律。

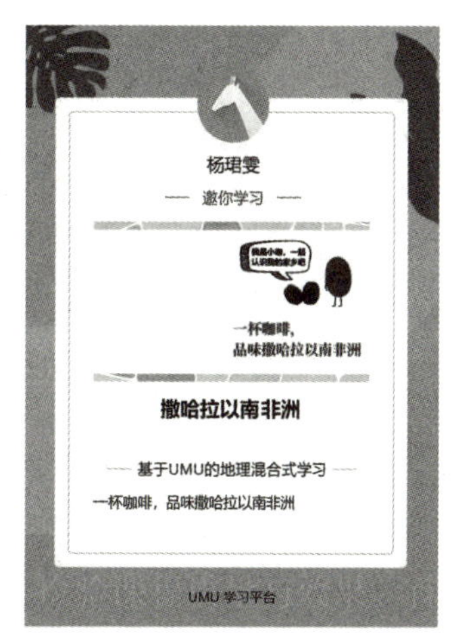

图 3-2-4　混合式学习课程线上部分

三、学习准备

（一）教学环境与方法

教学环境：基于 UMU 互动学习平台开展混合式学习；利用希沃白板、平板等多媒体手段辅助。

方法：读图分析法、小组合作探究法、案例教学法、启发式教学法。

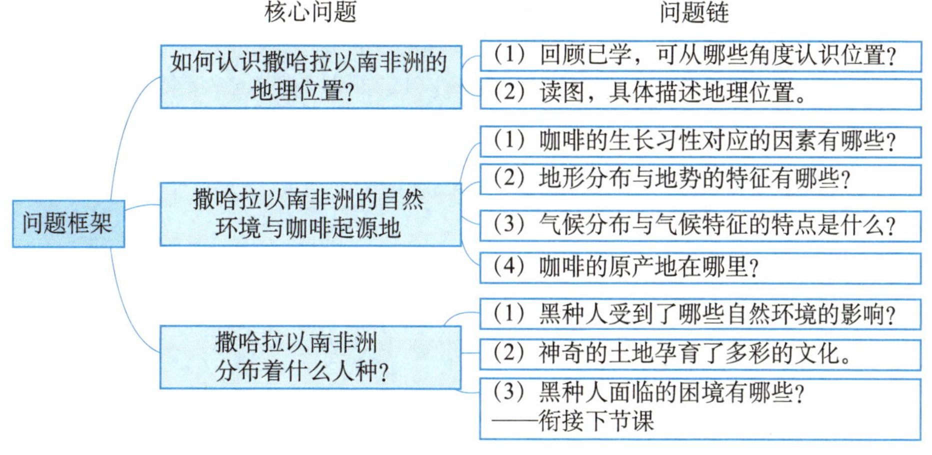

图 3-2-5　问题框架

（二）教学资源

在课前活动探究中学生上传照片资料，撒哈拉以南非洲的地形图、气候分布图、景观图，巴马科气候特征图，等等。

四、学习目标

（一）本课学习目标

（1）学生能够运用“撒哈拉以南非洲的地形图”、典型地区的“气温曲线降水量柱状图”等图文资料，描述撒哈拉以南非洲的半球位置、经纬度位置、海陆位置，概括其自然环境的特点，描述其富有地理特色的文化习俗，落实区域认知的方法和能力。

（2）学生能够运用“咖啡树生长习性”“撒哈拉以南非洲的地形图”“气温曲线降水量柱状图”等图表，说出撒哈拉以南非洲的地形、气候特点及气候对当地生产和生活的影响，认识自然环境各要素与人类农业活动之间的相互作用，用动态的眼光看待问题，提升综合思维能力，增强对人地协调观的认识。

（3）学生能够通过“寻找你身边来自撒哈拉以南非洲的产品”等探究活动，提升地理实践力和行动力。

（二）教学重点

运用图、文、表等资料，描述撒哈拉以南非洲的地理位置，包括半球位置、经纬度位置、海陆位置等；能够概括撒哈拉以南非洲的自然环境特点；认识当地多彩而富有特色的文化、民俗。

（三）教学难点

运用图、文、表等资料，说出撒哈拉以南非洲的地形、气候等方面的自然环境特点，以及这些要素对当地的生产和生活的影响，认识自然环境各要素与人类农业活动之间的相互作用。

五、学习过程

本案例学习过程主要分为三个部分，包括课前线上学习活动、课中线下学习活动和课后线上学习活动，其中能体现混合式学习的关键环节如图 3－2－6 所示。本案例在混合式学习的模式下，利用 UMU 互动学习平台，实现了学情精准获取、课程资源深度挖掘、线上线下融合教学、学生能力对比提升、知识提前感知。

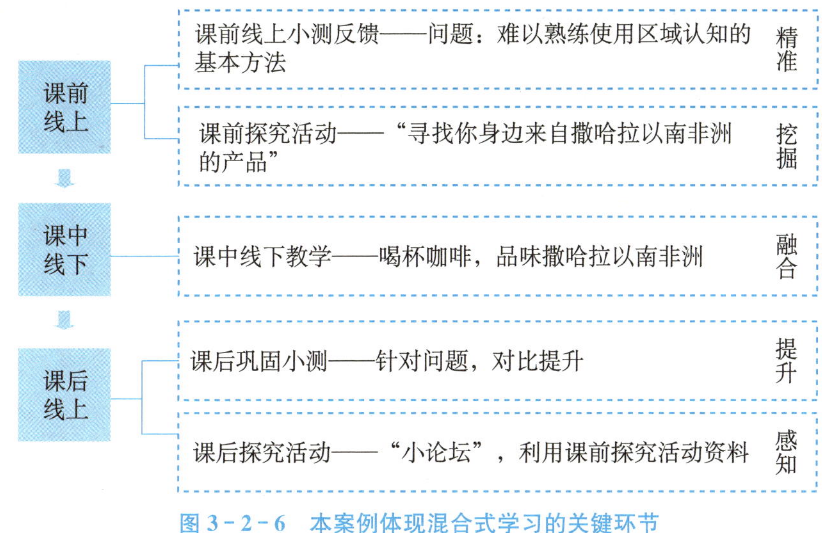

图 3-2-6 本案例体现混合式学习的关键环节

（一）课前线上学习活动

1. 活动目标

学生根据自主学习指南，利用 UMU 互动学习平台开展自主学习，完成教师设定的课前学习活动。学生通过“寻找你身边来自撒哈拉以南非洲的产品”这一课前学习探究活动，自主地去初步认识非洲；学生将自主学习过程中遇到的问题反馈给教师，形成课前自主学习反馈；教师利用信息技术丰富课前学习配套资源，并利用学习平台与学生进行交流与反馈，进行有针对性的指导。

2. 活动安排

在课前阶段，在 UMU 互动学习平台上搭建“一、课前学习活动【课前线上】”学习章节，如图 3-2-7 所示，包括学习指南、课前线上小测、课前探究活动、课前反馈 4 个小节。其中自主学习任务单可以分为四个部分：(1) 学习指南，可以为学生提供课程和教学的相关信息，如本节内容的教学目标、重难点以及学习方法建议等；(2) 课前线上小测，涉及认识区域的一般方法；(3) 课前探究活动，为学生布置探究任务“寻找你身边来自撒哈拉以南非洲的产品”，将结果上传至 UMU 互动学习平台；(4) 问题困惑部分，学生将学习过程中遇到的问题提交到 UMU 互动学习平台。

3. 活动支持材料

课前学习指南、课前线上小测、UMU 互动学习平台、学生提交的来自撒哈拉以南非洲的产品的照片等。

图 3-2-7 基于 UMU 互动学习平台的课前学习活动

4. 活动结果分析

通过阅读学习指南，学生自主且高效地对撒哈拉以南非洲这一课进行了预习，形成了对该区域的初步认识；通过课前探究活动“寻找你身边来自撒哈拉以南非洲的产品”，引导学生从生活中学习地理，锻炼了学生的地理实践力。

（1）课前线上小测结果分析。

课前线上小测包括一道简答题，一组选择题（3 小题），一道综合题（4 小题），共 8 小题，满分为 20 分。授课班级在课前全员完成了小测，测试结果如下：47 人参与，平均分 16.2 分，满分率仅为 8.5%，满分率较低，主要失分点集中在认识区域方法部分。这反映了学生对世界地理这部分内容的掌握程度有待提高，难以熟练地运用区域认知的方法。

（2）课前探究活动结果分析。

本活动名称为“寻找你身边来自撒哈拉以南非洲的产品”，该活动共收集到 75 人上传的产品，共计 85 张照片。将所有照片进行分类统计，结果如图 3-2-8 所示：其中 54%的产品为咖啡（咖啡豆、速溶咖啡、咖啡粉），咖啡是所有产品中占比最高的，这一结果一定程度上体现了撒哈拉以南非洲的主要出口产品为咖啡制品这一事实。本活动收到的作品、得到的结果会在后续课堂活动中加以利用，如作为课堂导入、各环节配图、课后探究活动的基础。

课前学习活动不仅让学生对本区域形成了初步的认识，也精准反映了学生存在的问题，为教师精准分析学情提供了依据，也为后续教学设计提供了资源、指

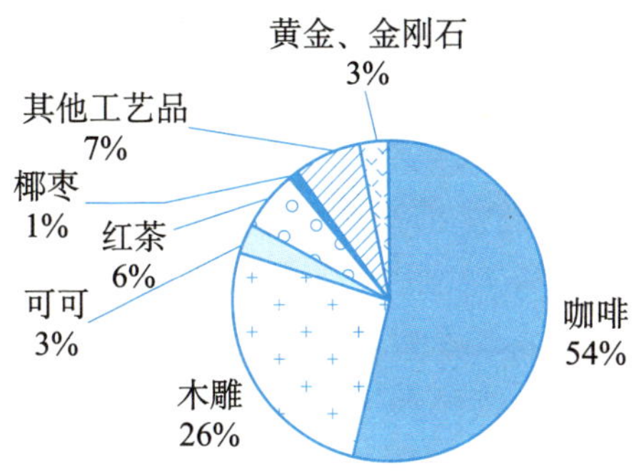

图 3-2-8　学生提交产品占比统计结果

明了方向。教师依据平台的统计信息掌握学生的课前自主学习情况，选取课前探究活动中的作品，作为设计后续课堂、课后活动的依据，实现更有针对性、更贴近学生生活实际的教学。

（二）课中线下学习活动

根据课前线上学习活动“寻找你身边来自撒哈拉以南非洲的产品”中学生提交作品的类别统计结果——“咖啡占比是最高的，接近 54%”，进行有针对性的教学设计，在线下课堂教学中进行了呈现。首先，在课程导入时，让学生观察作品，教师提问哪类产品最多，再为学生展示咖啡占比图。其次，将课题设计为“一杯咖啡，品味撒哈拉以南非洲”，将咖啡作为线索展开教学，贯穿全课。最后，在教学过程中尽量使用学生上传的作品，如当学习到“多彩的文化”这部分内容时，使用的也为学生所上传的木雕、手鼓等艺术品。贴近生活的趣味性活动，可以激发学生的学习兴趣，提升学生的参与感，利用数据、结论，实现精准教学。

具体的课堂教学开展过程如表 3-2-1 所示：

表 3-2-1　课堂教学开展过程

活动 1：课前探究活动结果展示与分析	
活动目标：导入课堂，通过展示学生在课前自主探究活动中上传的结果，培养学生从生活中学习地理的意识，对撒哈拉以南非洲形成初步认识；以咖啡为线索贯穿全课，为后续的学习做铺垫，并为课后学习活动提供资料；创设情境，介绍一位新朋友“小啡”，激发学生的学习兴趣。	
活动支持材料：（1）学生收集的来自撒哈拉以南非洲的产品照片；（2）咖啡占比统计图；（3）产自撒哈拉以南非洲的一袋咖啡豆实物。	
学生活动	教师活动

<table>
<tr><td>学生观察课前探究活动收集的“你身边来自撒哈拉以南非洲的产品”，结合自己的生活经历，思考并回答问题。
（1）回答问题：上传的产品中哪一种是最多的？
（2）思考：为什么咖啡是其中最多的？
（3）学生存疑为什么撒哈拉以南非洲是“咖啡之乡”，并将咖啡作为后续学习的线索。</td><td>（1）展示课前探究活动中学生分享的产品的图片，引导学生思考并回答问题。
（2）在学生观察并回答出“与咖啡有关的产品是最多的”这一现象后，教师展示自己寻找到的来自该区域的一袋咖啡豆实物，最后，教师展示咖啡占比统计图（所分享产品中咖啡所占的比例），点明撒哈拉以南非洲是“咖啡之乡”。
（3）介绍新朋友“小啡”，带领学生从一杯咖啡开始，品味撒哈拉以南非洲。</td></tr>
<tr><td colspan="2">活动 2：“小啡”的生长习性自述</td></tr>
<tr><td colspan="2">活动目标：学生通过阅读文本资料提取信息，归纳咖啡树的生长习性所对应的地理要素，培养学生提取有效地理信息、综合分析的能力。</td></tr>
<tr><td colspan="2">活动支持材料：（1）咖啡树生长习性资料；（2）“小啡”自述音频资料；（3）学习任务单。</td></tr>
<tr><td>学生活动</td><td>教师活动</td></tr>
<tr><td>学生读咖啡树生长习性资料。
回答“小啡”的疑问：咖啡树的生长习性属于哪些地理要素？将所属要素名称写在任务单对应的位置。</td><td>播放一段“小啡”自述的音频，展示咖啡树生长习性资料。
引导学生，根据资料，提炼各条生长习性所属的地理要素。</td></tr>
<tr><td colspan="2">活动 3：自主迁移 ——“探地理位置，品咖啡之乡”</td></tr>
<tr><td colspan="2">活动目标：通过回顾认识区域的方法，进行读图分析、互动反馈、归纳总结等合作探究环节，巩固并提升学生的区域认知能力；利用“希沃白板”现场进行典型任务单的投屏，及时、精准地发现学生的问题并反馈，实现高效学习；引导学生主动去归纳和总结知识，培养学生的自主探究学习能力、迁移已有知识的能力和综合思维素养。</td></tr>
<tr><td colspan="2">活动支持材料：（1）咖啡树生长习性资料；（2）学习任务单；（3）撒哈拉以南非洲在世界的位置图；（4）撒哈拉以南非洲的地形图。</td></tr>
<tr><td>学生活动</td><td>教师活动</td></tr>
<tr><td>（1）学生回顾知识点，说出描述区域地理位置的几个方面，为后续知识迁移做准备。
（2）合作探究 1：完成“认识一个区域的地理位置”的思维导图，根据地形图，描述撒哈拉以南非洲的地理位置。小组合作讨论，时间为 4 分钟。
（3）成果展示：小组选出代表，结合地图，分享小组答案和小组完成思维导图的过程，并完成对典型任务单的核对修改。在教师的追问下，进行更深入的思考。全体学生根据课件对小组的答案进行修改、核对、反思、总结和归纳。</td><td>（1）展示咖啡树的生长习性——地处热带，询问学生撒哈拉以南非洲是否符合这一生长习性，并引出学习内容——本区域的地理位置。
（2）带领学生回顾认识区域地理位置的方法。
（3）展示撒哈拉以南非洲在世界的位置图、撒哈拉以南非洲的地形图，组织探究活动——“探地理位置，品咖啡之乡”。在讨论过程中，教师巡视并纠正学生画图的问题、缺点；选取学生的典型任务单，现场拍摄并投屏分享。
（4）通过希沃触控一体机实时展示学生的任务单，与全体学生一起核对、修改，联系已学知识，启发学生思考。在学生互相评价后，教师引导学生进行归纳总结。</td></tr>
</table>

<table>
<tr><td colspan="2">活动 4：探究活动——“知自然环境，寻起源之地”</td></tr>
<tr><td colspan="2">活动目标：训练学生运用地图提取地理信息和描述区域自然环境要素特征的能力。通过小组讨论的探究活动方式，调动学生的积极性，培养学生的合作意识。通过寻找咖啡起源地的活动，整合撒哈拉以南非洲的自然环境，有助于提高学生对区域自然环境各要素的综合思维能力，体会人类活动与自然要素之间的联系，加强人地协调观的认识。</td></tr>
<tr><td colspan="2">活动支持材料：(1) 撒哈拉以南非洲的地形图；(2) 撒哈拉以南非洲的气候分布图；(3) 巴马科气温曲线和降水柱状图；(4) 学生在课前探究活动提交的“耶加雪啡”咖啡照片。</td></tr>
<tr><td>学生活动</td><td>教师活动</td></tr>
<tr><td>(1) 回顾咖啡树的生长习性，回答除了位置外，还需要满足哪些方面的条件。
(2) 合作探究 2——地形特征：
学生根据撒哈拉以南非洲的地形图，描述该区域的地形特征。包括地势特征、主要的地形区、主要的地形类型。活动时间为 2 分钟。
(3) 合作探究 2——气候特征：
学生根据撒哈拉以南非洲的气候分布图，说出该区域的气候特征。
在图中找出撒哈拉以南非洲的主要气候类型。
什么气候类型分布最广？
以巴马科的气温曲线和降水柱状图为例，说出热带草原气候的特点，并估算其年降水量。
(4) 合作探究 2——寻起源之地：
成果展示：小组代表上台圈出咖啡的起源之地。</td><td>(1) 引导学生说出并不是撒哈拉以南非洲的所有热带地区都适合种植咖啡树，展示咖啡树的生长习性资料，引导学生说出还需要结合生长习性，从地形、气候角度去认识。组织学生完成探究活动 4“知自然环境，寻起源之地”。
(2) 教师展示“撒哈拉以南非洲的地形图”，引导学生指出撒哈拉以南非洲的地形和地势特征。
(3) 展示“撒哈拉以南非洲的气候分布图”“巴马科气温曲线和降水柱状图”，引导学生自主说出热带草原气候的特征。
(4) 将“撒哈拉以南非洲的地形图”“撒哈拉以南非洲的气候分布图”“咖啡的生长习性资料”同时展示，组织学生完成“知自然环境，寻起源之地”的探究活动。
(5) 展示“撒哈拉以南非洲的咖啡产区分布”，说明世界咖啡起源地为埃塞俄比亚高原，同时展示学生在课前探究活动中收集的“耶加雪啡”咖啡照片，引导学生说出撒哈拉以南非洲为“咖啡的原产地”。</td></tr>
<tr><td colspan="2">活动 5：情境延伸——“黑种人的故乡，生存之困境”</td></tr>
<tr><td colspan="2">活动目标：通过阅读、观察所呈现的资料，学生了解撒哈拉以南非洲的富有地理特色的文化习俗，体会、理解人类与自然环境之间的相互作用；本课通过“寻找你身边来自撒哈拉以南非洲的产品”等探究活动，提升地理实践力和必备的地理素养和行动力，并设下疑问，为下节课内容做铺垫。</td></tr>
<tr><td colspan="2">活动支持材料：(1) 咖啡庄园的咖农照片；(2) 黑种人图片；(3) 世界人种分布图；(4) 学生课前活动提交的木雕、手鼓等照片；(5) 茅草屋图片；(6) 巴马科气温曲线和降水柱状图。</td></tr>
</table>

<table>
<tr><td>学生活动</td><td>教师活动</td></tr>
<tr><td>观察埃塞俄比亚咖啡庄园的咖农照片，回答“小啡”的疑问：咖农属于什么人种？
阅读世界人口分布图，说出撒哈拉以南非洲也是“黑种人的故乡”，观察黑种人的外貌特征，探究他们擅长体育赛事的特点与自然环境之间的关系。
观察当地民居茅草屋，从材料、结构上看，说出当地民居有什么特点。根据热带草原气候的特点，谈谈茅草屋与气候的关系。
观察学生上传的“你身边来自撒哈拉以南非洲的产品”，归纳其类别，初步思考其与撒哈拉以南非洲所面临的困境的联系。</td><td>（1）展示埃塞俄比亚咖啡庄园的咖农照片，引导学生说出咖农为黑种人，再通过展示“世界人种分布图”等资料，引导学生总结出撒哈拉以南非洲是黑种人的故乡；结合学生课前上传的木雕、手鼓等工艺品照片，让学生体会到非洲文化的丰富多彩。
（2）引导学生观察茅草屋的材料、结构，归纳其特点，思考其与气候之间的关系，感受自然环境对人类生活的影响。
（3）展示“咖啡越来越贵，咖农越来越穷”黑种人愁容满面的图片；展示学生上传的产品照片，引导学生归纳上传产品的类别，并提出疑问：产品主要包括哪些类别？目前撒哈拉以南非洲还面临哪些困境？它们之间有何联系？将其作为学生课后探究活动的内容。</td></tr>
<tr><td colspan="2">活动 6：总结归纳</td></tr>
<tr><td colspan="2">活动目标：学生通过知识结构的自主建构，整合了本区域的各自然地理要素，将其作为一个整体进行分析，认识了自然环境各要素与人类活动之间的相互影响，提升了综合思维和区域认知能力，建立了人地协调观。</td></tr>
<tr><td colspan="2">活动支持材料：（1）黑板板书；（2）学习任务单。</td></tr>
<tr><td>学生活动</td><td>教师活动</td></tr>
<tr><td>结合本课内容，完成任务单总结归纳部分，并分享。</td><td>引导学生总结本课知识内容。</td></tr>
<tr><td colspan="2">板书设计：
撒哈拉以南非洲
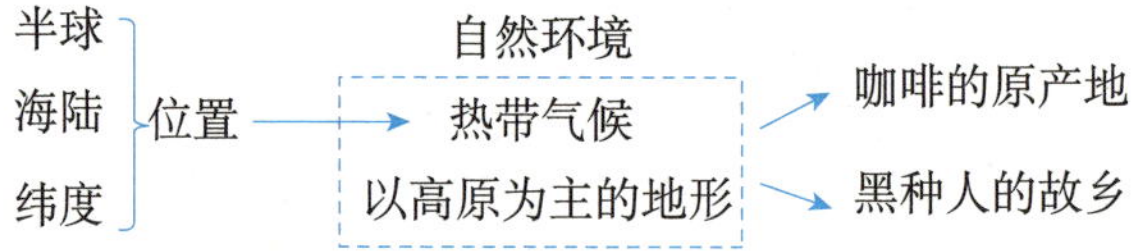

学习评价设计：
1. 评价内容
（1）课堂任务单评价，利用任务单引导学生学习，设计问题诊断学习效果；（2）课堂小组评价；（3）探究活动 UMU 互动学习平台互评、教师评价；（4）课后检测评价。
2. 评价方法
（1）任务单回收，根据完成情况教师进行评价；（2）课堂小组评价采用问卷形式；（3）对于课前、课后探究活动，学生们可以互相点赞、评论评价；（4）单元检测，采用试题进行对应评价。
3. 评价指标及赋值
（1）任务单评分（20 分）；（2）课堂小组评分（20 分），由小组成员自评、互评，教师评价；（3）探究活动：UMU 互动学习平台互评（参与 20 分），点赞选出最佳作业 2 份（小组加分 20 分）；（4）课后检测，选择题 12 分，综合题 8 分，共 20 分。合计 100 分。</td></tr>
</table>

（三）课后线上学习活动

1. 活动目标

通过课后巩固检测，学生巩固落实本课内容，将知识整合并自主建构，深化、内化认识区域的方法，深入思考自然环境与人类活动之间的相互关系，落实学生的区域认知和综合分析核心素养的提升，建立初步的人地协调观；通过课后的实践探究活动，培养学生分析问题的综合思维能力和地理实践力。此外，将学生的成果转化为可重复、可再生的学习资源。

2. 活动支持材料

（1）UMU互动学习平台；（2）课前探究活动学生上传的产品；（3）课后巩固检测题。

3. 活动安排

在课后阶段，在UMU互动学习平台上搭建“三、课后学习活动【课后线上】”学习章节，如图3-2-9所示，包括“课后巩固检测”“课后小论坛”两个小节。

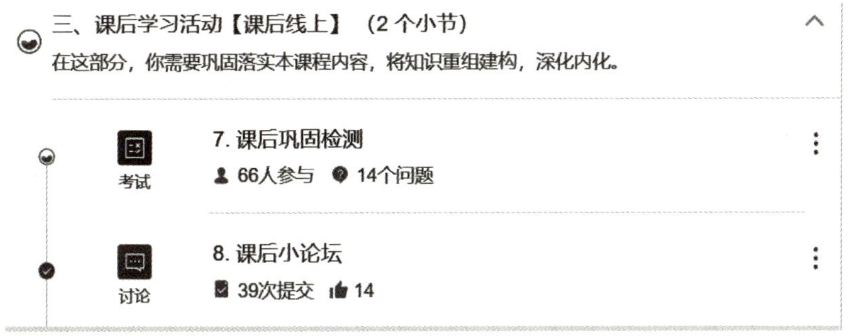

图3-2-9　基于UMU互动学习平台的课后学习活动

4. 活动结果分析

（1）课后巩固检测结果分析。

选取整体水平相当的班级作为对照班级，对照班级采用常规教学，授课班级与对照班级同时参与课后巩固检测，结果显示，授课班级平均分为15.98分，对照班级平均分为14.35分。授课班级通过混合式学习，成绩相对未采用混合式学习的班级有明显提升。

（2）课后探究活动结果分析。

在课后探究活动即“课后小论坛”中，设置活动主题为：“1. 将上传的产品进行分类，并将各类个数进行统计；分析统计结果与撒哈拉以南非洲的自然环境的关系。”“2. 查找资料，简述撒哈拉以南非洲目前面临哪些困境？分析统计结果与困境之间的联系。”学生积极参与，参与人数达到 37 人。通过对上传产品进行统计分析，大部分学生能得出撒哈拉以南非洲主要出口农产品、矿产品等初级产品，缺乏技术密集型工业制成品这一结论，并将其与自然环境之间的关系阐述清楚。这一过程培养了学生的地理实践力和综合思维能力。通过自主查阅资料，部分学生能够找到目前撒哈拉以南非洲面临的经济、人口、环境、粮食等方面的问题，并能深入地统计结果与困境、自然环境之间的联系，建立初步的人地协调观。此外，通过课后探究活动，学生还能对下节课的知识进行铺垫和提前感知。

六、案例自评

本案例结合 UMU 互动学习平台，设计了课前—课中—课后的地理混合式学习，充分利用了信息技术进行辅助教学，提高了学习效率，提升了学习效果。本案例以咖啡树生长习性为线索，创设了关于咖啡的卡通形象，通过对撒哈拉以南非洲的位置、自然环境、人文环境及其相互作用的学习，培养了学生的区域认知能力、综合思维能力、人地协调观和地理实践力等核心素养。本案例也存在一些不足。比如，本案例设计更关注学生的地理素养，而对学生的创新能力关注较少；此外，当利用 UMU 这一类的线上互动平台时，需要使用电脑或手机，会不可避免地受到无关信息的干扰，因此如何实现学生高效的混合式学习，还需要进一步分析和改进。

本案例是在后疫情时代对地理课堂的深度挖掘，不仅符合新时代教育改革的需要，更符合信息时代的教学要求。本案例为未来中学的教育教学提供了可扩展的地理混合式学习方案，助力混合式学习新生态构建。在后疫情时代的防控要求下，混合式学习能更好地衔接未来的未知教学生态。随着信息技术的进一步发展，未来的课堂教学会继续迎接更加深刻的革命，我们每位教育工作者都已经做好了迎接挑战的准备。

杨珺雯，北京师范大学硕士，北京市上地实验学校地理教师。第六届中国未来学校大会混合式学习 TOP10 领袖教师。

第三节 鱼类

一、主题分析

（一）实施背景

《2017 年教育信息化工作要点》提出："大力推进跨学校、跨区域的网络教研活动，积极促进线上线下相结合的混合式学习模式普及。"《教育部关于中央部门所属高校深化教育教学改革的指导意见》提出："推动……校内校际线上线下混合式教学，推进以学生为中心的教与学方式方法变革。"习近平主席在致国际教育信息化大会的贺信中指明，要"积极推动信息技术与教育融合创新发展"，"坚持不懈推进教育信息化，努力以信息化为手段扩大优质教育资源覆盖面"。

在"互联网+"时代，学校传统的面对面单向传输式现场学习模式已经不能满足生长于数字地球上的学生的需求。当前，未来学校的畅想曲已经响起，融合传统课堂现场学习与网络在线学习优势的混合式学习将成为未来学校教学组织的主要方式。

（二）教材分析

本课选自冀少版《生物学》七年级上册第一单元第四章第六节"鱼类"，本课在《义务教育生物学课程标准（2022 年版）》中属于"生物的多样性"主题之下的内容，主要以观察鱼类的外部形态特征，探究鱼类在水中的运动、呼吸等生命现象为主，重点是探究鱼类适应水中生活的特点。值得指出的是，本节课关于鲫鱼各种鳍的作用的探究活动，虽从实验操作技能本身来说难度不大，但从做出假设到设计实验等环节，是本节课的难点所在，需要教师进行耐心细致的指导和引导。

（三）学情分析

七年级学生好奇心强，形象思维能力比较好。课前的调查问卷反映，在生活中，学生对鱼类的形态和基本结构有一定的感性认识，但是不能准确、系统地进行描述；还没有将结构与功能建立联系，不能说明结构、功能与水中生活的适应性。据此，本节课采用实物及 iPad 辅助教学，让学生通过探究和观察来得出结论，从而锻炼他们的抽象思维能力和动手操作能力；让难以理解的生物生理动态过程直观形象地呈现在学生眼前，同时让他们自己动手、动脑，通过设计实验来验证自己做出的假设。这样可以使学生学会科学研究的基本方法，培养他们的科学素质，最终在这种以学生发展为中心的探索性学习中，通过技术赋能助力学生科学探究能力的发展与提升。

（四）设计思路

《义务教育生物学课程标准（2022 年版）》要求发展学生的生物学学科核心素养，包括帮助学生树立正确的生命观念，提高科学思维和探究实践的能力，培养学生的社会责任感。本课主要以“创设情境—提出问题—合作探究—总结提升—迁移应用”为主线，开展教学活动，首先挖掘学生身边的生物学现象，创设真实的问题情境——“请你展示介绍身边的鱼类”，进而提出核心问题——“鱼类是怎样适应水中生活的”，引导学生展开一系列的观察和探究活动，旨在提高学生解决问题的关键能力，形成正确的生命观念，逐步落实生物学学科的核心素养。

学生通过线上和线下相结合的混合式学习，可以由浅入深地进入深度学习。在课前线上学习部分，学生不仅可以利用 iPad“智慧课堂”中教师推送的丰富的课程资源展开预学，还可以在课前调查后利用 iPad 上传图片或视频，分享自己的调查成果——“多姿多彩的鱼”。在课中，学生可以参与线上线下多种学习活动，当学生利用 iPad 参与“金鱼找亲戚”“鱼鳍分分类”“鱼儿怎样游”“鱼儿爱喝水”等活动时，iPad“智慧课堂”的互动题板有很强的交互性，使得每一名学生都能充分地参与到学习活动中来。这在不知不觉中，促进了学生由低阶认知走向高阶认知。在课后线上学习部分，教师通过 iPad“智慧课堂”发布作业套餐，学生可进行任务自选：完成后测能够检验巩固所学知识；鱼类主题探究能够满足学生的个性化发展需求。提升学生对知识的应用与迁移能力，最终指向学生生物学核心素养的发展。

二、学习流程

本课的学习流程如图 3-3-1 所示。

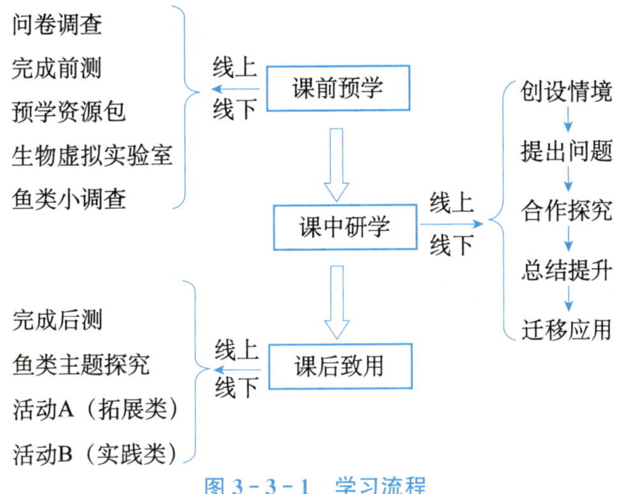

图 3-3-1　学习流程

三、学习准备

（1）电脑端登录“智慧课堂”平台，创建上传学习资源。

（2）iPad，每名学生一台。

（3）分组实验材料和用具：鱼缸、鲫鱼、食用色素、滴管、纱布等。

四、学习目标

（一）本节目标

生命观念：通过观察鲫鱼和 iPad 答题、拖拽分类和结构填图等，说明鱼类的外形、运动与呼吸等方面适应水中生活的特征，渗透生物形态结构与生理功能相统一，进一步形成生命观念。

科学思维：通过设计实验方案和完成探究鱼鳍作用的实验，能够运用比较、分类、归纳、演绎、分析、综合等方法，进行独立思考和判断，多角度、辩证地分析问题。

探究实践：通过小组合作设计实验，完成“鱼鳍的作用”的探究过程，分析结果，提升科学探究能力，养成利用实验结果得出普遍规律的科学思维方式。

态度责任：通过调查鱼的种类及与人类生活的关系，以及分析生活实例，尝试解决生活中的生物学问题，认同保护鱼类资源的重要性。

（二）教学重难点

教学重点：鱼类适应水中生活的特点。
教学难点：不同种类的鱼鳍在游泳时的作用。

（三）教学策略选择与设计

iPad 辅助教学，实验探究法，问题驱动法，观察法。

五、学习过程

（一）课前预学

1. 学习资源建设

本课所需的课前预学资源如图 3-3-2 所示。

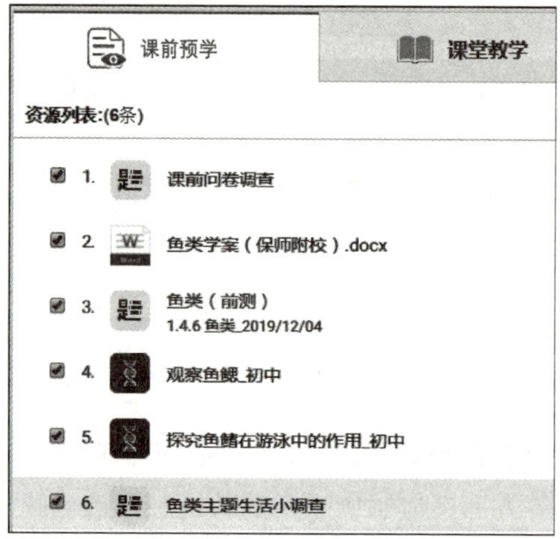

图 3-3-2 课前预学资源列表

2. 学习任务单

请学生进入 iPad“智慧课堂”平台“课前预学”板块，根据以下提示（见图 3-3-3），利用提供的学习资源展开课前预学。

请学生进入 iPad“智慧课堂”平台“课后作业”板块，根据以下提示（见图 3-3-4），利用提供的学习资源展开课后致用。

3. 学习资源展示

（1）生物虚拟实验室（见图 3-3-5）。

学习资源	问题与任务
 1. 课前问卷调查	问题：你在生活中观察过鱼类吗？ 任务：请你完成课前问卷调查。
2. 鱼类学案（保师附校）.docx	问题：怎样进行预学呢？ 任务：请你下载此学案，边阅读边填写。
3. 鱼类（前测）1.4.6鱼类2019/12/04	问题：通过预学，你都掌握了哪些知识呢？ 任务：请你完成前测。
4. 观察鱼鳃_初中	问题：你是不是等不及想做实验呢？ 任务：请你进入生物模拟实验室，熟悉“观察鱼鳃”的实验目的和操作流程。
5. 探究鱼鳍在游泳中的作用_初中	问题：不同鱼鳍的作用一样吗？ 任务：请你进入生物模拟实验室，“探究鱼鳍的作用”。
6. 鱼类主题生活小调查	问题：鱼类和我们人类有怎样的关系呢？ 任务：请完成鱼类小调查，并将结果上传。

图 3-3-3　课前学习任务单

学习资源	问题与任务
1. 鱼类（后测）1.4.6鱼类2019/12/04	问题：经过课堂学习，你提升了多少呢？ 任务：完成后测，检测一下自己的学习效果。
2. [回答问题]请在课后以“丰富多彩的鱼”为主题，展开实践活动探究	问题：怎样展现鱼类与我们人类的密切关系呢？ 任务：请你展开实践探究，并将成果上传平台。

图 3-3-4　课后学习任务单

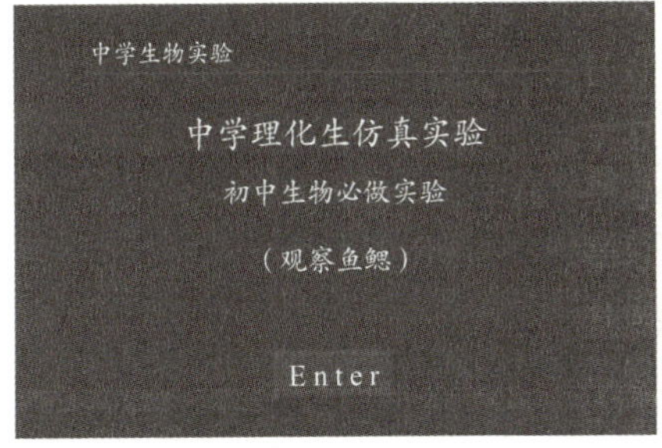

图 3-3-5　生物虚拟实验室登录页面

（2）问卷调查的结果（见图 3-3-6）。

（3）课前调查的结果（图 3-3-7）。

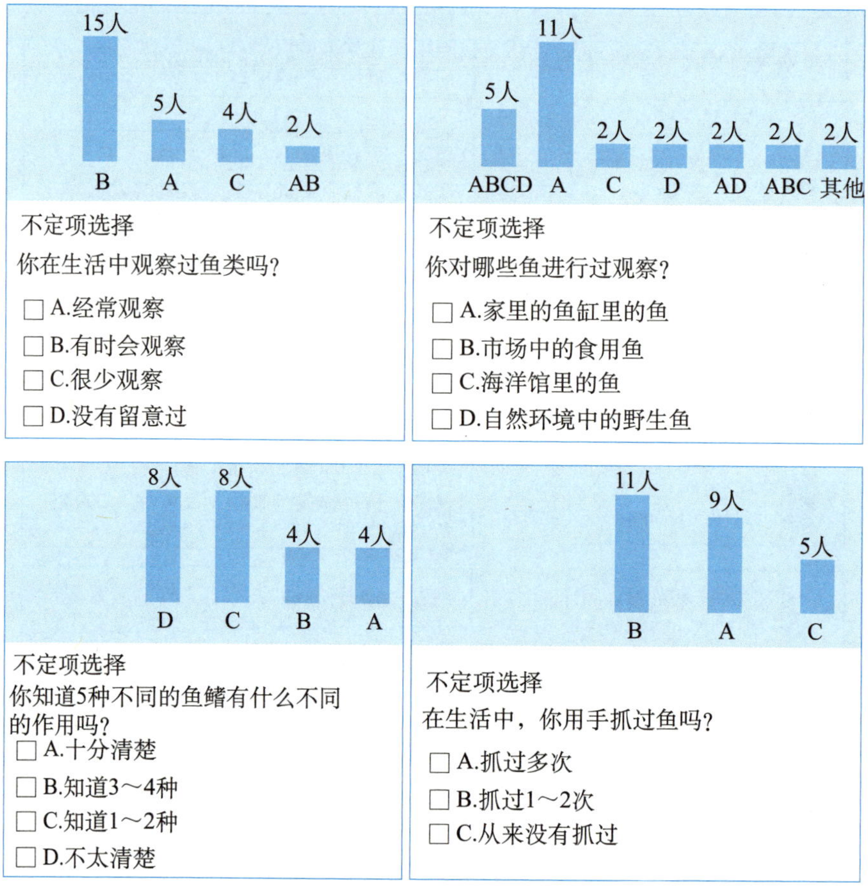

15人
5人
4人
2人
B A C AB
不定项选择
你在生活中观察过鱼类吗？
□A.经常观察
□B.有时会观察
□C.很少观察
□D.没有留意过
11人
5人
2人 2人 2人 2人 2人
ABCD A C D AD ABC 其他
不定项选择
你对哪些鱼进行过观察？
□A.家里的鱼缸里的鱼
□B.市场中的食用鱼
□C.海洋馆里的鱼
□D.自然环境中的野生鱼
8人 8人 4人 4人
D C B A
不定项选择
你知道5种不同的鱼鳍有什么不同的作用吗？
□A.十分清楚
□B.知道3～4种
□C.知道1～2种
□D.不太清楚
11人
9人
5人
B A C
不定项选择
在生活中，你用手抓过鱼吗？
□A.抓过多次
□B.抓过1～2次
□C.从来没有抓过

图 3-3-6　问卷调查的结果

[互动试卷]鱼类主题生活小调查
总分值:100分　完成时间:1分12秒　得分:95分
1. 问答题(100分)
在生活中，你观察到了哪些关于鱼类的现象？你又有哪些关于鱼类的疑问呢？请利用文字、图片或视频记录下来并上传。
学生答案
分享答案
董同学的答案
鱼为什么会有腥味？
鱼的体内有一种黏液腺，这种黏液腺分泌出来的黏液里，含有腥味的三甲胺。
在常温下，三甲胺容易从黏液里挥发出来，散布于空气中，人们闻到这种挥发在空气中的气味，便是腥味。
本题得分:
95
分
本题批改意见：你的课前调查很有收获
录屏批注

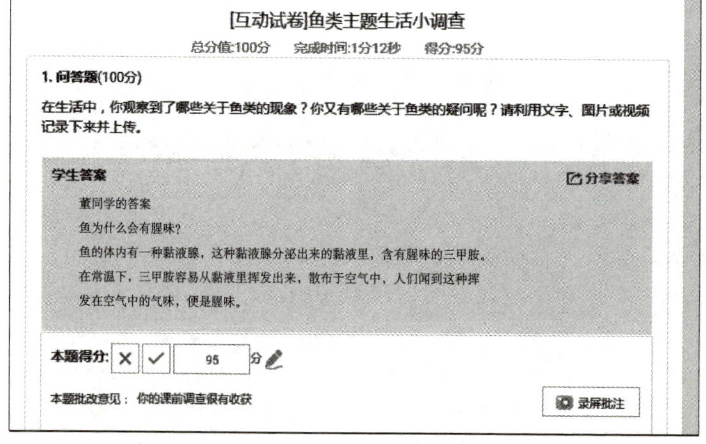

图 3-3-7　课前调查反馈页面

（二）课中研学

1. 导入

情境导入："鹰击长空，鱼翔浅底"，今天让我们一起走进多姿多彩的鱼类世界。学生展示自己录制的视频《多姿多彩的鱼》，并介绍自己家里饲养的鱼。

设计意图：挖掘学生身边的生物学现象，创设真实的问题情境，导入学习课题，引发学生的学习兴趣。

2. 合作·探究一：鲫鱼的体形、体色和体表

首先教师提出问题1：虽然都说鱼离不开水，但是生活在水里的动物都是鱼类吗？然后，展开学习活动1：iPad推送任务"给金鱼找亲戚"——给水生动物分类。学生结合已有的知识和经验，找出那些在生活中被叫作"鱼"但不是鱼类的水生动物，学生在iPad端通过拖拽功能完成分类，明确本课的学习对象——鱼类。

在此基础上，教师提出问题2：鱼类有哪些适应水中生活的特点呢？学生展开学习活动2：分组观察鲫鱼。

任务内容：

（1）观察鲫鱼的体色——其背部、腹部分别什么颜色？

（2）鲫鱼体形怎样？其体形在游泳时起什么作用？

（3）鲫鱼的体表覆盖有什么？用手摸一摸鲫鱼的体表，感受鲫鱼体表有什么特点。

小组合作，依据观察提纲有目的地进行观察，思考、讨论鱼类适于水中生活的特点。

设计意图：通过设疑启发学生思维，引导学生明确生物圈中的各种生物都有与其生活环境相适应的特点，引导学生探究鱼类适应水生环境的特征。

3. 合作·探究二：鲫鱼的感觉器官——侧线

情境：家中鱼缸里的鱼，即使在夜晚光线不好时，也能顺利绕开水草和石块。由此提出问题1：是什么在发挥作用呢？鲫鱼身体两侧的鳞片上有什么特殊结构？在学生发现并观察侧线这一特殊结构的基础上，教师顺势提出问题2：侧线的作用是什么？之后，教师在iPad端推送资料：侧线由鳞片上的小孔组成，内与神经相连，许多实验证明，侧线可以感知水流方向和速度，判别自己是否接近礁石等障碍物，是鱼的感觉器官。学生在iPad端在线阅读资料，总结概括侧线的作用。

设计意图：学生在实验观察的基础上产生的疑问可以通过iPad端推送的资

料得以解答，这无疑在很大程度上扩充了本环节的知识容量，提升了学生获取信息、逻辑分析和概括总结的能力。

4. 合作·探究三：鲫鱼的运动器官——鳍

首先，创设情境：学生展示自拍作品《一天到晚游泳的鱼》。教师提出问题1：鱼是靠什么在水中游泳的？学生展开学习活动1：

（1）分组观察鲫鱼，完成下列任务：观察鲫鱼的身体可以分为几部分，仔细观察鲫鱼各种鳍的着生部位和数量，观察这些鳍是怎样摆动的。

（2）iPad推送任务——“鱼鳍分分类”，给鲫鱼分部并填上各种鳍的名称。

学生结合学案中的问题展开小组讨论，及时完成iPad作业后回传，并查看评价。

紧接着，教师提出问题2：不同种类的鳍在游泳时所起的作用一样吗？学生展开学习活动2：

（1）小组讨论——探究一种鳍在游泳中发挥的作用，制订探究方案。

（2）iPad推送任务：在小组讨论的基础上，完成探究鱼鳍作用的实验设计方案，并拍照上传平台。

（3）利用iPad投票功能：评选出最佳实验设计方案并说明理由。

（4）分组实验：参照最佳实验设计方案，进一步完善、优化本组的实验设计方案并完成实验。iPad推送任务：拍摄实验过程的视频并上传平台。

（5）分享与总结：学生利用iPad在线实时记录并分享本组的实验探究过程，并进一步归纳总结出不同种类鱼鳍的功能。

设计意图：教师以学生的线上作业为素材创设情境，引导学生思考不同种类鱼鳍的功能是否相同。在学生进行实验探究的过程中，无论是实验方案的制订，还是实验探究的实施，iPad“智慧课堂”平台具有的拍照上传和视频上传的功能，都能实现实时的记录和分享，为更充分地交流展示提供了一个方便迅捷的途径，之后iPad投票功能，更是激发了学生的深度思考和参与热情，并初步检测了学生的学习成果，对学生进行了过程性评价。在技术赋能的混合式学习方式中，学生的参与热情得到了很好的激发，他们有更多的机会参与动手和动脑的学习活动，从而加深对生物学概念的理解，提升探究实践、科学思维等生物学核心素养。

5. 合作·探究四：鲫鱼的呼吸器官——鳃

情境：学生展示自拍作品《鱼儿爱喝水？》——鱼在游动时，会不停地张口吞水。教师提出问题：鱼在游动时，会不停地张口吞水，它是一直在喝水，还是有其他作用？展开学习活动：

（1）小组合作完成实验：当鲫鱼在水中相对缓慢地游动的时候，用滴管在它的口前方滴一滴食用色素，观察鲫鱼吞入的水从它身体的哪个部位流出来。

（2）iPad 推送任务：拍摄实验视频上传分享。

基于以上实验观察，说明水从鱼口流入后，是从鳃盖后缘流出的。

教师再逐一出示以下问题链：水流经了鳃盖下方的什么结构呢？鳃是什么颜色的？鳃由哪几部分组成？鳃进行的气体交换过程是怎样的？学生在结合鳃的结构图展开实物观察后总结，鲫鱼进行气体交换的过程为：溶解氧较多的水→口→鳃丝中的毛细血管→含氧少、含二氧化碳多的水通过鳃盖后缘排到环境中。应用：买鱼的时候，很多人会翻看鱼鳃，通过看鱼鳃的颜色来判断鱼的新鲜程度，你知道这个方法是什么原理吗？学生结合所学知识，尝试解决现实生活中的问题。

设计意图：用食用色素代替墨水，既能清楚地观察到实验现象，又能减少对鱼的伤害，有利于培养爱护动物、保护环境等社会责任意识。通过实验观察，先了解具体的生物学事实，再通过问题链的引导将学生的科学思维逐渐引入深处，进而认识鱼的呼吸器官，建构鱼用鳃呼吸这一重要概念。最后，通过真实问题的解决，促进学生对所学知识的迁移与应用。

6. 迁移·应用：鱼类与人类生活的关系

问题：（1）除了鲫鱼，你还知道哪些鱼类？指导学生分组展示课前通过 iPad 收集的资料：我国的常见鱼类、本地区的常见鱼类。（2）鱼类与人类生活的关系是怎样的？联系生活，说出鱼类与人类生活的关系。

设计意图：锻炼学生收集、处理信息以及交流合作的能力。充分利用身边的资源，加强对我国鱼类多样性的认识。

7. 总结与评价

请学生说说本节课的收获，促进学生进行自我总结反思。教师总结 iPad 积分情况，评出最佳个人和小组。

（三）课后致用

（1）线上完成后测。

（2）线上提交实践活动成果：在课后以“丰富多彩的鱼”为主题，展开实践探究活动，并将活动成果以照片或视频形式上传。（具体呈现形式自选：如鲫鱼结构图、鱼类思维导图、鱼类与人类关系手抄报等，也可以自拟。）

（四）评价设计

在实施混合式学习的过程中，如何促进学生生物学学科核心素养的更好发展？在学期课程实施过程中，评价设计如下：

1. 总体评价

本课的学期总体评价设计如表 3－3－1 所示。

表 3－3－1 学期总体评价设计

评价项目	评价内容	占比	评价方式
过程性评价（40%）	课堂常规	10%	线上线下
	常规作业	10%	线上线下
	学科笔记	10%	线上线下
	实验操作	10%	线下
特色评价（10%）	学期特色 创新作品	10%	线上 线下
表现性评价（20%）	单元知识 操作测试	20%	线上 线下
形成性评价（30%）	期中期末测试	15%＋15%	线上线下
学期总评	优秀（80～100）	合格 （60～79）	待改进（0～59）

2. 过程性评价、形成性评价

本课的学期过程性评价、形成性评价设计如表 3－3－2 所示。

表 3－3－2 学期过程性评价、形成性评价设计

评价项目	评价内容	占比	评价细则（计分方法）	对应素养	评价分数
过程性评价（40%）	课堂常规	10%	候课（3%）：候课铃响，立刻安静有序地回到自己的座位，准备好上课用具，认真复习上节课的内容。 课堂（7%）：坐姿端正，认真倾听，主动举手发言，回答正确且无违纪。	科学思维、态度责任	
	常规作业	10%	按时完成规定的作业，书写工整，绝大多数题目答对，少数错题有修正的痕迹。	科学思维	
	学科笔记	10%	字迹清晰工整、认真，内容全面、准确，知识脉络清晰，有重难点的区分，有不同颜色的标记。	科学思维	
	实验操作	10%	水平 1：能根据提供的材料完成实验，但不能准确描述实验过程和现象。 水平 2：能根据提供的材料完成实验，能准确描述实验过程和现象。 水平 3：能完成实验并准确描述实验过程和现象，并多次实验探索普遍规律。	生命观念、科学思维、探究实践	

续表

评价项目	评价内容	占比	评价细则（计分方法）	对应素养	评价分数
形成性评价（30%）	期中测试	15%	分五个等级： （1）90分及以上15%（2）80～89分13% （3）70～79分11%（4）60～69分9% （5）60分以下7%	生命观念、科学思维、探究实践、态度责任	
	期末测试	15%	分五个等级： （1）90分及以上15%（2）80～89分13% （3）70～79分11%（4）60～69分9% （5）60分以下7%	生命观念、科学思维、探究实践、态度责任	
学期总评					

3. 特色评价

特色评价基于生物学学科核心素养，结合学生学期内的学业能力进行评价。本课的学期特色评价设计如表3-3-3所示。

表3-3-3　学期特色评价设计

评价项目	评价内容	评价方式	项目指标	档次分布
特色评价（10%）	结合本学期所学知识，展开一次相关的科学探究。（例如：鱼类的呼吸和运动。）	自评+他评；线下作品，线上打分。（0～10分）	（1）对探究有明确的计划，对探究结果有合理的预期。 （2）为探究对象提供适宜的生存条件，发现问题并及时解决。 （3）将整个探究过程形成图文或视频等作品上交。	优秀（9～10分） 合格（6～8分） 待改进（0～5分）

4. 表现性评价

表现性评价就是教师让学生在真实或模拟的生活情境中运用先前所获得的知识解决某个问题或创新完成某作品，考查学生对知识与技能的掌握程度，侧重于评价那些无法用纸笔进行测验的内容。例如，实操类的评价项目。本课的学期表现性评价设计如表3-3-4所示。

表3-3-4　学期表现性评价设计

评价项目	评价内容	评价方式	项目指标	档次分布
表现性评价（20%）	基于真实问题情境的科学探究。	自评+他评；线下作品，线上打分。（0～20分）	（1）能够恰当选用并熟练运用工具展开观察。 （2）针对日常生活的真实情境提出清晰、有价值、可探究的生命科学问题或可达成的工程学需求。	优秀（16～20分） 合格（12～15分） 待改进（0～11分）

续表

评价项目	评价内容	评价方式	项目指标	档次分布
			(3) 基于对相关资料的查阅，设计并实施恰当可行的方案。 (4) 运用多种方法如实记录，并创造性地运用数学方法分析实验结果。 (5) 能够在团队中起组织和引领作用，运用科学术语精确阐明实验结果，并展开交流。	

在以上基于促进学生核心素养发展、线上线下融合的评价体系下，iPad“智慧课堂”平台为实现科学评价提供了有力的技术支撑，当学生提交作业或完成相应的学习任务后，会实时生成各种百分比、个人和小组积分、饼状分析图、柱状分析图、个人学情分析报告等动态大数据，及时有效地反馈了学习效果，很好地调动了学生的参与意识和积极性，及时精准的数据也为实现多元立体的评价提供了有力保障。

六、案例自评

（一）教学目标达成情况

1. 前测与后测比较

前测与后测比较情况如图 3－3－8 所示。

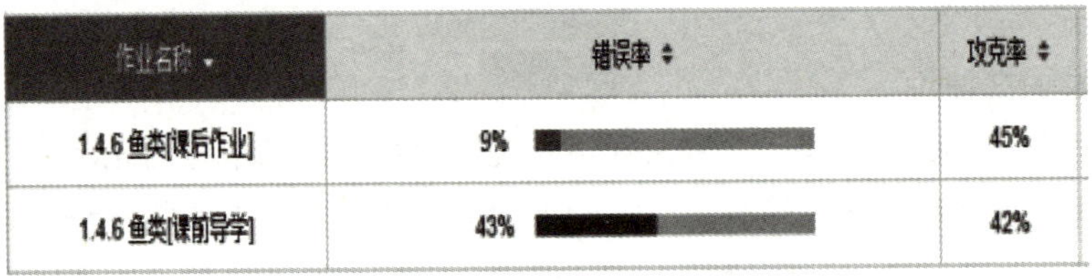

作业名称	错误率	攻克率
1.4.6 鱼类[课后作业]	9%	45%
1.4.6 鱼类[课前导学]	43%	42%

图 3－3－8　前测与后测比较情况

2. 生物学学科核心素养发展情况分析

本课核心素养发展情况如图 3－3－9 所示。

（二）学生成果（线下实践，线上展示）

图 3－3－10 至图 3－3－13 为学生在进行本课学习后提交的实践活动成果。

学习环节	混合式学习过程	核心素养发展
鱼的外形	线下：观察鲫鱼的体形、体色和体表。 线上：iPad互动题板“给金鱼找亲戚”。	能够理解和解释生物学相关事件和现象，为生命观念的发展打下基础。
鱼的感觉器官——侧线	线下：观察鲫鱼的侧线。 线上：iPad阅读文本资料，归纳总结侧线的作用。	发展科学探究能力及科学思维，初步建立结构与功能观的生命观念。
鱼的运动器官——鳍	线下：（1）观察鲫鱼的鳍的种类、分布和数量。（2）小组合作讨论制订“鱼鳍作用”实验探究方案并完成实验。 线上：iPad互动题板“鱼鳍分分类”。iPad投票评选“最佳实验设计方案”。iPad视频记录实验过程。	发展科学探究能力及科学思维，进一步建立结构与功能观的生命观念。
鱼的呼吸器官——鳃	线下：分组实验“鱼呼吸的过程” 线上：iPad视频记录实验过程。	发展科学探究能力及科学思维，深化结构与功能观的生命观念。
鱼类与人类生活的关系	线下：完成鱼类主题研究实践活动。 线上：将活动成果上传平台，展示并评选优秀作业。	结合身边的学习资源开展科学实践，发展参与社会事务的社会责任。

图 3-3-9　本课核心素养发展情况分析图

1. 鲫鱼结构图

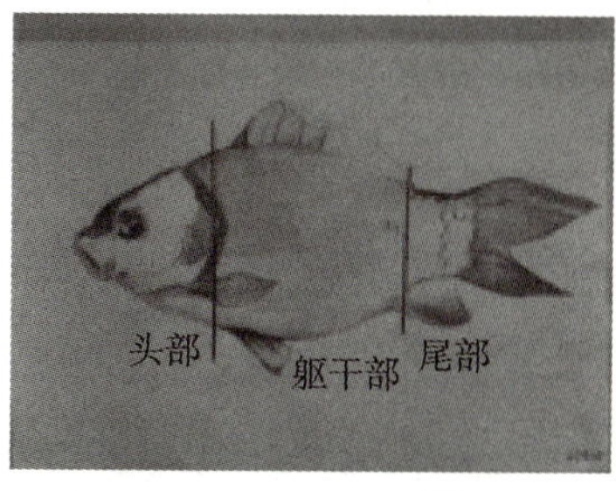

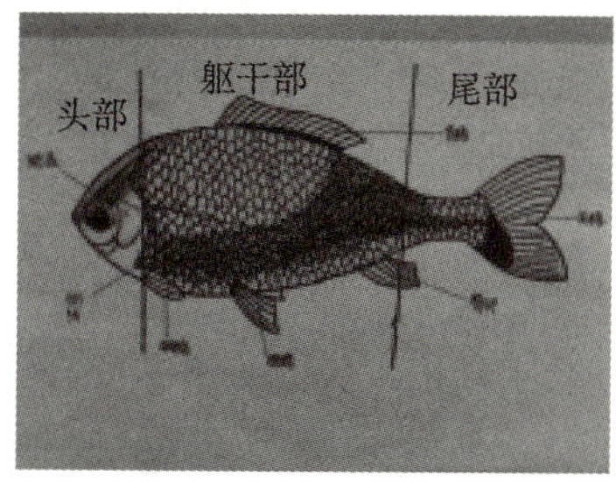

图 3-3-10　学生作品 1

2. 鱼类与人类关系手抄报

图 3-3-11　学生作品 2

3. “爱护鱼类”宣传画

图 3-3-12　学生作品 3

4. 中国鱼文化

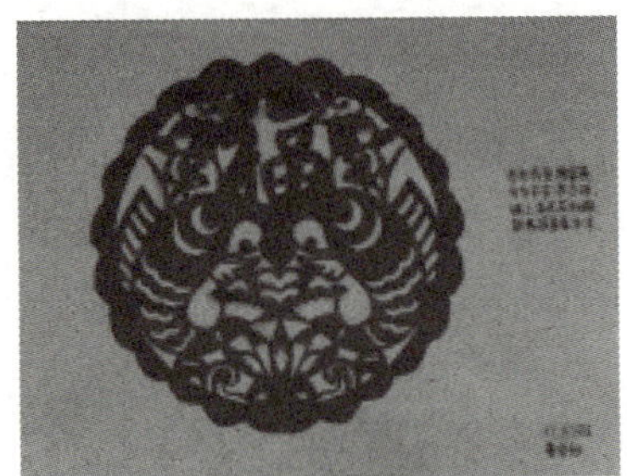

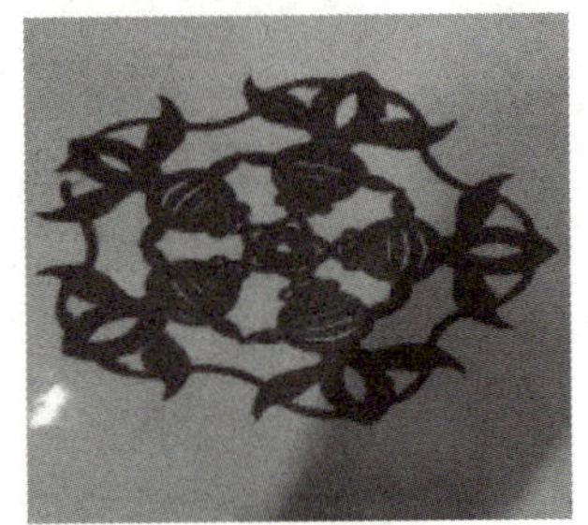

图 3-3-13　学生作品 4

（三）课后反思

在本课利用 iPad 的混合式学习中，融合了传统课堂现场学习与网络在线学习的优势，在“线上线下、先学后研”教学模式的探索中，利用 iPad“智慧课堂”平台进行混合式学习，打破了学生学习中的时间和空间的局限。通过“线上—线下—线上”“课前—课中—课后”“情境—问题—活动”等教学过程实践，完成了从教师传授知识到学生主动建构的重心翻转，实现了现代信息技术赋能的混合式学习助力学生深度学习发展，提升了学生生物学学科核心素养。

参考文献

[1] 教育部办公厅关于印发《2017 年教育信息化工作要点》的通知 .http：//www. moe. gov. cn/srcsite/A16/s3342/201702/t20170221 _ 296857. html

[2] 教育部《关于中央部门所属高校深化教育教学改革的指导意见》 教高〔2016〕2 号. http：//www. moe. gov. cn/srcsite/A08/s7056/201607/t20160718 _ 272133. html

[3] 教育部关于印发《教育信息化“十三五”规划》的通知 教技〔2016〕2 号. http：//www. moe. gov. cn/srcsite/A16/s3342/201606/t20160622 _ 269367. html

[4] 朱雪梅. 混合式教学 未来学校教学组织的新模式. 中国教育报，2019－06－06(7).

[5] 义务教育生物学课程标准（2022 年版）. 北京：北京师范大学出版社，2022.

华宝玲，河北保定师范附属学校生物学教师、生物学科组组长，曾获全国生物优质课评比一等奖。第六届中国未来学校大会混合式学习 TOP20 种子教师。

第四节 心理呼吸训练

一、主题分析

（一）混合式学习模式发展历史及课程开发背景

混合式学习在我国最早由北京师范大学何克抗教授基于新型建构主义的观点

提出，是区别于传统学习和网络学习的一种新型教学模式，融合了传统学习与网络学习的优点。混合式学习没有绝对的形式，在“线上 ＋ 线下”教学的前提下，教师可以根据自身的想法添加其他元素，其最终目的是发掘行之有效的教学方法，不断提高教学质量。教学按课前、课中、课后三个阶段及“教师＋学生”两条主线展开。教师在课前通过推送任务和在线辅导进行导学，在课中组织课堂教学，在课后推送任务并促进学习；学生在课前完成自学任务，在课中参与体验及领悟，在课后进行巩固和拓展。

《2017 年教育信息化工作要点》提出，要“大力推进跨学校、跨区域的网络教研活动，积极促进线上线下相结合的混合式学习模式普及”。《教育信息化“十三五”规划》提出，要“继续推动高校建设并向社会开放在线课程，促进中央部门高校支援西部高校开展在线开放课程线上线下混合式教学改革”。《教育部关于中央部门所属高校深化教育教学改革的指导意见》提出，要“创新在线课程共享与应用模式，推动优质大规模在线开放课程共享、不同类型高校小规模定制在线课程应用、校内校际线上线下混合式教学，推进以学生为中心的教与学方式方法变革”。依托于国家政策的支持，全国各地掀起一股混合式学习的实践热潮。2020 年一场突如其来的新冠肺炎疫情打破了人们原有的生活节奏，在教育部“停课不停学”的决策下，教育生态开始发生变化。一场世界范围内的在线教育实践正在影响未来教育理念和治学变革，以线下课堂为主阵地，线上教学为支撑和有益补充，线上线下深度融合的混合式学习方式逐渐成为主流。混合式学习具有资源丰富、教学方法多样、交流渠道多样等特点，既能发挥教师引导、启发、监控学生学习过程的作用，又能促进学生自主学习与协作学习，达到最佳的教学和学习效果。国内外混合式学习经过 20 余年的发展，不论是研究者、教学实践者，还是政府和教育机构，都已对其基本达成共识：混合式学习将成为未来教育的“新常态”。

混合式学习汲取了面对面学习和在线学习的优势，比单纯的面对面学习和在线学习更有效，在学习计划制订、学习方法设计、学习效果评价和学习记录跟踪等方面都有较好的效果，有降低成本、提高学习效果的突出优势。在许多发达国家，混合式学习已经得到广泛应用，是未来教育的重要形态和发展趋势。

我国学校互联网普及率已经达到了很高的比例，推动混合式学习已经具备了足够的物质条件。在实践中，有些学校也已经采用混合式学习方式，这对于提高我国学校的教学效果、提高教育投入的效益具有重要的意义。开展混合式学习的最终目的既不是去使用在线平台，也不是去建设数字化的教学资源，更不是去花样翻新教学活动，而是有效提升绝大部分学生的学习深度，在“合适的”时间为

"合适的"人采用"合适的"学习技术，为适应"合适的"学习风格而传递"合适的"技能，来优化与学习目标对应的学业成就，最大限度地释放教与学的能量，推动教学改革。

（二）混合式学习模式之于中学心理健康教育的独特优势

于我个人而言，在连续六年攻读心理学专业学位期间，以及在心理课堂、学校心理辅导的临床实践中，我深深感到，基础心理健康教育工作远非依靠每周一节心理课就可以实现，而混合式学习不仅极大地拓展了教学活动的空间，也为线下教学活动释放出更多的时间，使得除心理健康知识的理论教学之外，心理体验和行为训练的课程教学内容也有了实现的可能。网络教学平台的运用不仅极大地拓展了教学活动的空间，也为线下教学活动释放出更多的时间，使得课堂教学内容更加丰富，形式更加多样；线上、线下教学的有机结合，能充分地调动学生的学习积极性和主动性，增强心理健康教育教学的实效性。在这样的背景下，我尝试带着混合式教与学的全新视角，思考与探索中学心理健康教育的新形式。

当前，我国中小学生心理健康情况不容乐观。学生心理健康问题频发，存在心理问题的学生占相当比例；情绪困扰成为中学生最常见的心理困扰，这可以反映出中学生情绪压力较大，并缺少能够熟练使用的心理自助技术。然而，中小学心理健康教育课程又存在着独特且尴尬的教学局面：课程被视作"边缘学科"，最好的情况是每周有且仅有一节心理课，学生仅依靠课上时间去习得心理自助技术十分困难。而心理学科本身又存在其特殊性，尤其是在情绪调节方面，并没有什么"行之有效、立竿见影"的好方法，更多地依靠长时间的觉察、反馈和练习。最好的心理课程实施模式恰恰需要大量的课下练习与巩固的时间，这就要依托于一个新型的教学方式。而心理学有一项心理技术恰恰符合这个特点，它就是"正念"。心理学家乔·卡巴金（J. Kabat. Zinn）将"正念"定义为一种心理呼吸训练的方法。这种心理呼吸训练强调的是有意识地觉察、将注意力集中于当下，以及对当下的一切观念都不做评判。因此，"正念"就是伴随呼吸训练，有目的、有意识地关注、觉察当下的一切，而对当下的一切又都不做任何判断、任何分析、任何反应，只是单纯地觉察它、注意它。研究表明，心理呼吸训练对提升中学生心理健康水平具有独特的作用。心理呼吸训练强调体验、观察、练习、领悟，符合青少年认知发展水平。同时，心理呼吸训练技术作为一种可以被学生熟练掌握并且应用的心理自助技术，它的教学方式恰好需要混合式学习模式的独特优势，心理呼吸训练教育对线上、线下学习环境的要求恰好是混合式学习模式所能够提供的。在这样的背景下，我根据初中生心理的发展特点，设计了混合式学习模式指导下的心理健康教育课程——心理呼吸训练课堂，接下来我将详细阐述本案例课程的设计思路和实施路径。

二、学习流程

（一）课程开发思路

本课程在遵循现有教学安排的情况下，依托线上平台和每周一节的线下课程开展混合式学习。本课程通过对全校师生在学期初进行心理健康宣讲与评估，针对所筛选出的需要课程帮助的具有轻中度情绪困扰的学生，和对心理呼吸训练缓解情绪压力感兴趣的学生，开展连续 8 周的混合式学习课程。线上课程包括每天或隔天进行的个人练习或家庭团练，线下课程包括每周一次的心理选修课，进行集体练习，分享感受与体验，教师进行答疑与互动。课程结束后，通过心理健康评估进行课程的后测。本课程具体开发思路见图 3-4-1 所示的思维导图。

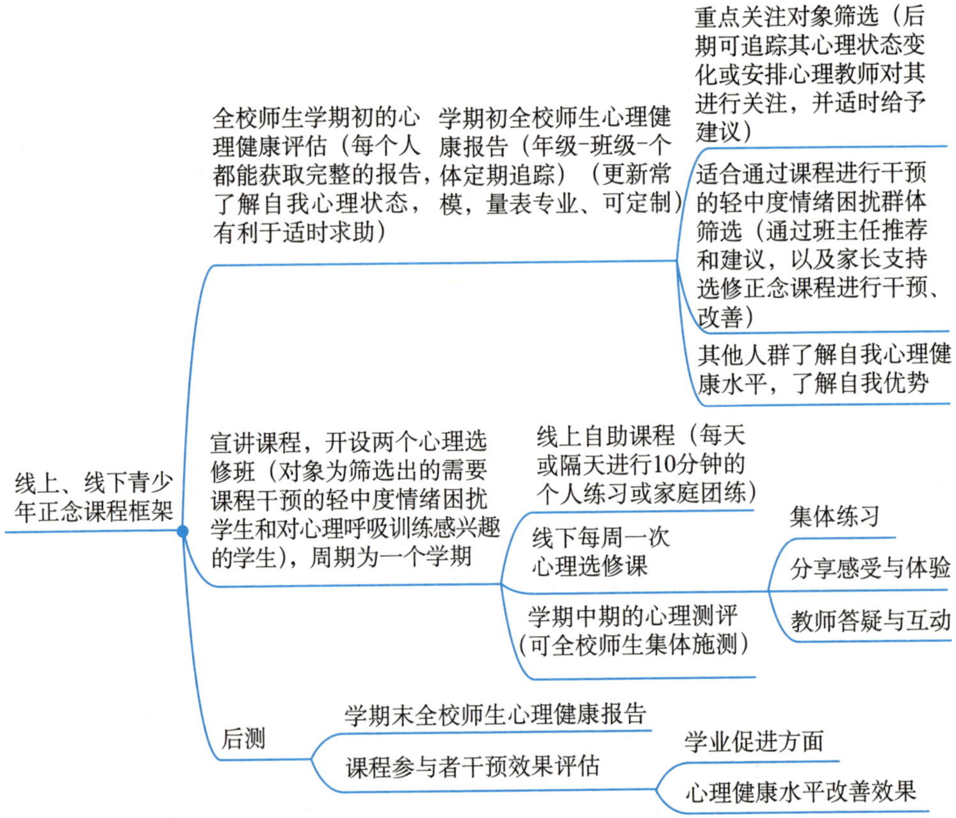

- 线上、线下青少年正念课程框架
  - 全校师生学期初的心理健康评估（每个人都能获取完整的报告，了解自我心理状态，有利于适时求助）
    - 学期初全校师生心理健康报告（年级-班级-个体定期追踪）（更新常模，量表专业、可定制）
      - 重点关注对象筛选（后期可追踪其心理状态变化或安排心理教师对其进行关注，并适时给予建议）
      - 适合通过课程进行干预的轻中度情绪困扰群体筛选（通过班主任推荐和建议，以及家长支持选修正念课程进行干预、改善）
      - 其他人群了解自我心理健康水平，了解自我优势
  - 宣讲课程，开设两个心理选修班（对象为筛选出的需要课程干预的轻中度情绪困扰学生和对心理呼吸训练感兴趣的学生），周期为一个学期
    - 线上自助课程（每天或隔天进行10分钟的个人练习或家庭团练）
    - 线下每周一次心理选修课
      - 集体练习
      - 分享感受与体验
      - 教师答疑与互动
    - 学期中期的心理测评（可全校师生集体施测）
  - 后测
    - 学期末全校师生心理健康报告
    - 课程参与者干预效果评估
      - 学业促进方面
      - 心理健康水平改善效果

图 3-4-1 思维导图

（二）教学设计框架

本系列课程共八节，内容涵盖心理呼吸训练基础介绍、多种心理呼吸训练练习，线上以自主练习、查阅学习资料、小组讨论及在线测验为主，线下以深度集体练习、内容讲授、感悟分享为主。本混合式心理呼吸训练课程的主要教学内容及安排如表 3－4－1 所示。

表 3－4－1 主要教学内容及安排

课程次数	课程名称	主要内容	线下教学	线上学习
一	心理呼吸训练课堂邀请	课程简介	• 教师讲解 课程内容，特点，持续时间，进行方式 • 小组讨论 学生分享对于呼吸的理解；分享自身缓解情绪困扰的方法及有效性，激发学生参加心理课程的动机	• 教师自制课程在线平台使用说明的视频 • 心理体验音频练习 • 完成课程前测问卷 • 制定一个与呼吸有关的目标
二	什么是心理呼吸训练？	心理呼吸训练方法、作用及相关科学研究；感受心理呼吸训练带来的觉察	• 角色扮演 学习大脑结构（大脑皮层、杏仁核）等与情绪的作用 • 教师讲解 什么是心理呼吸训练及其作用 • 集体练习 心理呼吸训练	• 自行进行心理呼吸训练 15 分钟 • 小组讨论心理呼吸训练的感受 • 完成关于心理呼吸训练误区的问答挑战
三	身体扫描	心理呼吸训练感知身体，关注全身	• 教师讲解 对身体感受及状态开启关注与觉察 • 深度体验 集体进行身体扫描练习	• 线上进行心理呼吸训练（跟随音频） • 使用练习记录表记录每日练习情况
四	心理呼吸训练伴随静坐	心理静坐的练习，增加对各种身体感受的觉察	• 心理呼吸训练静坐练习 • 小组讨论练习感受 • 通过《80 岁生日练习》进行情感的联结	• 线上使用《80 岁生日练习》材料，与一位家人一起进行练习 • 完成练习记录表
五	心理呼吸伸展	带着静坐和身体扫描时的态度进行伸展练习	• 心理呼吸训练伸展集体练习 • 小组讨论身体感受和心理的关系	• 自由组合练习（自行选择练习形式，进行 15 分钟的训练） • 监测并记录心理呼吸训练目标的完成程度
六	心理呼吸训练伴随进食	心理呼吸伴随进食，增加对生活中细节的觉察	• 心理呼吸训练进食葡萄干练习 • 小组分享日常生活中的进食方式（如是否有节食、体相焦虑、暴饮暴食、情绪性进食）	• 自由组合练习（自行选择心理呼吸训练形式，进行 15 分钟的训练） • 选择一餐用心理呼吸训练的态度进行饮食

续表

课程次数	课程名称	主要内容	线下教学	线上学习
七	心理呼吸训练伴随行走	将心理呼吸训练带出封闭空间，在行走中觉察、感受	• 小组讨论：身体与心理的关系 • 分享压力情境下如何恢复到“心理呼吸训练状态” • 练习心理呼吸训练行走	• 留意走路时的感觉 • 记录心理呼吸伴随行走的感受
八	从练习到生活	心理呼吸训练对真实生活中情绪困扰的改善作用	• 学生自主探究压力与情绪管理的方式 • 小组讨论与分享如何将心理呼吸练习应用到日常的学习和生活中；课程总结和分享	• 完成后测问卷 • 完成课程感悟分享及心理呼吸训练目标完成程度的分享

三、学习准备

本课程采用的网络教学平台为超星智慧校园网络教学平台，该教学平台适用于学生辅助学习、自主学习的交互式教与学模式，支持课堂面授教学与网络教学相结合的混合式教学形式。线上教学可以实现多个教学功能，如发布教案、教学资源、通知，组织学生讨论、完成作业、记笔记，教学实时互动和在线测评与检测，等等。教师将适合学生的资源以视频、图片、文字等多种形式上传至平台，学生可自行查阅学习。

四、学习目标

本系列课程通过线上与线下相结合的混合式学习模式，旨在使学生了解心理呼吸训练概念及其对改善自我情绪困扰的作用；使学生掌握心理呼吸方法，在生活中能有意识地应用心理呼吸技术缓解情绪困扰。线上进行每日练习与应用，线下进行交流反馈与答疑，真正实现将心理健康技术融入生活。

五、学习过程

（一）学习流程

课时一：学生线上学习视频，浏览课程内容，进行课程前测，了解平台资源的使用方式，并下载自主学习单。学生线下交流关于心理呼吸训练的想法和疑惑，教师进行指导。

课时二：学生线上自行学习视频与文字资料，了解心理呼吸是什么，并参与主题讨论；通过自学资料，跟随音频练习心理呼吸，并完成练习的记录。学生在线下课程中分享心理呼吸感受，互相交流心理呼吸带来的身心变化。

课时三：学生线上通过视频及文字资源，自主学习心理呼吸的核心技术——身体扫描，根据平台所提供的音频指导尝试练习，并完成练习记录。在线下课程中，教师组织学生在安全、干净的地方（团体活动室内的瑜伽垫上）进行团体卧式身体扫描练习，请学生分享感受，交流经验。借助小组动力推动学生对心理呼吸的学习，促进心理呼吸训练在学生生活中的应用，帮助学生解决真正的困扰。

课时四：学生在线上课程中学习视频和文字资料，理解心理呼吸缓解情绪困扰的机制，依据心理呼吸的认知行为疗法观察自我情绪困扰产生的原因，并下载自主学习单完成记录。同时，本节课还要求学生依据线上材料，伴随音频，自主完成心理呼吸的练习。在线下课程中，学生分享自主学习单内容，讨论情绪困扰产生的原因及心理呼吸技术对缓解困扰的作用。

课时五：学生线上了解面对心理呼吸的态度，学习心理呼吸伴随伸展资料，并根据音频提示，完成伸展练习，同时注意做好记录。在线下课程中，学生针对对待心理呼吸的不同态度如"认为自己没有做到心理呼吸就是失败的练习"等想法（这些想法均由学生实际产生）展开讨论，教师就学生的困惑进行讨论和指导。

课时六：学生自主学习线上资源，了解心理呼吸与饮食的关系。阅读学习资料，了解如何进行心理呼吸饮食。依据音频指导，完成吃葡萄干的练习，并进行记录。在线下课程中，教师讲授当下进食问题形成的原因及心理呼吸技术在改善进食问题中的应用。同时，线下课程将准备糯米糕，与学生进行团体的心理呼吸进食练习，练习后师生分享感受，进行经验交流。

课时七：学生通过线上视频学习，更加深入地了解与应用心理呼吸训练，将心理呼吸训练带出房间，练习行走并记录感受。在线下课程中，学生分享感受，并进行集体练习。

课时八：作为系列课程的最后一节，本课程将帮助学生进行整体的课程总结与回顾。首先，学生在线下下载完成"意愿行动计划表"，监测连续八周的心理呼吸训练的效果；然后，在线上进行对四个问题的讨论，反馈学生对本系列课程的收获与感受。学生还需要在线上平台完成包括三个标准化量表的课程后测，以量化检验课程效果。在线下课程中，教师再次带领学生回顾与总结连续八周的混合式学习课程，并分享收获，解答疑惑。

（二）自主学习单

1. 心理呼吸训练练习表

心理呼吸训练可以帮助你发展的能力：聚焦并参与到你正在做的事情中的能力；让想法自由来去而不受困于它的能力；当你意识到分神时，重新凝聚注意力的能力；让你的感受自由流淌，而不去控制它的能力。即使每天只进行 5 分钟的练习，你也能随时间发生变化。每天两次，每次大约 10 分钟。你可以自由控制时间的增减，最好逐渐增加练习的时间。练习的时候既可以使用咨询师提供的录音，也可以自行练习。请利用以下记录表，开启记录你每天的心理呼吸练习吧！

2. 心理呼吸认知记录表

请记录一周中引起你较强烈情绪反应的事件，并记录你当时的想法、感受。尝试根据表格（见表 3－4－2）的提示，记录你在非心理呼吸和心理呼吸的不同状态下，对感受的挣扎与开放程度，及其给你的生活带来的影响。每天填写一次心理呼吸认知记录表，用来帮助发现：当你在感受中挣扎时，发生了什么？当你对你的感受开放时，又发生了什么？

表 3－4－2　心理呼吸认知记录表

什么时间 什么事件 什么感受	挣扎的时间（分钟） 挣扎的剧烈程度（0～10 分） 10＝最剧烈 0＝无挣扎 你此刻的状态是几分？	你能否腾出一些空间给你此刻的感受，允许它们在那里存在，即便它们是让你不愉快、不舒服的？ 如果能，那么你是怎么做到的？	这两种对你感受的应答方式，对你生活的长远影响是什么？ 它们使你的生活变得更好还是更糟？

3. 意愿行动计划表

意愿行动计划表（见表 3－4－3）也是在心理呼吸练习中常用的一种工具。

表 3－4－3　意愿行动计划表

1. 我的目标：
2. 基于目标的价值：

3. 实现目标的行动：
4. 在实现目标的过程中什么想法或情绪需要注意和处理：
5. 已经出现的改变：
6. 最容易开始的一步：
7. 长远展望：

（三）学习测评

学习测评采用问卷调查与讨论调查相结合的方式，检验课程质量与效果。首先，通过心理学标准化量表进行课程的前后测，该套量表包含三个标准化量表——青少年注意知觉量表、青少年心理状况问卷、青少年焦虑水平测试量表，用来检验学生在课程前后的心理健康水平、焦虑程度以及注意程度是否发生变化，以反馈课程效果。其次，通过线上讨论的形式，学生回答以下四个问题，以通过质性材料反馈课程效果：心理呼吸训练课程结束后你的收获是什么？哪一项心理呼吸训练给你带来的感触最深？心理呼吸训练给你的生活带来哪些变化？你对本系列心理呼吸训练课程的评价如何？

六、案例自评

首先，非常感谢中国教育科学研究院未来学校实验室组织的第六届中国未来学校大会，为我提供了未来视角下的教育教学方式和全新的教学理念，三轮比赛由浅入深，使我深入了解了混合式学习模式，并将其应用到混合式学习课程设计中，提升了我对混合式教育教学理念与思想的理解。本案例课程便是我接触、了解混合式学习模式，并将其应用到实际心理健康教育教学工作中的一次小小尝试。在这个过程中，我增强了对未来教育的理解，对中学心理健康课程的教学模式也有了新的思考。回顾整个历程，我非常幸运能够得到前辈的指导，并且有机会接触到优质的资源。在这个过程中，关于混合式学习理念与其实施我有了很多新的理解和感悟，现从以下三个方面进行记录与阐述。

（一）如何理解混合式学习等新型教育形式的出现？

2020 年，一场突如其来的新冠肺炎疫情打乱了人们原有的生活节奏，在党中央“停课不停学”的决策下，教育生态开始发生变化。究其原因，正如王素所长所说的，是由于教育整体的培养目标发生了变化，随之变化的一定是课程内容和学习方式，混合式学习这一新的教学模式是教育形态发生变革的代表。而我们当下正是过去与未来的连接点，在渐变的过程中，思考如何设计更满足当下的教育需求、使学习更加有效、更适应未来学习发展的教学模式，是我们作为教育工作者需要做的。

（二）学生到底需要怎样的学习？——“以学生为主体”应贯穿始终

在信息爆炸的时代，混合式学习为教师提供了大量输送资源的机会，然而资源、资源形式及教学活动的设计与学生的适配性，是教师需要慎重思考的问题。学生需要哪些资源，需要以什么形式呈现这些资源，如何甄选和推送资源以使它们更符合学生的认知发展水平及认识事物与问题解决的既定程序，是需要我们进行精心设计的。比如，如果我推送一本书、一个视频作为课外阅读资料，那么我需要明确的是，学生是否需要它，新的教学内容是否适合它，而不是单向地输送“我眼中学生需要的东西”。同时，对于教学方式的选择，我始终认为，混合式学习方式也好，其他教学方式也罢，只是用来帮助我们更好地实现教育目的的路径和形式而已，在选择混合式学习方式前，一定要进行的思考是：教学内容是否适合使用混合式学习方式？教学主题和目标是否一定要通过这样的教学方式才能实现？除此之外，我们还需要经常思考：在常规教学条件和形式下实施教学活动，所有学生是否都能够学得好？如果觉察到一部分学生在一定的教学内容上，依托常规教学方式是有所欠缺的，就可以考虑使用混合式学习模式，但前提仍然是要判断哪些内容需要混合，需要什么形式的混合。

也就是说，教师要在充分考察学生的需求、认知水平和能力、兴趣爱好、学习差异特点等基础上设计教学，“以学生为主体”应该贯穿混合式教与学的整个过程。

（三）如何开展混合式教学？——可操作性和实施成本不容忽视

在第六届中国未来学校大会最后，钟绍春教授对于如何开展混合式学习提出了建议，教师陈有志将之概括为“筛选内容、筛选路径、筛选工具、可行性分析以及问题链分析”。此概括非常精练，值得我在未来的课程设计中尝试学习。然而，令我印象更为深刻的是钟教授提出的两点建议。第一点是，要考虑课程的可操作性和实施成本。尤其要考虑时间成本，折中考虑实施成本的问题，非但没有促进教学效果反而增加负担的方式，一定是不可取的。第二点是，要对教学效果有明确预期（你希望学生形成什么样的能力），并且量化标准，分类分层地设置内核问题任务（尽可能少但能够覆盖教学目的），从内核问题任务到基础知识形成量化的课程图谱，基于全过程评价学生的学习效果。

以上是我对此次参加混合式学习课程设计的感悟和理解，分享至此，欢迎大家批评与指正。最后我想说，教育是面向未来的事业，研究中国未来教育的发展趋势，对推进发展教育有着极为重要的意义。中国教育科学研究院未来学校实验室的建立，勾连了过去、现在和未来，让教育图景愈加清晰，为教育发展、教学发展、教师发展提供了更专业的平台、路径和方向。

感恩此次相遇，希望中国未来学校越办越好，未来教育发展越来越好！

参考文献

[1] 佘双好，马国亮．当代青少年身心健康发展的新特点与对策．青年探索，2010（5）．

[2] 杨碧秀，袁国桢，蒋小娟，等．中小学生心理问题及干预对策研究．中国临床心理学杂志，2006，14（3）．

[3] 金建水，刘兴华．儿童和青少年学生群体的正念教育：正念作为新的心理健康教育方式的探索．首都师范大学学报（社会科学版），2017（2）．

[4] 彭震东．混合学习理念下网络课程设计研究：以中职生心理健康课程为例．上海：上海师范大学，2015.

[5] 刘兴华教授“正念研习”微信公众号相关资源。

闫容玥，女，北京师范大学应用心理学硕士研究生，中国人民大学附属中学分校心理教师。第六届中国未来学校大会混合式学习 TOP10 领袖教师。

第四章

小学案例

小学的案例中涉及的工具和平台更为丰富，如音乐的案例借助微信公众号这一常见的媒体工具，并将其运用到教学中，让学生通过完成线上自主学习任务，对照学习流程图，在课前、课中和课后有针对性地对一个主题展开学习，有效支撑个性化学习。小学案例的“鱼类”，借助问卷星、NOBOOK 教学平台及虚拟实验，还有的案例通过钉钉软件开展混合式学习。当我们掌握的技术手段更多、更熟练时，混合式学习必将成为一种常态化教学方式。

第一节 印刷术的由来和发展

一、主题分析

以往的学校教育，教学形式一直是以教师为中心，学生被动地听教师的讲解与介绍。但在新冠肺炎疫情期间，一种全新的线上与线下相结合的教学模式逐渐受到广大教育工作者的重视与青睐，这就是混合式的教学和学习活动。这种方式有效地保证了学校“停课不停学”。

与过去十几年中被广泛应用和普遍接受的线上教学相比，混合式学习可以被视为一种不断演进的教学模式，这种模式强调将各种数字化教学方法应用于日常课堂中，为学生打造数字化的互动课堂氛围，同时极大地确保远程接入的学生获得亲临现场的体验。本研究以教育研究课题“基于小学道德与法治的混合式学习设计研究”的成果为指导，以钉钉软件、希沃白板等平台为依托，探索实践了线上线下相结合的混合式学习模式。

混合式学习，不仅仅是线上学习和线下学习的简单结合。我校一贯秉承综合发展的教育理念，针对当前疫情形势，我校道德与法治学科开设了以“四大发明”为主题的教学内容。混合式学习的线上环节并不局限于时空，其拥有的大量资源充分关照学生主体的差异，引导学生自己去选择；线下讲解道德与法治的内容，能以师生面对面的方式，培养学生的民族自豪感。相较于传统的教学模式，混合式学习模式能更加准确地把握课堂时间，更加丰富教学内容，显著提高学习成绩。这为资源丰富、需要情感传递的课堂提供了参考。

混合式学习，将在线教学和传统教学这两种组织形式的优势结合，有效地引导学习者向深度学习转变。小学《道德与法治》的混合式学习课堂更适合小学中、高学段，相较于小学一、二年级，小学中、高学段的学生对电脑的操作更加熟练，对网络的自控力更好，有更好的信息检索能力和小组合作能力。小学中、高学段的学生更加应该打破书本中有限知识的限制，随时丰富自己的课外认知。教师在线上课堂激发学生兴趣的同时，还应在线下课堂培养学生的爱国情怀。

本案例选自人民教育出版社部编版《道德与法治（五年级上册）》第 9 课“古代科技耀我中华”中第四个板块“改变世界的四大发明”中的“印刷术”的内容。编写的依据为《道德与法治课程标准（2022 年版）》学段目标第三学段（5～6 年级）政治认同第一、第二条：“初步了解国情，具有维护国家利益和祖国尊严的意识与行动，形成中国人的身份认同感”；“了解中华优秀传统文化的主要代表性成果及其意义，为中华民族创造的文明成就感到自豪”。因此，本课要加强学生对国家大事的关注，培养学生的爱国情怀，让学生把这份爱祖国的情感转化为爱祖国的行动，为祖国的第二个百年奋斗目标贡献自己的力量。另外，科技文明是我国古代文明的重要维度，我国古代的科技成就能从一个侧面反映出我国有着悠久灿烂的古代文明。让学生了解古代中国科技史的基本常识，十分有助于学生建立民族文化认同，培养学生的民族自信心、自豪感以及对祖国科技文化遗产的珍爱之情。

二、学习流程

本课使用混合式学习模式，将道德与法治学科中“印刷术的由来和发展”这节课进行了案例分析。本课以学生为中心设计学生活动，充分利用线上学习和线下学习，引导学生自主学习以及积极探索，主动地获取更多的知识。如表4-1-1所示，本案例包括四个部分：第一部分，线上教学（E-learning）；第二部分，自主研学（independent learning）；第三部分，小组合作（cooperative learning）；第四部分，线下教学（offline learning）。我校根据具体的案例实施和推广，构建了混合式学习的模型（EICO 模型）。

通过线上讲解印刷术的由来和发展，根据学生接受程度的差异，给学生布置不同难度的作业。在学生完成作品展示以及小组合作的过程中，教师实时评价，及时调整线下教学方案。最后在进行线下教学中，补充感性教育，培养学生的家国情怀。EICO 模型，坚持以学生为中心，构建学习流程，让学生主动参与、乐于探究、勤于动手，在潜移默化的熏陶中，增强国家认同。根据学生不同的接受程度，给学生布置不同难度的作业。学生通过小组合作进行思维导图的绘制，完成作品并展示。这让学生既可以获得知识，又可以获得能力。本混合式学习案例无论是对于学生掌握知识，还是对于培养学生的家国情怀都具有显著的作用，具有推广价值。

表 4-1-1 学习流程

	教学环节	教学形式	时间安排	学生学习方式
第一部分	线上教学	线上教学	10 分钟	独立自学
第二部分	自主研学	线下教学	自由时间	独立自学
第三部分	小组合作	线下教学	自由时间	学生共学
第四部分	线下教学	线下教学	40 分钟	师生共学

三、学习准备

（一）教学环境

1. 线上教学

在线上教学阶段，学习借助钉钉软件。在课前，教师将本课的内容录制成视频，或选择直播的形式向学生讲解本课的知识点；在课后，教师也可以对学生提出的问题在线进行反馈。同时，如果有作业或其他形式的作品，学生可以在完成作业后进行拍照并上传，教师可以利用钉钉软件查看学生的作品，及时在线上进行点评。通过对作业情况进行分析，教师能够随时掌握学生的学习效果以及知识掌握情况。同时，钉钉软件还有其他方面的功能，比如学生观看的时间、时长以及学生是否进行了回看等信息，教师在后台都能及时地获取，这也进一步增强了教师对本课的把握。本案例选择的是课前录制视频，将录制好的视频上传至钉钉软件，学生可以随时随地地观看本课的内容。

2. 线下教学

在线下教学中，除了常规教学所用到的黑板、PPT、视频以外，我们还借助了希沃白板的星球资源。在进行线上学习之后，学生普遍对印刷术的传播有一定的困惑。在讲解印刷术的传播时，为了让学生更直观地看出印刷术是怎样进行传播的，课堂中借助了希沃白板的星球资源，这样可以随意地切换不同国家以及不同地点，直观地展现印刷术的传播路线，并使学生对相应国家的位置有初步的了解。

在本案例中，教师借助希沃白板的星球资源，为学生讲解印刷术向东传播到朝鲜、日本，向南传播到越南、菲律宾，向西传播到欧洲各国的过程。通过引导学生学习印刷术的传播路径以及传播范围，学生了解了中国灿烂的科技成就，激发了学生的爱国主义情感和民族自豪感。

（二）适合学生的资源

本课适合学生的资源如表 4-1-2 所示。

表 4-1-2　适合学生的资源及网址

名称	网址
中国微课网	网站：http：//www. cnweike. cn/
长春市教研室	微信公众号：长春市教研室
网易公开课	可汗学院网站：https：//open. 163. com/khan/
小学学科网	网站：http：//www. xuekeedu. com

四、学习目标

知识与能力：了解活字印刷术的出现及发展概况，知道雕版印刷术的弊端，了解活字印刷术的传播过程。

过程与方法：通过分析史料，探究雕版印刷术的弊端，提升历史信息归纳能力。通过观看资料深入理解活字印刷术的发展历程，提升历史问题探究能力及历史语言表达能力。

情感态度与价值观：通过学习活字印刷术的发明和发展，了解中国灿烂的科技成就，激发学生的爱国主义情感和民族自豪感。

五、学习过程

（一）自主学习单

教师课前发布“印刷术的由来和发展”学习任务单（见图 4-1-1），通过回顾旧知、探索新知，让学生对上节课“造纸术”的知识进行梳理，并在本课前搜集有关印刷术的资料，从而在课前对本课的知识有初步的了解。通过提出疑问（“关于本节课你还有什么疑问？”），让学生在线上学习后进行独立思考。

“印刷术的由来和发展”学习任务单

班级：　　　　　姓名：

回顾旧知：

在没有纸之前，最早的文字都刻在____和____上，叫甲骨文。

可是甲骨得来不易，所以人们又把文字刻在了____和____上。

春秋时期发明了____，但刻字数量有限。携带起来很不方便。

探索新知：

大约在隋朝，人们从___中得到启发。在人类历史上最早发明了雕版印刷术。

把硬度较大的木材刨平、锯开，表面刷一层稀浆糊，然后把写好字的透明薄纸，字面向下贴在木板上，干燥后用刀雕刻出____、____的文字，成为凸版。

关于本节课你还有什么疑问？

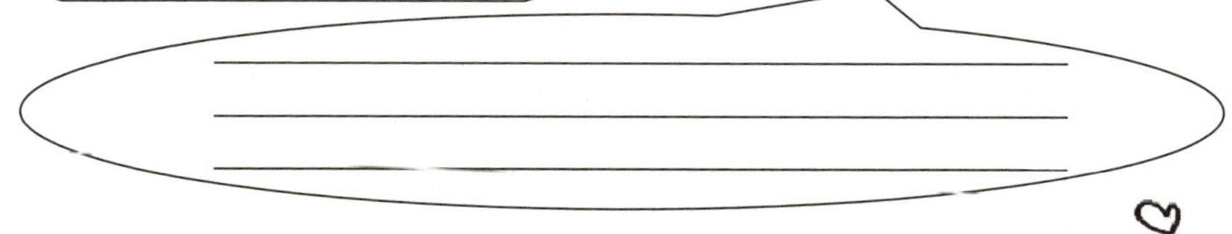

图 4-1-1　学习任务单

（二）具体流程

本课的具体流程如表 4-1-3 所示。

表 4-1-3　具体流程

环节	教师活动	学生活动	意图
课前准备	准备自主学习单	打印好自主学习单	课前预习
第一部分 线上教学 教学形式：线上教学 时间安排：10 分钟 学生学习方式：独立自学	利用钉钉软件展示有关四大发明的邮票，导入本课。	学生准备好自主学习单并在钉钉软件上观看视频。	引导学生回顾中国古代四大发明，引出本课的内容——印刷术。
	带着问题进入线上教学。	问题一：这是四大发明中的哪一项发明？ 问题二：这种发明有什么特点？	根据教师展示的内容对自主学习单进行补充和完善。
	展示各朝代造纸术、印章和雕版印刷术的动图。	学生带着问题学习。	学习印刷术的由来。
	介绍雕版印刷术的弊端。	学生思考印刷术对于人类文明的意义。	了解印刷术的发展过程。
	介绍毕昇改良的活字印刷术。	学生归纳活字印刷中的创新处：反文单字、灵活拆版。	简单归纳活字印刷中的创新处。

续表

<table>
<tr><th>环节</th><th>教师活动</th><th>学生活动</th><th>意图</th></tr>
<tr><td rowspan="4">第一部分
线上教学
教学形式：线上教学
时间安排：10分钟
学生学习方式：独立自学</td><td>通过年代轴介绍宋朝以后还有木活字转轮排字盘和铜制活字印刷术等。</td><td>结合课前查阅的资料，学生了解印刷术的发展过程。</td><td>锻炼学生的自主学习意识。</td></tr>
<tr><td>展示现代激光印刷技术。</td><td>了解现代的印刷术。</td><td>学习印刷术的发展。</td></tr>
<tr><td>说明土豆印章的制作过程，布置星级作业。 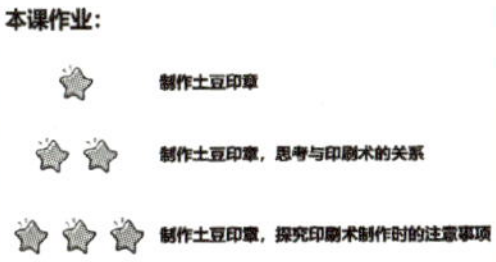
本课作业：
★ 制作土豆印章
★★ 制作土豆印章，思考与印刷术的关系
★★★ 制作土豆印章，探究印刷术制作时的注意事项</td><td></td><td>选择自己合适的难度进行探究式学习。</td></tr>
<tr><td colspan="3">混合式学习，引导学生自主学习，培养学生的学习兴趣以及学习动力。在线上教学之前，课前布置学习任务单，让学生利用课余时间查看教师布置的预习任务。
印刷术的由来和发展 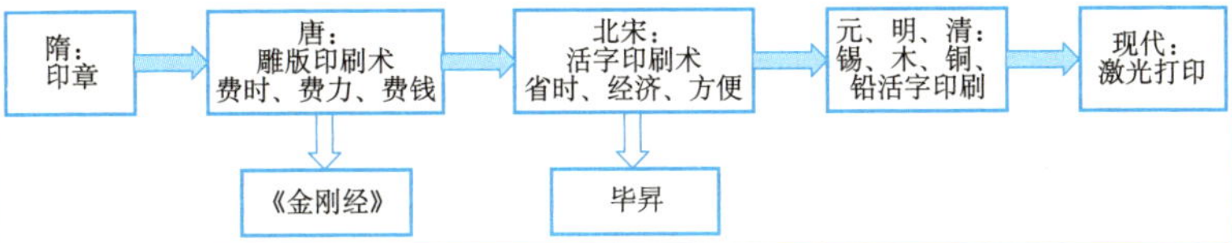
隋：印章 → 唐：雕版印刷术 费时、费力、费钱 → 北宋：活字印刷术 省时、经济、方便 → 元、明、清：锡、木、铜、铅活字印刷 → 现代：激光打印
唐 ↓《金刚经》
北宋 ↓ 毕昇</td></tr>
<tr><td rowspan="2">第二部分
自主研学
教学形式：线下教学
时间安排：自由时间
学生学习方式：独立自学</td><td>对接受程度好的学生加深难度，对接受程度不好的学生进行单独讲解。
及时点评。
后台查看学生的数据，随时掌握学生的学习情况。</td><td>学生独立完成作业。</td><td>培养学生的学习兴趣以及学习动力。
根据后台数据，教师可以通过分析数据获得学生的学习喜好以及学习习惯。根据学生的不同喜好，可以实现个性化的学习内容推送。</td></tr>
<tr><td colspan="3">在与各学生小组沟通的过程中，尊重学生的差异，并且对学生进行个性化教学。学生可以在课余时间随时进行线上学习，这可以培养学生的自主学习能力，以及自主学习习惯。本节课，学生在完成作品后进行拍摄并上传。教师可以随时查看后台数据，在看到学生的作品后，及时进行点评。本阶段主要培养学生的归纳能力和探索精神。</td></tr>
</table>

续表

<table>
<tr><th>环节</th><th>教师活动</th><th>学生活动</th><th>意图</th></tr>
<tr><td rowspan="2">第三部分
小组合作
教学形式：线下教学
时间安排：自由时间
学生学习方式：学生共学</td><td>关注每个小组的成果，对每个小组的成果进行点评。</td><td>学生根据自己学习到的知识与同学进行沟通与交流，与小组其他成员一同完成本小组的思维导图的绘制。</td><td>小组合作阶段，在增加动手实践的同时，能促进师生之间的交流和互动。在小组合作阶段，学生以解决问题为核心，将生生、师生相互连接，教会学生由“答”到“学”再到“问”，从学习中获益。</td></tr>
<tr><td colspan="3">在小组合作阶段，学生可以根据自己学到的知识进行沟通与交流，与小组其他成员一同完成本小组的思维导图的绘制。</td></tr>
<tr><td rowspan="6">第四部分
线下教学
教学形式：线下教学
时间安排：40分钟
学生学习方式：师生共学</td><td>对学生提出的问题进行归纳总结，主要分为印刷术的意义、印刷术的演变、印刷术的传播、印刷术的影响，以及其他知识。</td><td>学生向教师提出遇到的问题。</td><td>了解中国灿烂的科技成就。</td></tr>
<tr><td>向学生介绍印刷术的演变。</td><td>学生加深对印刷术的认识。</td><td>了解印刷术的演变。</td></tr>
<tr><td>印刷术具有思维方式突破、应用效果突出、影响深远三方面意义。</td><td>学生认识到印刷术是我国古代人民的劳动结晶。</td><td>了解印刷术的意义。</td></tr>
<tr><td>利用希沃白板讲解印刷术的传播过程，并与学生互动。</td><td></td><td>通过学生自己动手操作，让学生了解到印刷术的传播路径以及传播范围之广，激发学生的爱国主义情感和民族自豪感。</td></tr>
<tr><td>教师讲解印刷术的出现及其对贸易文化、世界文化的积极影响。</td><td>学生了解到印刷术促进了文化的传播，使书籍和资料得以流传至今。</td><td>印刷术的出现方便了人们印刷书籍、传播知识，为地区交流创造了条件。</td></tr>
<tr><td>根据小组汇报的结果，将未能归纳的知识点归为其他知识，向学生普及更多知识。</td><td>学生获取丝绸之路相关知识以及其他知识。</td><td>对“一带一路”进行知识拓展，不仅能让学生增长知识，更能开阔学生的视野。</td></tr>
</table>

续表

环节	教师活动	学生活动	意图
第四部分 线下教学 教学形式：线下教学 时间安排：40分钟 学生学习方式：师生共学	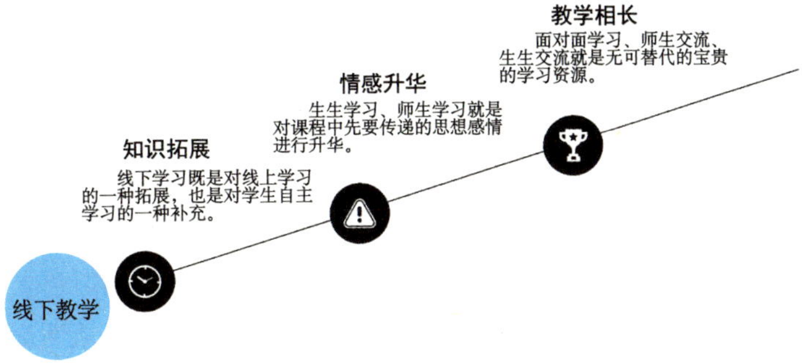 教学相长 面对面学习、师生交流、生生交流就是无可替代的宝贵的学习资源。 情感升华 生生学习、师生学习就是对课程中先要传递的思想感情进行升华。 知识拓展 线下学习既是对线上学习的一种拓展，也是对学生自主学习的一种补充。 线下教学 在线下教学过程中，教师需要在讲解时针对学生的问题进行深化讲解。在这个过程中，不仅有过程性评价，还有总结性评价，只有过程性评价和总结性评价相结合，才能促进混合式教育持续发展。		
总结	利用线上学习，对知识点进行讲解；利用线下学习，对知识点进行吸收。线上自主学习、小组合作、线下学习三者协调统一，并及时进行反馈。		

（三）学习评测例题

1. 选择题

（1）王选被誉为“当代毕昇”。北宋毕昇发明了（　　）。

A. 指南针　　B. 火药　　C. 活字印刷术　　D. 造纸术

（2）大约在（　　），人们从印章中得到启发，在人类历史上最早发明了雕版印刷术。

A. 隋朝　　B. 宋朝　　C. 元朝　　D. 唐朝

2. 材料分析题

北宋时期，我国印刷术的发展出现了新飞跃。据考古发现，当时采用新印刷术印制的书籍，字体工整，装订精美，但也出现了个别文字方向颠倒的现象，这可能由排版疏忽所致。

印刷术的新飞跃是指什么？写出你的判断依据。

六、案例自评

本课使用混合式学习模式，选取道德与法治学科中“印刷术的由来和发展”这节课进行了案例分析。本课以学生为中心设计学生活动，充分利用线上学习和线下学习，学生通过自主学习以及积极探索，能够主动地获取更多的知识。通过对我校现阶段五年级和六年级学生的成绩进行分析，确定学生的学习层次，对学生进行分层教学，以便于知识的强化巩固和稳步提升。通过混合式学习取得的成绩与单一的线下学习取得的成绩相比，提高了 4%。

在课堂上运用线上线下一体化教学模式，既能使学生在学习的过程中更加全面地充实自己，又能使学生在学习基础知识的同时培养爱国情怀，另外，混合式学习模式也适应未来教育的发展，有利于提高教育质量。当然，线上线下混合教学不是简单的混合教学，而是更多地优势互补，最大限度地发挥线上线下教育在小学道德与法治教学中的作用。因此，教师在混合式学习模式的应用中需要考虑多种设计，既满足学生的实际需要，又能够有所创新，从而促进学生对国家未来发展的认识，提高自己的思想意识，努力把自己的理想与国家的发展结合起来，为国家发展做出应有的贡献。

韩琳杉，女，中共党员，延边大学理学硕士，长春吉大附中力旺实验学校教师。第六届中国未来学校大会混合式学习 TOP10 领袖教师。

第二节 聆听《彼得与狼》

一、主题分析

交响童话《彼得与狼》是以交响童话为题材的古典音乐欣赏课，古典音乐的音乐学系，是进行一切音乐鉴赏活动的基础。我以教育研究课题“小学音乐学科混合式学习教育教学模式创新研究”的成果为指导，以个人微信公众号“Teacher 闫”平台（见图 4-2-1）为依托，探索实践了线上线下混合式教学模式。

将传统学习方式的优势与网络化学习的优势结合起来，对于本课中不易理解的音乐描绘和解说词，让学生通过完成线上自主学习任务，对照学习流程图，在课前、课中和课后，有针对性地对一个主题展开学习，有效地支撑个性化学习。这样，不仅可以使学生从故事中受到教育，而且可以使学生了解到乐曲中各个角色的不同性格特征，以及各种乐器的音色和表现力。

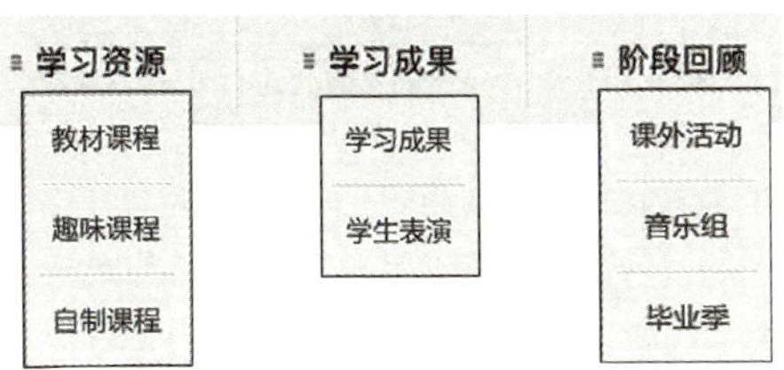

图 4-2-1　"Teacher 闫"平台

以《聆听〈彼得与狼〉》——"小鸟"主题为例，教师首先引导、启发、监控学生完成自主学习任务，有针对性地对一个主题展开学习，有效地支撑个性化学习。学生通过图文并茂、生动有趣的微课，掌握一个知识点，从而激发学习的主动性、积极性，自主地进行音乐欣赏。通过混合式学习，可以帮助学生更加清晰、直观地了解乐曲，并能根据学习愿意自主进行欣赏。

二、学习流程

本课的学习分为课前自学（见图 4-2-2、表 4-2-1）、课堂导学（见图 4-2-3、表 4-2-2）和课后拓展（见图 4-2-4）三部分。

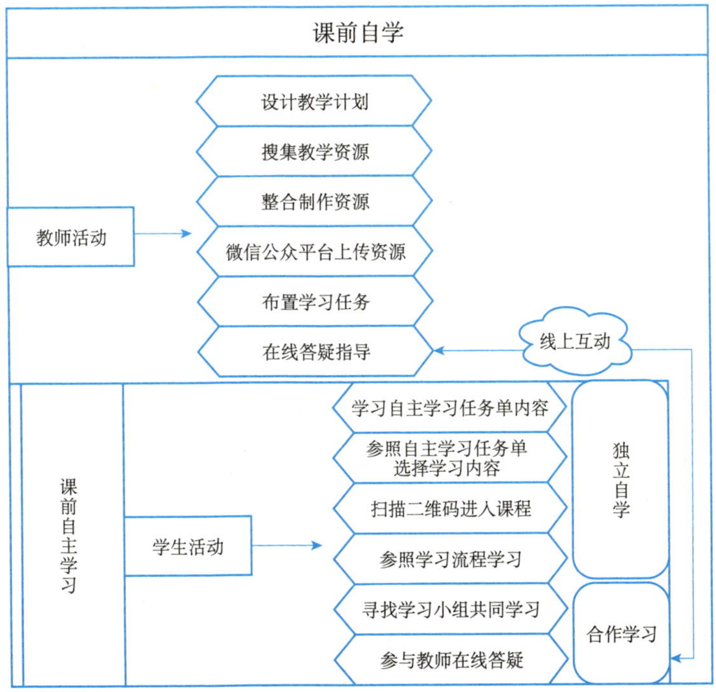

图 4-2-2　课前自学流程

表 4-2-1　课前自学流程

课前自学	学生按照自主学习任务单，利用课余时间进入教师的个人教学微信公众平台，自学《聆听〈彼得与狼〉》课程中的相关内容，完成知识点测试和作业。
线上	自学（自由选择想要学习的内容，自主排序学习）。
线下	小组合作学习（小组讨论后确定表演内容，共同学习）。
设计意图	课前通过线上自学了解学习内容，课堂上小组成员根据自己自学的成果表达交流，确定表演的内容。

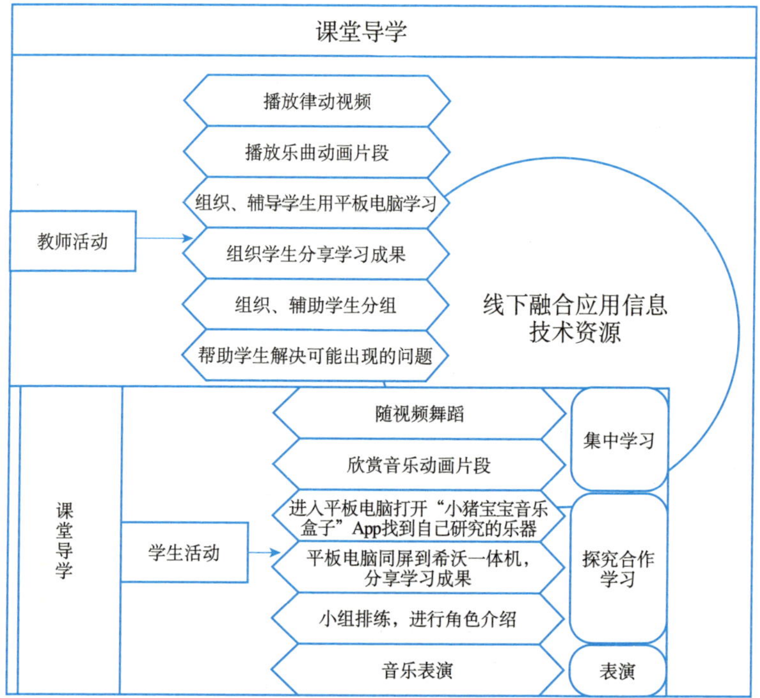

图 4-2-3　课堂导学流程

表 4-2-2　课堂导学流程

课堂导学	学生按照教学环节实施线下面对面课堂授课。
环节一	
线上	律动。
线下	自由练习。
设计意图	放松身心，活跃气氛，锻炼身体。
环节二	
线上	分别进入各部分主题： （1）聆听音频片段，感受乐器的音色特点； （2）阅读文字介绍，了解学习内容； （3）观看微课视频，了解乐器的音色特点和演奏方式，感受相应乐器在乐曲演奏中呈现的效果。

线下	自主探究互助学习，熟悉演奏乐器的外形、名称和音色。
设计意图	按照线上课程内容设置循序渐进地学习，逐步形成听、看、想的思维习惯。通过线上学习了解并熟悉相关西洋乐器的外形、音色特点及主题内容，在线下课堂能直接使用平板电脑中的软件找出相应的乐器，增强乐器辨识能力和电子产品操作能力。
环节三	
线上	做测验习题检测自学成果。
线下	小组讨论，总结学习内容，能够同屏展示、分享学习成果。
设计意图	在线上学习后，直接通过微课中设置的检测题自检自测学习效果；在线下课堂中，参与小组讨论，分享学习心得，并能通过希沃一体机同屏演示，与全班同学分享学习成果。
环节四	
线上	观看拓展资料视频。
线下	结合自己小组中人员的特点，分角色介绍展示。
设计意图	线上观赏拓展资源，丰富学习内容，加深体验，增强学习的趣味性，激发学生模仿表演的创造热情，使学生在线下课堂中有更多的动力和积极性参与小组表演。
环节五	
线上	完成小测验。
线下	自主组队配乐表演。
设计意图	检验学习成果，巩固聆听能力，发展学生的表演能力。
课后拓展	线上线下均可，主要是对课堂内容的讨论升华。

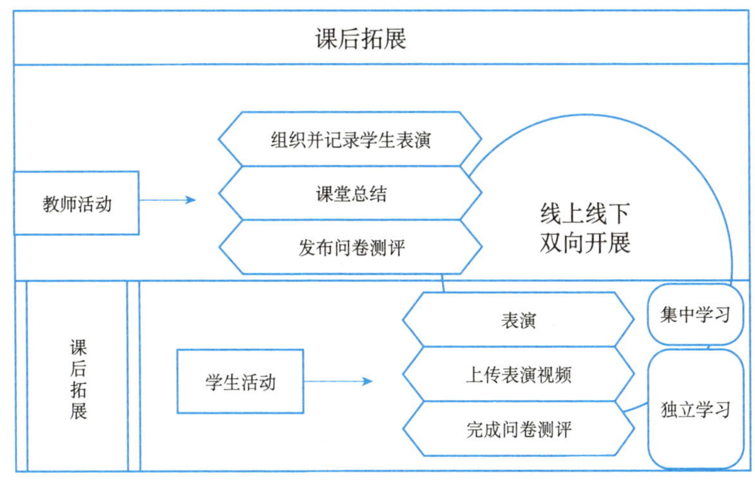

图 4-2-4　课后拓展流程

三、学习准备

本课信息资源较为丰富，有高质量的学习资源和学习成果案例，教师所做的主要工作，是优化设计教学内容。一方面将教学内容模块清晰化、知识点系统化，另一方面按照学习设计重组教学内容，在教案设计、微课教学以及课后习题等方面充分体现混合式学习模式这一理念。本课的学习准备如表 4-2-3 所示。

表 4-2-3 学习准备

<table>
<tr><td colspan="3">教学环境</td></tr>
<tr><td colspan="3">线上平台：互联网、微信公众平台、微信、腾讯 QQ 等。</td></tr>
<tr><td colspan="3">线上作业平台：问卷星小程序、老师助手小程序等。</td></tr>
<tr><td colspan="3">线下：学校、班级、教室等。</td></tr>
<tr><td colspan="3">学习设备</td></tr>
<tr><td colspan="3">电脑、手机、平板电脑等电子产品。</td></tr>
<tr><td colspan="3">学习资源</td></tr>
<tr><td>分类</td><td colspan="2">内容</td></tr>
<tr><td>音频</td><td colspan="2">配乐故事、各主题角色典型旋律片段。</td></tr>
<tr><td rowspan="2">视频</td><td>系列微课。</td><td>各主题角色微课。</td></tr>
<tr><td>多种表现形式的乐曲。</td><td>交响乐团表演。
迪士尼动画中文版。
曲谱绘本版。
木偶剧版。
芭蕾舞剧版。
动画短片及删减版。</td></tr>
<tr><td>图片</td><td colspan="2">课程及各主题角色、乐器、二维码。</td></tr>
<tr><td>文本</td><td colspan="2">故事、作者、作品、各主题角色（小鸟、彼得、鸭子、小猫、爷爷、猎人、狼）、演奏乐器、乐器特色简介。</td></tr>
<tr><td>网站</td><td colspan="2">微信公众平台。</td></tr>
</table>

四、学习目标

（一）教学目标

（1）能认识、听辨出交响童话《彼得与狼》中代表七个角色的乐器的音色，了解相关西洋乐器，感受作品的内容与形式。

（2）通过逐个进行各内容微课的学习，更加清晰地理解什么是交响童话。

(3) 线上及线下相结合开展学习活动，通过多媒体资源视听教学、教师指导、赏析、小组合作学习、学生自主讨论、表演等方式方法，提高学生的音乐感受力、鉴赏力、表现力等。激发学生应用现代技术学习的兴趣，培养学生的信息技术应用能力和自学思考能力。

(二) 教学重点

通过扫描二维码进入公众号观看学习资料进行学习，能听辨出交响童话《彼得与狼》中各角色的主题音乐，能听辨出演奏各角色的乐器。

(三) 教学难点

通过操作学习，能在交响童话《彼得与狼》的音乐中听出不同的乐器所塑造的不同人物和故事情节。

五、学习过程

(一) 第一阶段：布置教学任务，课前自学

教师采用翻转课堂模式，通过班级微信群、QQ 群发布课程内容，布置作业。本阶段的学习环节如表 4-2-4 所示。

表 4-2-4　学习环节

环节一：推送学习资料。	
教师活动 1 为学生提供完整的教学流程图。	学生活动 1 按照自学任务单要求，自学“小鸟”主题相关内容，对疑难问题自由地进行网络分组讨论，准备课堂发言。
活动意图： 引导、帮助学生养成良好的学习习惯，学会自主学习。	
环节二：学生在课外进行线上自主学习。	
教师活动 2 提供二维码和文字链接两种进入学习的方式。	学生活动 2 扫描二维码，关注教师教学微信公众号后进入学习。
活动意图： 省去注册等烦琐程序，使用更方便快捷，并在一定程度上有效保护了学习者的信息。	
环节三：选择相关内容（“小鸟”）主题微课资源，有针对性地开展个性化学习，实现按需学习。	
教师活动 3 教师答疑。	学生活动 3 选择并确定自己的学习内容，进行线上自学。

活动意图： 当在线上学习过程中有任何问题时，学生可以通过 QQ 私聊教师提问或反馈学习心得。教师可以将问题分类，并在线下进行总结和复习指导。

（二）第二阶段：课堂导学

线下融合应用信息技术资源，师生面对面授课。本阶段的学习环节如表 4-2-5所示。

表 4-2-5　学习环节

环节一：课前热身律动。	
教师活动 1 组织学生进行律动。	学生活动 1 跟随视频跳舞。
活动意图： 通过互联网搜集新鲜有趣的舞蹈，将其作为课前热身律动的内容，能迅速活跃气氛，并且表演者都是专业人士，能更好地示范动作，发挥多媒体教学的最大优势。	
环节二：音乐动画视频欣赏。	
教师活动 2 播放同名动画片段。	学生活动 2 课堂学习欣赏。
活动意图： 化抽象为具象，使聆听更直观、生动、有趣。	
环节三：自主探究互助学习。	
教师活动 3 辅助学生分组学习。 巡视指导。 把控流程，引导介绍。	学生活动 3 通过平板电脑应用市场中的 App“小猪宝宝音乐盒子”，熟悉演奏乐器的外形、名称和音色。 通过探究，听辨出代表角色的演奏乐器。 通过大屏幕展示、分享学习的成果。
活动意图： 掌握电子产品应用商店的用法，调动学生的学习兴趣，使学生在学习中拓展思维，提升观察、思考能力，提升实践操作和表达能力。	
环节四：深入感悟。	
教师活动 4 引导学生总结出七个角色，组织学生分组。	学生活动 4 小组排练，分组进行角色介绍。
活动意图： 训练协作能力，激发表演热情。	
环节五：拓展训练——表演（第 2 课时）。	

教师活动 5 帮助学生解决可能出现的问题。	学生活动 5 学生主动进行音乐表现，与同学愉快地进行角色扮演。
活动意图： 加深体验，增强学习的趣味性，激发学生模仿表演的创作热情。	

（三）第三阶段：课后拓展，评价展示，做复习问卷

对照自主学习任务单（见节后附录）以及对课上交流表演的理解，完成学习情况调查问卷。本阶段的学习环节如表 4-2-6 所示。

表 4-2-6　学习环节

环节一：展示学习成果。	
教师活动 1 拍摄，总结。	学生活动 1 线下进行课堂表演，线上通过 QQ 或微信小程序“老师助手”上传学习成果。
活动意图： 帮助学生持续反思学习效果，激发学生的学习兴趣，调动学生的参与积极性，有利于促进学生进行深度思考。	
环节二：完成问卷测试。	
教师活动 2 发布问卷测试。	学生活动 2 扫描小程序码或二维码，完成问卷星学习情况调查问卷。
活动意图： 根据数据，帮助教师了解教学质量，及时反馈课堂教学问题，便于教师了解教学动态；更有力地服务于有能力的学生，拓展学习领域，满足更高的学习要求。	

六、案例自评

从认知科学的角度来说，学习是一个将知识由短期记忆转化为长期记忆的过程。主动学习的效果是最好的。

运用混合式学习模式，学生独立学习在线课程，自主决定观看的内容和时间，在一定程度上对学习有了更大的主动权。在学校进行听辨练习、讨论设计音乐表演及其内容等，教师协助指导，能更有效地利用面对面的课堂学习时间。

优势和效果：

（1）实现了以学生为中心的教学设计理念。

线上线下混合式学习，将以教师为中心的教学设计转变为以学生为中心的教学设计，激发了学生在课堂上的参与热情，达到了自主学习、深度学习

的目的。

> 混合式学习模式使我改变了很多，以前只需在课上听老师讲解，听着听着容易犯困，效率不高。现在我需要把上课所学的知识点提前在线上预习一遍，并准备好任务单中遇到的问题以便上课交流讨论，我的学习主动性提高了很多。(学生施卓奇)
>
> 混合式学习模式让我对传统的教学短板有了新的认识。在混合式学习模式下，我不仅能用网络工具提前学习，也可以在线下课堂中向老师请教自己不懂的知识点，和同学们研究，这样的学习效果比以前提升了许多。(学生瞿文栋)
>
> 我认为混合式学习与传统课堂的最大区别是提高了自主学习的能力。在自学后完成课后习题可以检验学习效果，课上讨论可以加深理解，是非常好的教学方式。(学生崔梓涵)
>
> 与传统课堂感受到的最大的不同是学习主动性高。以前只听老师在讲台上讲，现在我们学生自己也是老师，通过自学清单自己想办法查阅资料完成任务，这就是主动学习的过程。它更容易接受，效果更好。(学生武欣雅)

(2) 实现了教学内容的全覆盖。

对于一般了解性内容，学生通过线上自学掌握，课堂上不做讲解。如“作曲家”“拓展知识”模块等，由学生通过自学掌握。

对于重点、难点内容，在学生线上自学的基础上，再通过线下课堂研讨，加深理解。线上线下相结合，实现了教学内容的全覆盖。线下课堂面对面授课是不可或缺的重要环节，尤其是那些体现“细节化”的成果和案例，都可以通过此环节补充给学生，增强实际教学的氛围。

通过润物无声的教育，帮助学生树立“全过程、全方位和全员参与”的自主学习理念，培养学生“自主探究、共同进步”的探究合作意识，锻造学生“精益求精和追求卓越”的学习品质和科学精神。

问题和困难：

(1) 运营个人微信公众号，需要具有较高的计算机程序操作能力；

(2) 学生在线学习后不能通过微信公众号在线提问和答疑；

(3) 无法全面实时督促学生学习；

(4) 需要投入大量时间和精力搜集素材、制作课件、录制微课 (见图 4-2-5)。

打造一门教育理念先进、思政要素齐全、专业特色突出、满足人才培养需求的优质专业课程，是教学改革的重点，教学模式改革永远在路上。充分利用融合

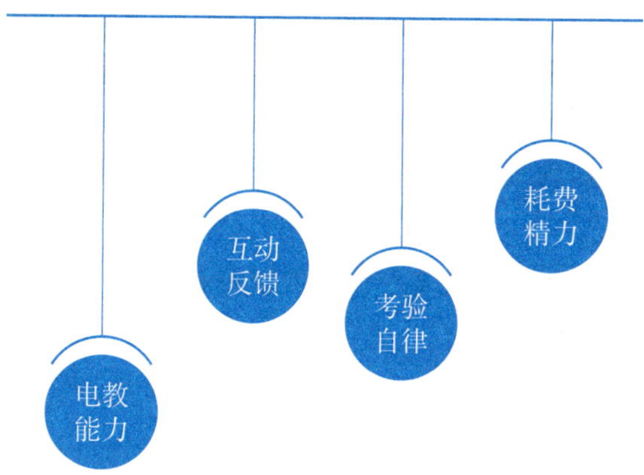

图 4-2-5 问题和困难

资源，将课程内容打磨成学生喜欢的“魔课”，让“以学生为中心”成为理所当然，是教师们共同的奋斗目标。

混合式学习，会成为未来的一种常态化学习方式。教师的专业知识、教育教学理论、新课程教学改革方案，是我在音乐教师的岗位上稳步向前的基础。无论是在网络教学中，还是在真实的校园生活中，我都希望混合式学习可以让学生感受到音乐美的音符。我志愿用双手默默耕耘音乐教育，在热爱的领域发挥长处，让美好的音乐在校园中弥漫和流淌。

附录 自主学习任务单

一、学习指南

1. 课题名称：《聆听〈彼得与狼〉》

音乐学科—人音版—小学四年级—下册—第四课“童年的音乐”

2. 达成目标

（1）利用课余时间在线上进行每个微课的学习。

（2）能认识、听辨出交响童话《彼得与狼》中代表七个角色的乐器的音色，了解相关西洋乐器，感受作品的内容与形式。

（3）激发学生应用现代技术学习的兴趣，培养学生的信息技术应用能力和自学思考能力。

3. 学习方法建议

自主学习任务单与微课配套使用，先观看微课，再完成自主学习任务单内容，课上与大家一起交流，随时参考并补充自主学习任务单中的线下内容。

线上学习：

（1）参照本任务单“五、学习流程图”操作：扫描二维码或访问链接进入课程→通过听音频、阅读文字内容、观看微课视频学习每个知识点→在观看过程中完成小测验习题。

（2）观看拓展资料视频加深对交响童话《彼得与狼》内容的理解，思考、学习可以借鉴的知识。

线下课堂：结合线上学习成果合作完成表演。

4. 课堂学习形式预告

第 1 课时：热身律动→视频欣赏→小组交流时间→演示分享学习成果→表演。

第 2 课时：自主组队表演交响童话《彼得与狼》。

二、学习任务

1. 任务（问题）设计

问题与任务层次：☑基本问题任务 □组合问题任务 □疑难问题任务

任务一：线上学习任务。

（1）乐曲作者是______________。

（2）交响童话《彼得与狼》是以____________的形式表现____________。体裁与____________类似。

（3）

交响童话《彼得与狼》{
____小鸟____主题乐器____长 笛____。
________主题乐器________。
________主题乐器________。
________主题乐器________。
________主题乐器________。
________主题乐器________。
________主题乐器________。

任务二：能听辨出本曲中西洋乐器的音色。

任务三：选择喜欢的角色，结合音乐设计恰当地表演。

2. 学习支架设计

线上学习：

学习内容	考虑问题
聆听音频	（1）这首乐曲讲述了怎样的故事？ （2）你最喜欢哪个角色？ （3）小彼得最终为什么会取得胜利？
图文内容	（1）本曲一共有几个主题角色？它们分别由什么乐器演奏？ （2）你最喜欢哪个乐器？ （3）你还知道哪些？

续表

学习内容	考虑问题
微课内容	(1) 每个主题的速度、情绪、节奏、内容分别给你什么样的感受? (2) 你能说出几个音乐主题及其代表乐器的名字? (3) 你能准确答对几个微课的测验题?
拓展内容	(1) 你最喜欢哪段视频内容? 为什么? (2) 哪个改编作品给你的创作灵感最大? 为什么?
问卷测试	你答错了几道题? 分别是什么?

线下学习:

学习内容	考虑问题
游戏软件找乐器	(1) 你是通过什么方法判断并找出乐器的? (2) 除了“小猪宝宝音乐盒子”这个 App,你还有什么好的推荐?
同屏介绍	(1) 怎样操作更直观快捷? (2) 操作中你遇到了什么问题? 你是如何解决的?
表演	(1) 你用什么方式确立了小组成员? (2) 你与其他小组成员的合作中是否遇到了问题? 你是怎样解决的? (3) 使用道具是否对表演有帮助? 你的道具是怎么做的? 它的来源是哪里?

3. 自主探究设计过程

(1) 学习线上课程,了解《彼得与狼》是怎样一种形式的音乐作品。

(2) 通过微课学习,找出学习效果最好的方式(音频、图片、文字、视频、测试题)。

(3) 查阅资料,了解西洋乐器在乐队中的应用。

三、资源链接

《彼得与狼》课程页面。

四、困惑与建议

五、学习流程图

线上学习流程图:

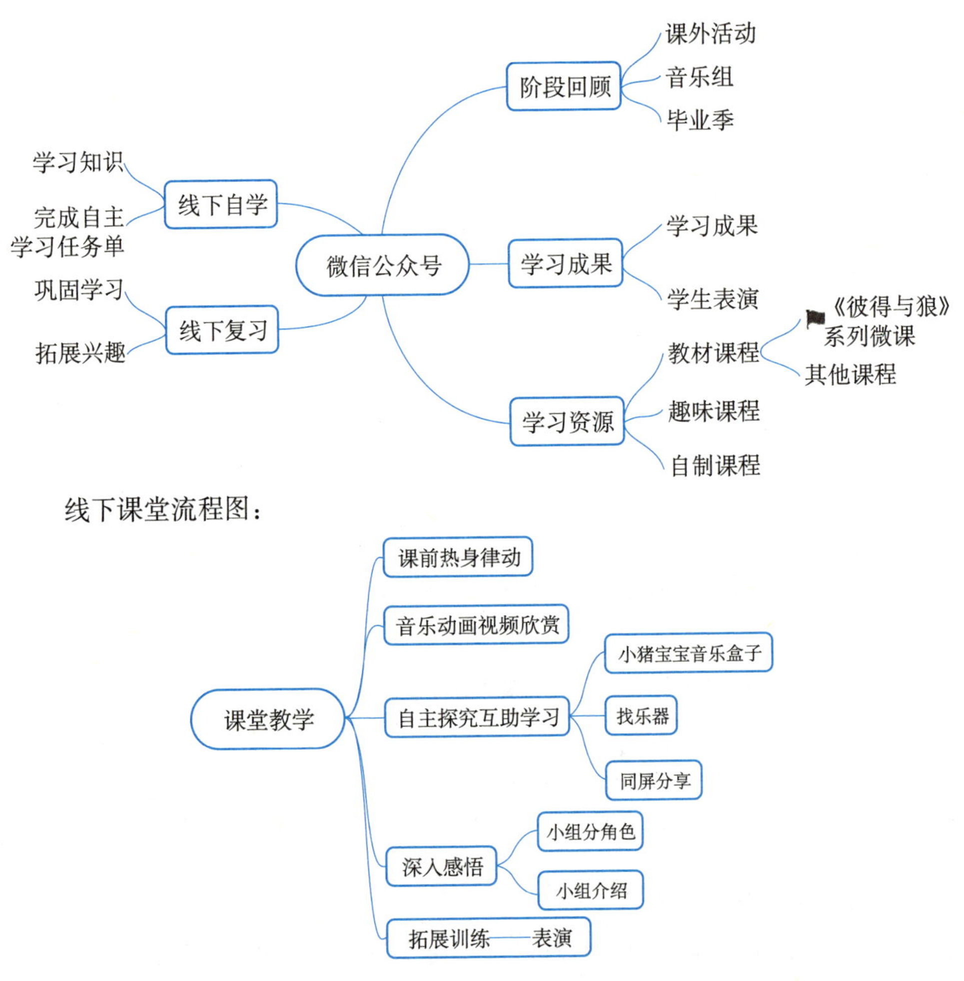

线下课堂流程图：

《彼得与狼》学习情况调查问卷
你的性别：男　女
你觉得上课使用平板电脑学习的效果好吗？　很好　一般　不好
乐曲《彼得与狼》描述了怎样的故事？
交响童话《彼得与狼》的作者普罗科菲耶夫是哪个国家的？
乐曲《彼得与狼》里面有几个角色？5个　8个　7个
鸭子的演奏乐器是什么？圆号　单簧管　双簧管
彼得的演奏乐器是什么？大提琴　小提琴　弦乐四重奏
小鸟的演奏乐器是什么？长笛　竖笛　不知道
爷爷的演奏乐器是什么？单簧管　双簧管　大管
小猫的演奏乐器是什么？单簧管　双簧管　长笛

猎人的演奏乐器是什么？定音鼓和大鼓　大鼓　定音鼓
狼的演奏乐器是什么？圆号　长号　小号
学习过程中能认真与同学合作交流。1～5 分
能认真听取其他同学的意见。1～5 分
能表达自己的观点。1～5 分
能与其他同学共同解决问题。1～5 分
能与其他同学配合。1～5 分
能明确和承担自己的分工。1～5 分
能与同学和睦相处，具备团队意识。1～5 分
你对你自己的理解和表演满意吗？1～100 分
你的姓名：

闫姗姗，女，中共党员，吉林省长春市朝阳区朝阳宽平小学校、音乐教师。第六届中国未来学校大会混合式学习 TOP10 领袖教师。

第三节　生命科学

一、主题分析

生命科学领域是小学科学 2017 年版课标中提出的四大领域之一，相对于物质领域而言，学生接触的生命科学领域相关知识更显表象，而非具体。其原因主要有两点：一是生命科学领域涉及生物的生命，触及道德范畴，无论是教师还是学生都或多或少选择避重就轻，往往有意或无意地避开一些“生命”话题。二是全国各地教材版本不同、教学条件参差不齐、师资力量稍显不均衡，导致生命科学领域教学中经常出现“一笔带过”的问题。鉴于此，笔者认为利用混合式“线上+线下”相结合的模式研究生命科学领域的知识，尤其是在中高段三四五六年级开展混合式生命科学领域学习是十分必要且可行的。

二、学习流程

小学科学生命科学领域混合式学习案例构想如图 4－3－1 所示。

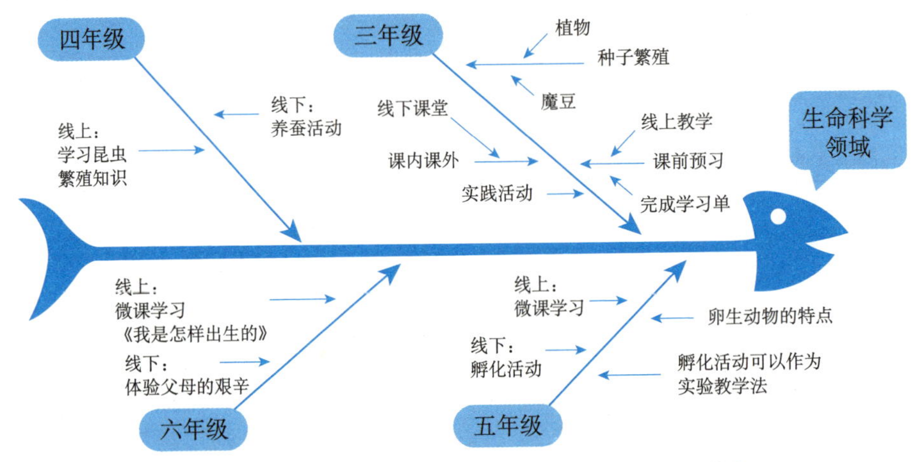

图 4－3－1　小学科学生命科学领域混合式学习案例构想

以“鱼类”一课为例，如图 4－3－2 所示，首先，课前组织学生线上预习，推荐指定网站（百度百科官网，龙巅观赏鱼网站，物种库官方网站，等等）进行课前自学，并完成相关课前预习单，预习单的设计主要包括以下内容：(1) 学生对于鱼类知识的前认知；(2) 记录自己的收获；(3) 提出值得继续研究的问题。

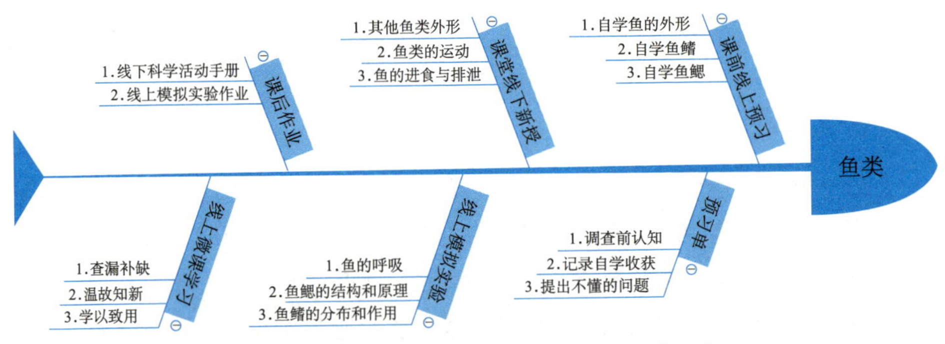

图 4－3－2　“鱼类”混合式学习教学设计思路

其次，在学生已经完成了独立的自学预习之后，利用课堂进行线下集体新授，集中学习。但与常规课堂有所不同的是，生命科学领域教学可以利用多媒体技术，如利用 3D 技术模拟生物的外形、运动、进食与排泄、呼吸原理等。比如在“鱼类”一课中，借助模式实验进行交互体验教学，鱼鳍的分布和作用（见图

4-3-3）、鱼鳃的结构和原理（见图 4-3-4）、鱼类的呼吸（见图 4-3-5）都可以通过软件进行形象逼真的演示讲解，学生一看就懂、一点就通。

图 4-3-3　鱼鳍结构

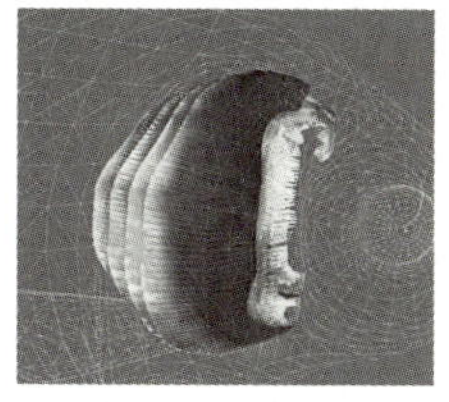

图 4-3-4　鱼鳃结构

图 4-3-5　鱼的呼吸交互动画

最后，布置课后作业。课后作业包括两部分：其一是科学课堂活动手册，要求学生当堂完成练习题，及时巩固和复习；其二是课后线上模拟实验作业，即将本课的微课《鱼类》、课堂上演示的模拟动画和交互实验以网址链接的形式发送到班级群，组织学生课后完成对应。这也是基于艾宾浩斯遗忘曲线（见图 4-3-6）而制定的学习策略。

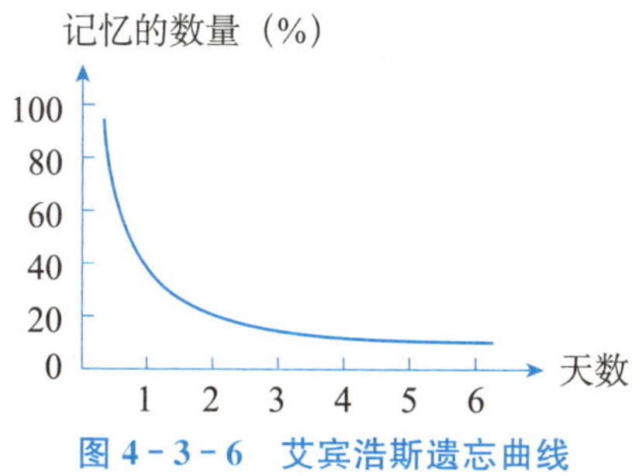

图 4-3-6　艾宾浩斯遗忘曲线

艾宾浩斯遗忘曲线所带来的启示是：我们记忆的东西，刚开始遗忘得非常快，在短短的 20 分钟内就可以遗忘 41.8%，一天几乎可以遗忘 80%，甚至可能全部都忘掉。虽然感兴趣的点有很多，但是每个人感兴趣的点其实并不一样。如果你对这个事情非常感兴趣，你就会想办法把它做好，就会想办法把它记住，人对自己感兴趣的事情是最容易记住的。

问答环节：

Q：是不是只有“鱼类”这一课或者某些特定课程才能使用这种混合式学习模式呢？

A：不是的，所有课程都可以实现混合式学习模式。

以任意一课为例：

线上课前预习：布置预习单，可以采用问卷星线上发布，或者采用表格问答发布到班级学生群调取学生的前认知，同时引导学生完成线上课前预习。

线下课堂学习：课堂集中学习，小组合作、教师讲授、动手实验、探究或验证新知。

混合式课后复习：线下课堂活动手册＋线上课后微课二次学习＋线上模拟实验全员独立练习，实现全方位、全时段、线上＋线下混合式学习。

三、学习准备

本案例的学习准备基本固定，涵盖线上资源搜索网站、线下和线上均可实现的NOBOOK小学科学教学平台、线上问卷星课前前认知调查问卷、线下学习单或导学案、线下课堂活动手册、线下课堂实验材料等（见图4-3-7和表4-3-1）。

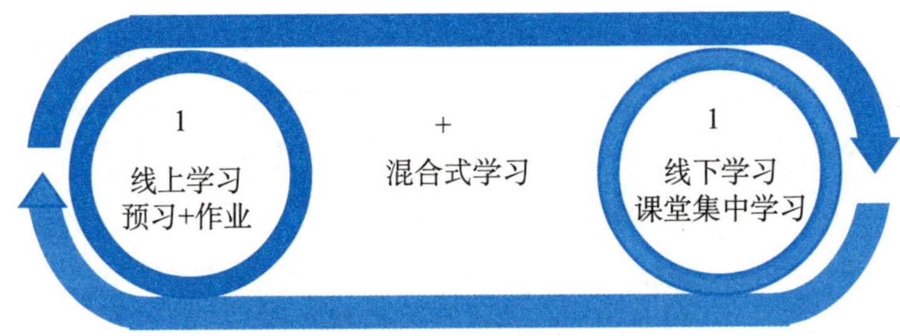

图4-3-7　学习准备

表4-3-1　学习准备

项目	教师	学生
线上学习准备	问卷星题目 学生自学参考网站 公众号微课	线上学习设备
线下学习准备	实验器材 课堂学习单 NOBOOK 教学平台及虚拟实验	课本及活动手册

四、学习目标

（一）活动目标

本课的活动目标分为四个，分别为科学知识目标、科学探究目标、科学态度目标，以及科学、技术、社会与环境目标（见图4-3-8）。

科学知识　活动目标　科学探究
科学态度　　　　　　科学、技术、社会与环境

图 4-3-8　活动目标

1. 科学知识目标

了解鱼类的主要特征，知道鱼类和其他生物体的生命活动和生命周期，认识生命的顽强和脆弱，以及生物体与环境的相互作用。

2. 科学探究目标

引导学生围绕已提出和聚焦的问题设计研究鱼类的呼吸和游泳方式的探究方案，通过收集和分析信息获取证据，经过推理得出结论，并通过有效表达与他人交流自己的探究结果和观点，能运用科学探究方法解决比较简单的生命科学领域的问题。

3. 科学态度目标

对生命科学领域充满好奇和探究热情，乐于参与观察、实验、调查、饲养等活动，能够与他人形成合作关系，学会聆听与思考，能够尊重他人的观点并客观修正自己的不足，不迷信权威，实事求是，尊重客观自然规律。

4. 科学、技术、社会与环境目标

初步了解人类活动对自然界生命体的影响，知道科技在服务人类社会的同时也会出现一些违背或影响自然的行为，应客观、辩证地看待事物。

（二）教学重点

通过活动，知道鱼类属于脊椎动物，清楚鱼类的身体结构。

（三）教学难点

通过小组合作实验，探究鱼类身体器官的主要作用。

五、学习过程

（一）课前混合式学习

1. 目标引领

课前学习的目的在于激发学生的自主学习兴趣，调取学生的前认知，解决部分学生完全有能力自主完成的问题，提出一些自主学习无法解决的问题。“鱼类”

一课的教学重点是“知道鱼类属于脊椎动物，清楚鱼类的身体结构”，对于四年级学生而言，鱼类并不陌生，无论是观赏的金鱼、龙鱼、鲨鱼等，还是食用的鲫鱼、草鱼、鲈鱼等，它们都有一些共同的特点，学生能够通过回忆，调取已有认知总结归纳出鱼类的共同特点。但是也有一部分共同特点是大多数学生无法独立归纳出的，比如鱼类是否都有鳞片、鱼类是否都有七个鱼鳍等。通过设计预习任务单，学生将“会的”和“不会的”分别记录，为课堂学习做好准备。

2. 教师活动

（1）制作问卷星调查表，内容如图 4－3－9 所示：

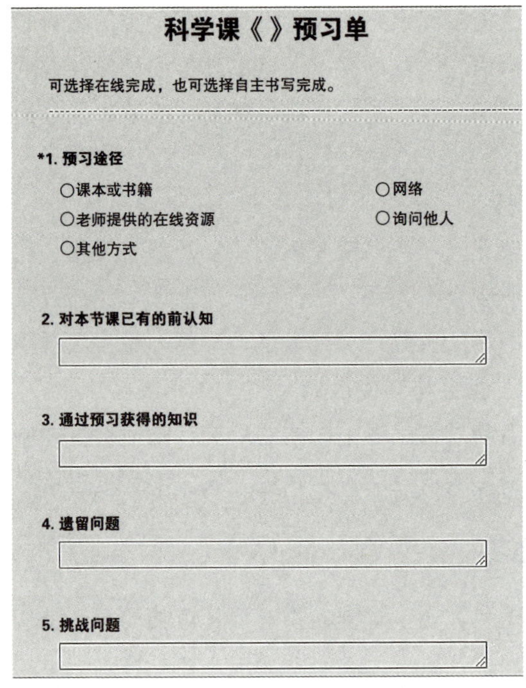
科学课《》预习单

可选择在线完成，也可选择自主书写完成。

*1. 预习途径

○课本或书籍　○网络

○老师提供的在线资源　○询问他人

○其他方式

2. 对本节课已有的前认知

3. 通过预习获得的知识

4. 遗留问题

5. 挑战问题

图 4－3－9　问卷星调查表

（2）发布问卷星调查表到班级群，并告知学生如何按时完成相应的任务。

（3）收集问卷星统计数据，整理问题答案，完成二次备课，实现教师对学生“心中有数”。

设计意图：

标题：书名号将“课题”空出，可以适用于所有课程。

问题 1：了解学生对线上学习的使用率。

问题 2：备好学情，清楚哪些知识点是不需要多讲的，哪些知识点是可以略讲的。

问题 3：分享收获，提升学习成就感。梳理笔记，培养良好的自学习惯。

问题 4：掌握学生的知识盲区，确定本课重难点的确立是否符合学生的认知水平。

问题 5：通过挑战问题激发学生的拓展欲望，让部分学生有善于思考、勤于动脑的学习态度。

3. 学生活动

（1）完成问卷星学习单的预习任务。

（2）自主完成对课本知识的预习。

设计意图：教育理论指出，学习是双边活动，预习也是学习的一部分，尤其是利用线上问卷星填写的方式完成，一方面可以充分调动学生的积极性，另一方面可以用科技服务教学，快速准确地统计出学生的学习情况。

（二）课堂混合式学习

1. 目标引领

课堂学习是集中解决重难点、针对性完成教学任务的有效方式。本课课堂学习目标是引导学生通过观察图片、模拟动画和观看视频资源等方式了解鱼类的共同特点，通过模拟实验和小组合作实验探究鱼类游泳和呼吸的方式与原理，让学生体会在做中学的乐趣，最重要的是可以借助 NOBOOK 教学平台实现教学效果的最优化。

2. 活动一：线上课前学习，线下课堂分享导入

活动一的具体内容如表 4－3－2 所示：

表 4－3－2　活动一

教师活动	学生活动
（1）组织学生分享课前线上预习知识。利用 NOBOOK 展示课前分享图片，让学生有分享的仪式感。 （2）记录学生新提出的值得研究的科学问题。利用 NOBOOK 教学平台及时记录学生新提出的问题。 （3）利用班级优化大师 App 及时表扬发言的学生，形成正向激励机制。	（1）组内分享预习收获。 （2）小组代表上台分享问题。

设计意图：

（1）充分了解学情，掌握学生的前认知，适时调整教学计划和教学内容，形成有的放矢、有针对性的课程内容。

（2）为学生提供展示机会，将课堂还给学生，让学生成为课堂的主人，真正地站在课堂最中央，实现以教师为主导、以学生为主体的教学模式。

（3）为学习新知打好基础。兴趣是最好的老师，学生一般对已经知道的知识不感兴趣，对未知的知识充满探求欲，因此针对学生的疑问进行探究是最好的学习方式。

3. 活动二：线下课堂观察实验，“认清”鱼的结构

活动二的具体内容如表 4-3-3 所示。

表 4-3-3 活动二

教师活动	学生活动
（1）提问：同学们刚才都分享了很多种鱼的特点。那么，是不是所有鱼都具有这些特点呢？让我们一起来找一找哪些是鱼类共同的特点吧！ （2）利用线上教学平台 NOBOOK 展示鲫鱼和金鱼的结构 3D 动态交互式动画。	（1）思考、归纳鱼类的共同特点并记录。 （2）汇报鱼类的共同特点并举例说明。 （3）观察后操作 3D 动态交互式动画加深印象。 （4）完成课堂活动手册习题：鱼的共同特点。

设计意图：

（1）利用软件清楚直观地介绍鱼的结构特点，如鱼鳍的位置及数量等。

（2）借助 NOBOOK 小学科学教学平台，能让学生通过亲自动手操作来认识鱼的身体结构，给学生留下深刻的印象。

4. 活动三：线下课堂模拟实验，“看清”鱼的呼吸和进食

活动三的具体内容如表 4-3-4 所示。

表 4-3-4 活动三

教师活动	学生活动
（1）提问：在了解了鱼类的共同特点后，我们如何证明鱼是靠鳃在水中呼吸的呢？ （2）数一数鱼一分钟呼吸多少次。 （3）思考：鱼的进食与排泄是如何进行的？在日常生活中我们也能看到，为了更加形象具体地展示，我们借助 NOBOOK 教学平台进行模拟。	（1）完成观察并操作鱼的呼吸交互实验：向鱼缸里滴入一滴食用色素——在鱼嘴附近，观察鱼的呼吸。 （2）观察鱼的进食与排泄模拟实验：给鱼喂食面包屑，观察鱼的进食。 （3）观察教师准备的真实的鲫鱼的呼吸、进食和排泄的动作。

设计意图：

（1）为学生提供有效的学习资源，通过软件模拟实现教学效果的最优化。

（2）学生亲自操作交互实验，体现“做中学”的乐趣。

5. 活动四：线下课堂教学，了解鱼的运动器官

活动四的具体内容如表 4-3-5 所示。

表 4-3-5 活动四

教师活动	学生活动
(1) 提问：鱼在水中是如何保持平衡的？ 假设：假如鱼少了背鳍或背鳍受伤会怎样？ (2) 提问：鱼在水中是如何游动的？ 假设：假如鱼少了尾鳍或尾鳍受伤会怎样？ (3) 提问：鱼在水中是如何改变方向的？ 假设：如果鱼少了胸鳍或胸鳍受伤会怎样？	(1) 思考鱼的运动方式。 (2) 小组合作交流讨论鱼的运动方式并汇报。 (3) 观察实验：模拟动画——鱼缺少尾鳍的运动。 (4) 观察实验：模拟动画——鱼缺少胸鳍的运动。

设计意图：

(1) 将一些“想当然”的科学常识具体形象化为 3D 动画演示。

(2) 观察实验可以避免伤害鱼的身体和生命，保护了动物。

6. 活动五：线下拓展提升，对比海豚和鱼的异同

活动五的具体内容如表 4-3-6 所示。

表 4-3-6 活动五

教师活动	学生活动
(1) 展示海豚和鱼的外形图片和生活视频。 (2) 拓展海豚属于哺乳动物的微课视频。 (3) 提问：生活在水中的动物，哪些不属于鱼类？	(1) 观察并描述海豚和鱼的外形及生活方式的不同之处。 (2) 观察海豚的生活习性和特点。 (3) 小组合作交流讨论生活在水中的非鱼类动物。

设计意图：

(1) 举一反三，学习与鱼类特征相似但不属于鱼类的动物类群。

(2) 线上微课和线下课堂相结合，达到教学效果的最优化。

板书设计：

本课的板书设计如图 4-3-10 所示。

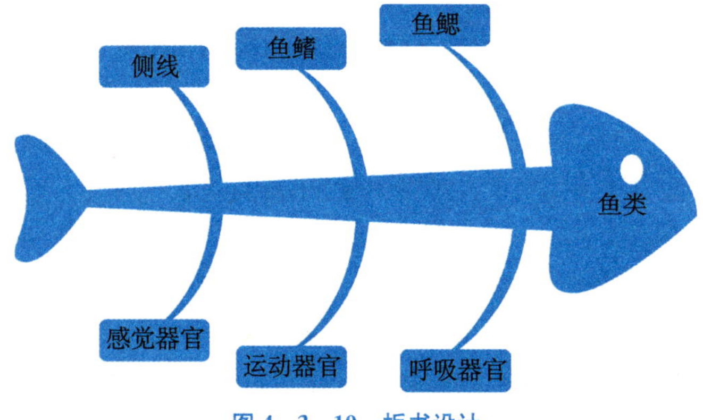

图 4-3-10 板书设计

（三）课后混合式学习

课后混合式学习有三种形式可供选择，分别为线上作业（见图 4-3-11）、课堂笔记本习题（见图 4-3-12）和问卷星或习题打印卷（见本节附录），三种形式既包括线上也包括线下，具体根据当课内容进行选择，没有最好，只有最适合。

图 4-3-11 线上作业

图 4-3-12 课堂笔记本习题

六、案例自评

（一）教学优点反思

时代在快速更迭，我们的想象力已不足以想象学生的未来！在互联网环境下成长起来的新生代学生，他们获取知识的方式和渠道多种多样，换句话说，现在的我们正处于教育改革的主风口，我们必须敢于面对落后，勇于接受新事物，尤其是要加强对新事物的学习。

在本案例中，作为一名教师，我潜心学习新知识，和学生一样，探究新教学平台，让科技服务于科学教学，最终实现了学生线上自主学习、线下强化学习的教学目的和效果。

（二）教学不足反思

本案例在教学中也存在一些问题，比如：其一，学生家长对学生使用线上学习设备的管理参差不齐，不同学生使用线上学习设备的意图和效果也有所差别，存在部分学生以线上学习的名义做其他事情的现象，也就是线上学习的监督没有得到切实保证。其二，在课堂教学过程中，学生进行观察实验和进入交互实验室的机会少，只能使用交互平板一台设备进行学习。如果能像信息技术课一样给每名学生配备平板电脑进行学习，课堂效果就会有所提升。

（三）教学效果评价

在混合式学习的过程中，我将教学效果进行了数据分析。我采用问卷星进行调查，将全校三至六年级中高段学生分成实验组和对照组，实验组为四五年级，对照组为三六年级，四五年级采用以 NOBOOK 小学教学平台为载体的混合式学习模式，严格按照“线上＋线下＋校内＋校外”的混合式学习模式进行教学，三六年级则采用传统教学方法，最终成绩对比如图 4－3－13 所示。

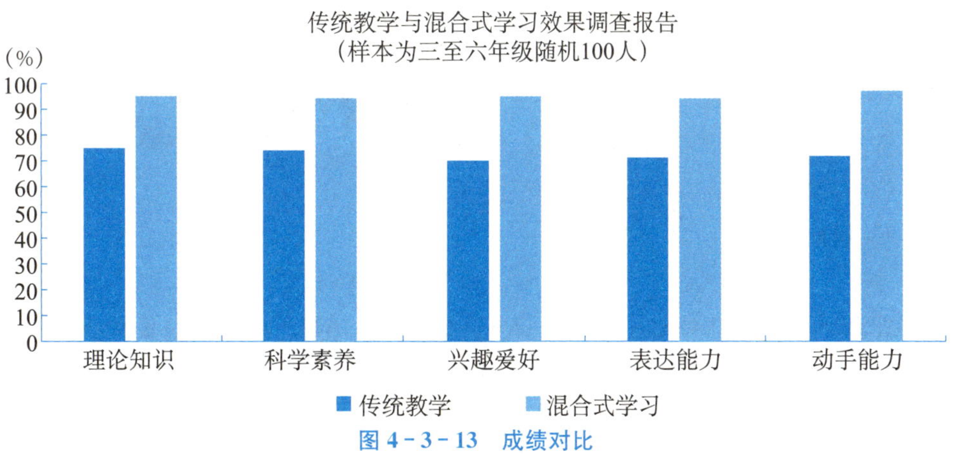

图 4－3－13 成绩对比

通过对比发现，在理论知识、科学素养、兴趣爱好、表达能力和动手能力五个方面，混合式学习的最终效果都要略好于传统教学，这也是令我非常欣慰的，达到了我预期的教学效果。我会继续努力实践，并在实践中继续优化和改进。

附录 “鱼类”课后练习（线上、线下均可，两种形式任选其一）

1.（1 分）即使我们蹑手蹑脚地靠近水塘边，鱼儿还是迅速逃开了，这是因为（　　）

A. 鱼听到了声音　　B. 鱼看到有人来了

C. 鱼通过侧线感知到有人靠近　　D. 鱼看到水中有人的身影

2.（1 分）鱼运动时，决定运动方向、产生前进动力的是（　　）

A. 胸鳍　　　　B. 尾鳍　　　　C. 背鳍

3. （1 分）鱼的侧线是一种特殊感官，不仅能感知水体的震动，还能感知（　　）

A. 水温　　　　B. 水流的方向　C. 水温和水流的方向

4. （1 分）小强观察到小金鱼的口和鳃盖不停地交替张合，这是鱼在（　　）

A. 取食　　　　B. 喝水　　　　C. 呼吸　　　　D. 运动

5. （1 分）奇奇家养着金鱼，他们准备外出旅行一周，正确的做法是（　　）

A. 给金鱼喂足食物　　B. 换好水，喂少量食物　　C. 多加生水

6. （1 分）形态各异的金鱼是人们有意识地利用野生（　　）的后代和亲代存在的变异培育而成的。

A. 鲫鱼　　　　B. 鱼　　　　C. 草鱼

7. （1 分）鱼的身体表面覆盖有____，并分泌黏液，起____作用，用____可感知水流，测定____。

8. （5 分）填图题：写出鱼鳍的名称。

①____②____③____④____⑤____

A. 尾鳍　　　　B. 背鳍

C. 臀鳍　　　　D. 胸鳍

E. 腹鳍

张红军，男，中共党员，陕西省西安经开第一学校科学教师。第六届中国未来学校大会混合式学习 TOP10 领袖教师。

第四节 简单电路

一、主题分析

现代社会科技发展日新月异，网络技术日趋普及。学生不仅能从课堂上获得知识，还可以通过多媒体网络随时随地获取各种信息；师生之间有了更为多样化

的交流空间，教与学活动可以跨越时空，更加灵活、方便。网络教育的出现给传统校园面对面教学带来了极大的冲击，面对信息技术发展新形势，要进一步提高教学效率，改革传统的课堂教学模式在所难免。

此外，习近平总书记在科学家座谈会上指出："好奇心是人的天性，对科学兴趣的引导和培养要从娃娃抓起，使他们更多了解科学知识，掌握科学方法，形成一大批具备科学家潜质的青少年群体。"要落实这一重要指示要求，需要面向青少年开展科学普及，大力弘扬科学家精神，培育一代有理想、敢担当、勇创新的新人。科学技术的快速发展对每一位公民的科学素养提出了新的要求。

而现阶段的小学科学教师面临着如何在师生时空分离增多的情况下有效重组教与学的问题，小学生面临的是需要更多的自主学习机会以及如何通过多媒体技术与教师和其他学生进行互动的问题。该如何解决这些问题呢？混合式学习模式可以完美地解决这些问题。结合《义务教育小学科学课程标准》我们会发现，现在其强调的是学生能够形成积极主动的学习态度，使获得基础知识和基本技能的过程同时成为学会学习和形成正确价值观的过程，而这与混合式学习所说的把学习者的学习由浅入深地引向深度学习不谋而合。因此，在科学课程中开展混合式学习模式的优势显而易见。

电的利用是人类文明发展史中重要的里程碑，它带来了人类社会的第二次工业革命。如今，电已成为人类日常生活中不可缺少的能源和重要组成部分。因此，学生对电是既熟悉又陌生的，了解电的基本知识，学习使用电的基本常识，是小学科学课程中不可缺少的内容。在这项学习内容中，学生通过探究活动了解基本的电路原理，知道如何控制电路，而混合式学习可以有效地解决我们在传统课堂中存在的问题。因此，本人选择基于 UMU 平台开展对苏教版《科学（四年级上册）》中第四单元"简单电路"的混合式学习。

二、学习流程

通过对混合式学习模式的学习，我所开展的混合式学习的主要学习流程分为课前预习、课堂教学和课后巩固三个阶段（见图 4-4-1）。首先是课前预习。在学习一节新课之前，教师会在 UMU 平台上发布学习任务单。学生通过观看学习资源和自主查阅资料的方式对本节课的部分内容进行理解和消化，并完成课前测试，教师通过学生对学习任务单的完成情况以及测试题的完成情况了解和分析学生在课前学习中存在的问题，并在线上进行微课语音讲解。其次是课堂教学。教师对学生线上学习内容中的重难点进行巩固，充分发挥学生的主体性，让学生利用自己课前预习的内容设计、参与实验，并在实验过程中改进实验，最终得出正确结论。最后是课后巩固。在本节课所学内容的基础上，完成在线测试以及线下的拓展延伸。希望通过以上三个阶段让学生实现深度学习。

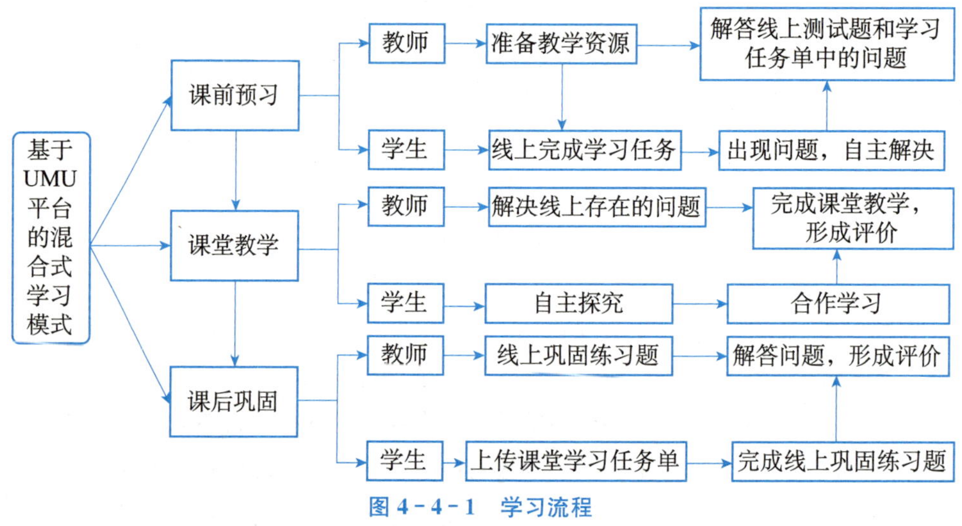

图 4-4-1　学习流程

三、学习准备

（一）线上平台开发

该混合式学习案例基于 UMU 学习平台开展。UMU 是一个交互性很强的创新学习平台，已有问卷、签到、提问、讨论、拍照、考试、作业等互动环节，能够实现语音微课、视频、文档、图文、点评、学习勋章、数据报告等多种功能，实现资源共享、教学管理、教学评价等教学活动。此外，UMU 平台还有以下优点：（1）UMU 平台简单易操作，不需要下载软件，可通过链接、二维码、访问码等形式进行学习。（2）UMU 平台线上学习资源形式多样，教师端功能和学生端功能不同，能满足线上教学需求。（3）教师端能够及时掌握学生的学习数据，方便教师分析学情，及时改进线下教学方案。

（二）学习资源的开发

学习资源的有效开发能够更好地调动学生学习的积极性，因此，我开发了丰富的学习资源。根据 UMU 平台的功能，我在 UMU 平台中设计并开发了丰富的学习资源，共包括 9 个课程小节。其中，课前阶段的学习资源有学习任务单、预习微课、NOBOOK 教学平台模拟实验链接、预习检测题、语音微课；课中阶段的学习资源有课堂学习任务单；课后阶段的学习资源有课后巩固检测题。

四、学习目标

混合式学习案例主要涉及苏教版《科学（四年级上册）》第四单元和第五单元，以及“疫情中的健康防护”的内容，以下以第四单元中的“点亮小灯泡”一课为例进行呈现。

课题：点亮小灯泡。

教材：苏教版《科学（四年级上册）》。

授课年级：小学四年级。

（一）教材分析

“点亮小灯泡”一课注重让学生用丰富多彩的实践活动充实探究的过程。本课教学内容主要有三个部分。第一，用所给材料连接一个简单电路，让小灯泡亮起来。从观察小灯泡的结构入手，再尝试点亮小灯泡，在观察发光灯泡的连接装置图的基础上再做尝试，让学生充分享受成功的喜悦。第二，制作一个简单开关并加进电路，知道开关可以控制小灯泡的亮和灭。通过认识、运用开关，进一步认识通路、断路。思考、猜测电是怎样流过小灯泡的，做出最简单的对电流的解释，再通过判断哪个灯泡会亮，哪个灯泡不会亮，区分短路和断路，寻求多种方法点亮小灯泡，对电路形成一个初步的认识。同时，丰富学生关于电的认识，为学生发现关于电的更多问题提供很好的机会。如电不仅可以用来发光、发热，还具有能使电器播放音乐、产生图像等多种功能，这将进一步激发学生研究电的兴趣。第三，观察手电筒的内部构造，能成功组装一支手电筒。

（二）学情分析

点亮小灯泡，看起来简单，实际上有很多东西值得研究。也许学生们在拿到导线、电池后很快就能使一个小灯泡亮起来，但是，他们并不一定了解电路的真正意义。所以，引导学生了解小灯泡的结构是很重要的，当了解了小灯泡的结构后，再提供给学生一根导线、一节电池、一个小灯泡去点亮小灯泡。虽然这一活动看似简单，但学生将在活动中认识电、电路，想象电流是怎样流动的，他们会提出更具挑战性的问题并尝试用更多的连接方法使小灯泡亮起来。简单的观察、实验活动，促进了学生对科学探究的兴趣及其探究能力的发展。

（三）教学目标

1. 科学知识

（1）认识只有电流流过灯丝时小灯泡才会发光。

（2）认识利用电来点亮一个小灯泡需要一个完整的电路。

（3）认识开关的作用，能够把它加入简单的电路中，控制小灯泡的亮与灭。

（4）认识电池两端直接用导线连接在一起，就会发生短路。

2. 科学探究

（1）尝试在电路中接入不同的用电器，体验到科学探究的乐趣。

（2）用常见物品制作一个简易开关，理解开关对电路的断开和闭合所起到的控制作用。

3. 科学态度

（1）体会对周围事物进行有目的、细致观察的乐趣。

（2）愿意与同学一起动手连接电路，学会合作、交流、分享。

（3）敢于根据现象做出大胆的想象与推测。

（4）激发进一步探究电的兴趣。

4. 科学、技术、社会与环境

（1）知道一个简单电路的组成部分，认识简单电路的工作原理。

（2）知道基本的安全用电常识，培养安全用电的意识。

（四）教学重点

认识小灯泡的结构特点。

（五）教学难点

（1）理解电路中电流的流动路线。

（2）区分短路和断路。

（六）教学准备

演示材料：教学 PPT、小灯泡、导线、开关、电池、电池盒。

分组材料：小灯泡、导线、电池、开关、电池盒。

五、学习过程

《点亮小灯泡》这一案例采用混合式学习模式，分为课前预习、课堂教学、课后巩固三个阶段，让学生在课前自主学习、在课中协作学习，通过自主、合作、分享的学习方式获取知识。同时，学生在 UMU 平台中进行课前预习，并且结合 NOBOOK 教学平台进行模拟实验，能让学生及时得到反馈，这样既能激发学生的学习兴趣，又能评价学生的学习情况，进一步加强了学生学科核心素养的培养。

利用混合式学习构建“点亮小灯泡”的具体学习内容如下所示：

（一）课前预习（线上）

教师：（1）制作学习资源。（2）将学习资源上传至 UMU 平台，制作课程链接，并将链接发布至班级群。课程资源包括：学习任务单、预习微课、预习检测题、NOBOOK 教学平台模拟实验链接。（3）实时观测学生的课前预习数据，分析学生对知识的掌握程度，根据实际情况，将易错点通过线上语音实时进行讲解。

学生活动：（1）根据学习任务单完成相关任务。（2）通过语音微课学习易错点。

（二）课堂教学（线下）

1. 复习巩固

教师：引导学生复习线上学习内容，强调和巩固线上学习存在问题较多的知识点。提出问题：小灯泡、导线、电池的结构和功能。

学生活动：（1）复习线上知识；（2）回答问题。

设计意图：通过让学生巩固线上学习的内容，提高学生上课的兴趣。

2. 讲授新知

教师：

环节一：2 根导线点亮小灯泡。

（1）教师分发实验材料，进行实验指导。

（2）引导学生认识电流流通形成通路，才能使小灯泡亮起来。

（3）引导学生总结点亮小灯泡的方法。

环节二：1 根导线点亮小灯泡。

（1）教师引导学生尝试用 1 根导线点亮小灯泡，并选取成功的连接方式进行分享。

（2）出示 4 组电路图让学生猜想后进行操作验证判断，并分析电流路径。

（3）播放视频，介绍短路和断路。

（4）利用 NOBOOK 教学平台让学生体会短路和断路的影响。

环节三：了解开关，控制电路。

（1）引导学生思考如何控制小灯泡的亮与灭。

（2）出示开关，让学生了解开关的用处，指导学生将开关连入线路中。

学生活动：

环节一：2 根导线点亮小灯泡。

（1）各小组根据教师所提供的材料进行点亮小灯泡的探究实验。

（2）认识电流及流动方向。

（3）总结点亮小灯泡的方法并进行实践。

环节二：1 根导线点亮小灯泡。

（1）进行用 1 根导线点亮小灯泡的实验尝试。

（2）分析 4 组电路图中小灯泡的亮灭情况，并在进行实验验证后说出电流的走向。

（3）通过视频，了解短路与断路的区别。

（4）利用 NOBOOK 教学平台体会短路和断路的影响。

环节三：了解开关，控制电路。

（1）思考如何控制小灯泡的亮与灭。

（2）讨论交流开关的作用，动手将开关连入电路中，并进行电路的通断控制。

设计意图：通过实验探究尝试让小灯泡亮起来，做出最简单的对电流的解释。

通过多途径让学生理解闭合电路的意义。在这个探究活动中，给予学生充足的研究时间，关注学生提出的研究问题，尊重学生的意见。让学生在做中学，知道开关可以控制小灯泡的亮与灭。

（三）拓展延伸（线上+线下）

教师：（1）总结并整理学生的总体表现，给出总结性评价。（2）布置巩固和拓展任务。（3）课后反思。

学生活动：（1）观看微视频。（2）完成课后检测题。（3）完成安全用电手报。（4）完成红绿灯的制作。

设计意图：通过总结性评价激励学生的常规养成，培养学生安全用电的好习惯。

1. 学习任务单完成情况

绝大多数学生能够按照学习任务单中的要求去完成线上学习任务，大部分学生的完成度不错。但由于该样本班刚开始开展混合式学习模式，有一小部分学生还没有适应，在后续的学习中学生已经很喜欢这种学习模式。

2. 线上检测题完成情况

该预习检测题能够充分暴露出学生在线上学习中存在的问题，并培养学生去自主解决这些问题。这刚好也体现了混合式学习线上＋线下的深度学习理念。教师可以实时掌握学生的学习情况，在课堂上解决学生线上存在的疑难问题。但由于刚开始实行这种学习模式，学生的参与度仍有待提高。

3. 课后拓展实施（见图 4－4－2）

图 4－4－2 课后拓展实施

六、案例自评

基于 UMU 平台的混合式学习在小学科学中的应用研究有以下总结和反思：

学生方面：本课中，在科学知识目标的达成上，学生通过课前线上学习小灯泡、导线、电池的构造和功能，尝试连接简单电路的基本方法；通过课堂上的梳理分析，学生建立了闭合电路的概念。科学探究及科学态度目标的达成情况也很好，通过制作简易开关，学生在提升动手实践能力的同时，进一步理解了电路的闭合和断开对小灯泡亮和灭的直接影响，理解了开关对电路的闭合和断开所起的控制作用。混合式学习模式极大地提高了学生学习的主动性，有助于课堂教学的开展和实施。

教师方面：虽然教师对本案例开展过程做了精心的设计，但是由于时间和条件的限制，本案例存在一些不足，需要进一步深入研究。

第一，本案例仅对混合式学习模式能提高小学生的科学兴趣方面进行了研究，对于其他内容（如是否真正提高了教师对混合式学习模式的理解能力和应用能力等）还有待进一步研究。

第二，本案例涉及的教学设计、教学评价、实验研究等，由于作者时间、精力和水平的限制，对一些问题的认识还比较粗浅，有待进一步探入研究与实践。混合式学习模式用于小学科学课程教学是一种有益的尝试，如何更好地设计混合式学习模式，调动学生的积极性，培养小学生的科学学习素养有待进一步研究与实践。本案例仅仅是一个初步的探索。

综上，采用混合式学习模式，不仅让学生更加充分、深入地感受到了科学的有趣性，也培养了学生的学习能力和信息素养。

参考文献

[1] 何克抗．从 Blending Learning 看教育技术理论的新发展．国家教育行政学院学报，2005.

[2] 李克东，赵建华．混合学习的原理与应用模式．电化教育研究，2004（7）.

[3] 黄荣怀，周跃良，王迎．混合式学习的理论与实践．北京：高等教育出版社，2006.

张园园，女，硕士研究生学历，陕西省西安市未央区楼阁台小学科学教师。第六届中国未来学校大会混合式学习 TOP20 种子教师。

第五节 人的呼吸

一、主题分析

《义务教育小学科学课程标准》指出，科学课程是以培养学生的科学素养为宗旨的科学启蒙课程。由此看出，科学课程自身更注重科学化、系统化地对学生的“混合”创新思维能力进行培养。因此，混合式学习在科学课程中的优势就显而易见了。例如，混合式学习可以解决传统的面对面教学很难对所有学习者实现知识的建构的问题，只需要将集体化和个别化学习相混合，利用在线手段满足所有学习者的学习需求；混合式学习也能够打破在线课堂教师无法准确把握学生的学习状态，无法对学习者进行在线学习指导，学习效率低的局限性。在科学课程中，“暗箱”部分对于小学生来说较难理解，而呼吸系统作为“人体暗箱”隐藏在身体内部不易观察到，三年级学生对呼吸器官的功能在认知上存在模糊和偏差，因此，本人基于 UMU 平台展开对苏教版《科学（三年级上册）》第五单元第一节“人的呼吸”的混合式学习。

二、学习流程

通过对混合式学习模式的要素进行分析，我们发现可以分别从以下六个方面进行分析，如图 4－5－1 所示，分别是混合式学习主体、混合式学习活动需求、混合式学习内容、混合式学习过程与活动设计、混合式学习过程、混合式学习支持及学习评价。

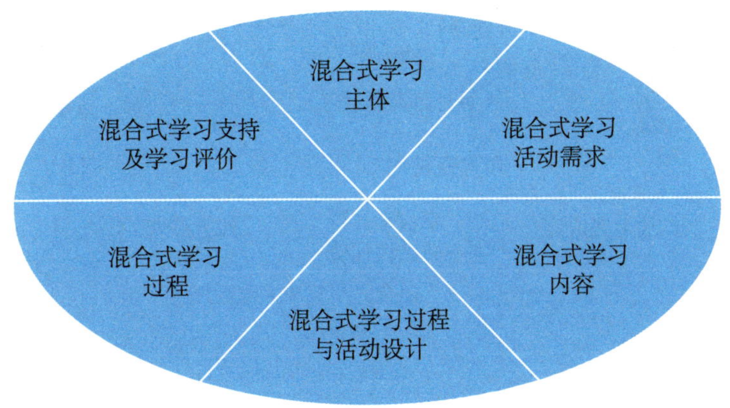

图 4－5－1 混合式学习模式要素图

如图 4－5－2 所示，对本课进行课程的模式建构。本课主要分为三大部分，分别是课前预习、课堂教学、课后巩固。课前预习阶段为线上自学阶段，在这一阶段，教师提前将学习资源上传至在线平台，学生通过线上自学对本课有一个初步的了解，并完成课前测试。教师收集到学生课前测试的结果，初步掌握学生的前概念，方便教师及时掌握学情。这也可以让教师在教师端关注到每一名学生，对于刚接班不久或者教学班较多的教师来说，无疑是完美掌握每一名学生学习状态的妙招。课堂教学则主要弥补线上操作的局限，有学生小组合作探究环节。在课堂教学中，通过对线上知识的巩固导入新课，使学生对线上所学内容印象更加深刻，然后教师进行组织，引导学生在课堂中展开活动、反复实验，得到结论。此环节相比于传统课堂，完美地将一部分课堂上的内容以生动形象的方式在线上展开，能够给学生留充足的时间，让其在小组合作中体验实施计划、改进实验、交流意见、得出结论的过程，更有助于培养学生的科学素养。在课后巩固阶段，教师可根据实际情况选择线上完成或者线下完成。在此阶段，教师可以在线上发布作业，引导学生自评、互评，完成在线测试，这既能够检测学生本课的学习成效并及时掌握学情，又能够让家长关注到学生学习的成效。在这三个阶段，通过学生第一阶段的线上自主学习的在线完成度、第二阶段的面对面集体学习的参与表现和第三阶段线上自主测评的线上成绩对学生形成总结性评价，教师对学生的评价更加全面，不再局限于单一的成绩论。

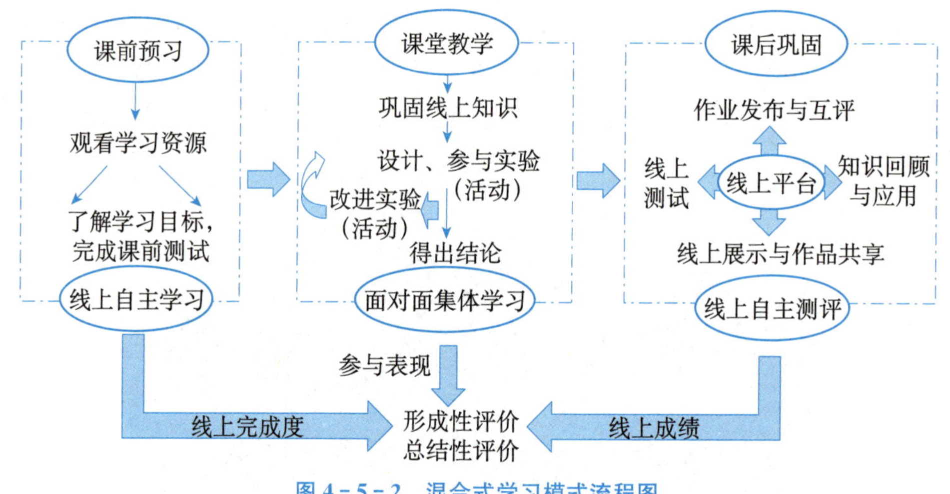

图 4－5－2　混合式学习模式流程图

三、学习准备

（一）线上平台的选择

在后疫情时代，线上学习平台的增多让混合式学习有了更多的选择，通过对比不同平台的功能，我最终选择了 UMU 平台。UMU 平台是一个创新的互动性平台，有语音微课、提问、讨论、签到、考试、视频等功能，非常符合教育者的需求。它的平台模块多样化，操作简单，教师端功能与学生端功能不同，较容易满足教学要求。教师端能够及时掌握学生的学习数据，方便教师分析学情，及时改进线下教学方案。此平台更是支持微信端打开，学生在操作过程中无须下载软件，能够较容易地提升学生的参与率。

（二）学习资源的选择

丰富的学习资源能够更好地调动学生学习的积极性，在线下课堂中，一般需要多媒体、PPT、课堂所用物品等资源，而线上资源的选择有很多，我们可以根据不同的需求进行选择，如表 4-5-1 所示。

表 4-5-1　学习资源

学习资源类型	优点
微课	普适性强，能够将内容形象具体地表达
检测题	方便数据收集，检查学习成果或课堂前测适用
互动式直播	答疑、与学生沟通适用
文档	布置任务、总结知识点适用
多媒体、PPT 等	线下教学中常用

四、学习目标

（一）活动目标

科学知识：

（1）能够通过了解“暗箱”的方法了解并描述呼吸系统的组成及作用。

（2）知道当呼吸时，吸入气体与呼出气体不完全相同。

科学探究：

（1）能够利用澄清石灰水判断吸入气体和呼出气体。

（2）能够通过模型探究人体呼吸器官的工作原理。

科学态度：能够关注到人体的呼吸，了解保护呼吸系统的方法。

科学、技术、社会与环境：形成珍爱生命的意识。

（二）教学重难点

（1）认识人体的呼吸系统，了解呼吸系统中各个器官的作用。

（2）掌握“人工呼吸”的方法。

五、学习过程

学习过程分为四个环节，分别为课前准备、线上学习分析、课堂活动、课后拓展。在课前准备环节，教师将提前做好的微课上传至 UMU 平台，在 UMU 平台中，学生通过观看微课，完成课前学习检测题（见表 4－5－2）。

表 4－5－2 课前学习检测题

课前学习检测题
1. 当我们吸气时，空气经过（　　）进入肺部。 A. 鼻腔—咽—喉—气管—支气管 B. 鼻腔—咽—喉—支气管—气管 C. 鼻腔—气管—咽—喉—支气管 D. 不知道
2. 肺在胸腔内，是（　　）与二氧化碳进行交换的场所。 A. 氮气 B. 氧气 C. 二氧化碳 D. 不知道
3. 呼吸系统包括哪些器官？（　　） 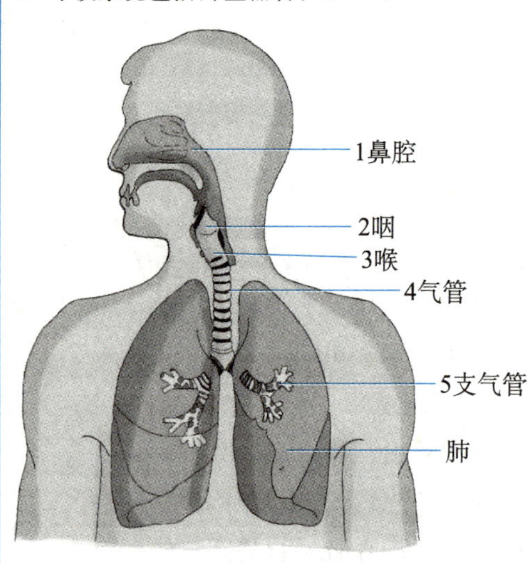 A. 1、2、3　　B. 1、2、3、5　　C. 1、2、3、4、5 D. 以上都不对　　E. 不知道
4. 对空气有过滤、加温、加湿作用的器官是（　　）。 A. 鼻腔 B. 气管 C. 肺 D. 咽、喉 E. 不知道

5. 空气和呼出的气体哪个能使澄清的石灰水更加浑浊（不透明）?（　　）
A. 空气
B. 呼出的气体
C. 一样浑浊（不透明）
D. 不知道

教师通过课程参与度和课后检测题，收集学生的课前学习数据，分析学生对知识点的掌握程度，根据实际情况，对线下教学进行改进。在本课中，教师发现虽然学生的参与率高，但是有50%的学生没有参与课堂检测，因此教师可利用积极学习榜单提高学生参与课堂检测的积极性，学生可通过扫描教师设置的二维码，随时看到本课的学习榜单。

然后是线上学习分析环节。通过对课前学习检测题的数据进行分析，课前检测参与率为63%。课前检测共设置五道题，分别涉及呼吸系统、肺中的气体交换、呼吸器官的作用三方面内容。其中，呼吸系统相关问题（第1、3题）的正确率分别为82%和80%，肺中的气体交换相关问题（第2、4题）的正确率分别为86%和84.6%，但是呼吸器官的作用相关问题的正确率只有58%。因此，线下教学将重点放在呼吸器官上，重点探究呼吸器官的作用。

接着是课堂活动，即线下活动环节。在本课中，课堂活动流程如表4-5-3所示，给学生活动留下足够的时间，使学生有充足的时间思考、讨论、交流、改进、得出结论。学生通过教师提前准备的课堂活动任务单（见表4-5-4）进行任务驱动，充分体现了学生的课堂主体性。

表4-5-3　课堂活动流程

课堂活动（线下）	教师准备：PPT、剪刀、塑料瓶、吸管、胶带、气球若干、橡皮筋、泡泡泥等 学生准备：塑料瓶、吸管、胶带、气球、橡皮筋、泡泡泥等		
	教师	学生	设计意图
	（1）教师引导学生体验深呼吸，巩固线上学习的内容。提出问题：在呼吸时，哪些器官参与了呼吸的过程?	活动1：体验吸气、呼气，思考问题。 活动2：回答问题。	通过游戏，让学生巩固线上学习的内容，提高学生上课的兴趣。
	（2）教师PPT展示人体模型图，标出各呼吸器官的名称。从器官的内部结构理解感受器官的作用。	活动1：了解各个呼吸器官的结构。 活动2：交流结构与功能的关系。	通过线上学习及呼吸游戏，学生已经掌握了呼吸时参与的器官，通过各个器官的结构理解其功能，既解决了课前检测所反映出的学生的短板，又为以后制作模型打下了基础。

课堂活动（线下）	（3）出示实验材料，布置小组任务，选择合适的材料，设计制作呼吸器官的图纸。【课堂活动任务单：设计图纸】	活动：小组讨论，选择材料，完成课堂活动任务单。	通过选择材料和在任务单上画图纸的形式，培养学生做实验之前先计划的思维，培养学生自主解决问题的能力。
	（4）组织学生小组之间进行交流，分享改进设计图。	活动：分享、改进图纸。	培养学生的交流、合作、质疑能力。
	（5）组织学生根据图纸选择材料，制作呼吸模型。	活动：根据图纸制作模型。	培养学生的团队合作与动手能力。
	（6）引导学生展示模型，组与组之间进行模型大比拼。	活动：展示模型，讲解模型。	培养学生用完整的语言描述事物的能力。
	（7）布置任务：人类在遇到突发危险时，可能会停止呼吸。当遇到这样的情况时，我们需要把氧气送进患者的肺，那么我们应该如何进行"人工呼吸"呢？	思考问题，回家后完成线上拓展任务。	通过本课的学习，学生能够清晰地理解人类呼吸时所参与的各个器官及其作用，在引导下思考正确的"人工呼吸"方法，增加急救常识。

表 4-5-4　课堂活动任务单

"人的呼吸"任务单：设计人类呼吸系统模型
班级：______　小组：______　成员：______时间：______
材料：剪刀、胶带、塑料瓶、皮筋、气球、吸管、泡泡泥
我们的选择：
我们的设计方案：

最后是本课的课后拓展环节，主要由一个微课资源、一套课后检测题及一套学生评价量化表组成。微课资源不仅是对本课的总结，还包含急救常识，让学生能够深入了解人体构造，产生对生命的敬畏心，培养安全防范意识。然后，教师

通过课后检测题（见表 4-5-5）及时掌握学生的学习状况，课后检测题与评价量化表（见表 4-5-6）相结合，方便教师进行课后反思，对本课进行改进。值得关注的是，表 4-5-5 中的最后一题为开放式问题，学生可以在 UMU 平台上以文字、语音、图片、视频等方式提交，教师根据学生的回答给出对应的分数，使得对学生的评价方式更加灵活。而学生评价量化表可以帮助学生学会自评与互评，使学生更加全面地评价自己、激励自己，学生也能够通过互评，向同窗学习，共同进步。

表 4-5-5　线上课后检测题

1. 鼻腔的作用是（　　）。 A. 过滤、加温、加湿 B. 过滤 C. 过滤、防御、清洁 D. 气体交换
2. 肺的作用是（　　）。 A. 清除异物、防御 B. 气体交换 C. 保存气体 D. 湿度调节
3. 下列说法正确的是（　　）。 A. 我们的呼吸系统帮助我们净化空气，所以我们不需要害怕空气污染。 B. 吸烟者的肺和我们的肺没有什么不同。 C. 我们已经掌握了“人工呼吸”的办法，当遇到危急情况时，我们可以独立操作，不需要打急救电话。 D. 人的呼吸对人类的生命活动至关重要，因此我们要保护呼吸系统。
4. 这节课你学到了什么？（开放式回答）

表 4-5-6　学生评价量化表

项目	A	B	C	自我评价	同桌评价	教师评价
态度认真	态度端正，及时按照教师的要求完成了线上检测。	在家长的催促下，按时完成了线上检测。	没有完成线上检测。			
积极主动	上课认真，积极发言，积极参与小组活动。	上课偶尔认真听，很少举手，参与活动不发言。	上课不想听，不想举手，不想参与活动。			
勇敢自信	充满自信，敢于发言，敢于质疑，敢于表达自己的看法。	偶尔自信，有时候会勇敢发言，有时候会思考很久。	害怕说错，因此不敢发言。			

续表

项目	A	B	C	自我评价	同桌评价	教师评价
善于合作	能够在小组活动中组织小组内人员分工合作，能够采纳别人的意见。	能完成组长交给的任务，但是不会主动去寻找事情做。	不参与，不接受别人的意见，我行我素。			
我眼中的自己：						
同桌眼中的我：						
教师眼中的我：						

六、案例自评

在《人的呼吸》这一课中，“人体暗箱”不容易为学生所理解，但通过线上资源，人体在呼吸过程中各个器官的参与程度可以形象地表现出来，学生可以很快地掌握教学重点。通过线上学习和检测，教师能够很容易地掌握学情，改进线下教学的方式与内容。

在本案例中，学生能够将课堂的更多时间用在思考和探究器官的作用方面，实现对学生探究性的培养，将课堂还给学生，这也是本案例的亮点。但是，本案例也存在不足，例如：课前微课将气体实验直接呈现给学生，不利于培养他们的探究意识，若是提供阅读资料和实施方法，让学生自主学习，更能激发学生的学习兴趣，同时培养学生的实践能力。在线下课程中，教师把课堂还给学生，但是课堂进度还需要把控，教师应该随时观察学生的状态，使学生真正实现学有所获。

在成果展示阶段，教师要多鼓励那些有想法但是羞于表达的学生，当学生做得好或者有进步时，教师要及时给予肯定的眼神或者话语，进行正向点评！

此外，本案例是以 UMU 平台为载体的案例，除 UMU 外，还有很多优秀的混合式学习平台，如钉钉直播、微信公众号、QQ 群等。在后疫情时代，线上教育崛起，因此，会有更多元化的平台供我们一线教师选择，使混合式学习的开展更加普遍。希望以后能够扩大研究对象的范围，多设计不同学科领域融合的课程（例如“运动与呼吸”一课可以设计出基于混合式学习模式，科学课与体育课融合的课程），能够尽可能地对学生进行长期、有效的调查。混合式学习对学生的影响不是立竿见影的，需要我们基础教育工作者持之以恒地探索。此案例只是践行混合式学习的开始，希望随着对科学课的深入理解，在今后的工作中，我能够设计出适合不同学段、不同学科的混合式学习案例，以提高学生的综合素养。

高婷玉，女，中共党员，硕士研究生学历，陕西省西安市未央区凤杨小学专职科学教师。第六届中国未来学校大会混合式学习 TOP20 种子教师。

第六节 设置动作补间动画

一、主题分析

随着互联网、大数据、人工智能、云平台等新兴技术的发展，教育领域也发生着翻天覆地的变化，新技术为教师和学生提供了多种数字化工具和平台，实现了学习过程智能化、数字化，评价方式多元化、直观化、数据化、过程化，同时也为教学模式的改革提供了重要条件。《教育信息化“十三五”规划》明确提出，要利用信息化手段促进教育信息化，促进教师教育理念、教育管理、教学模式的革新，适应信息时代对培养高素质人才的需求，鼓励学生应用网络学习空间进行自测等学习活动。混合式学习是信息时代的一种新学习模式，有其特有的学习特点和流程，有利于高效利用课堂，培养学生的学习能力，发展学生的思维。为了更好地学习与理解混合式学习模式，本案例将基于 UMU 互动平台，阐述混合式学习在不同阶段的设计与实践，展示混合式学习的可操作性和独特魅力。

（一）主题概述

主题：马里奥兄弟拯救公主——设置动作补间动画。

教材：粤教版《信息技术 B 版（第四册上）》的第六课“设置动作补间动画”。

教学对象：小学六年级。

（二）教学分析

本课选自粤教版《信息技术 B 版（第四册上）》的第六课，是继“逐帧动画”“图形元件”“形状补间动画”等内容之后的新知，重点学习动作补间动画的制作，是 Flash 动画制作的基础内容，为后续制作多图层动画、引导层动画等打下基础（见图 4－6－1）。在学生操作实践的过程中，教师需引导学生灵活应用动作补间动画，大胆创新创作，实现不同的动画效果，这也是教学难点。

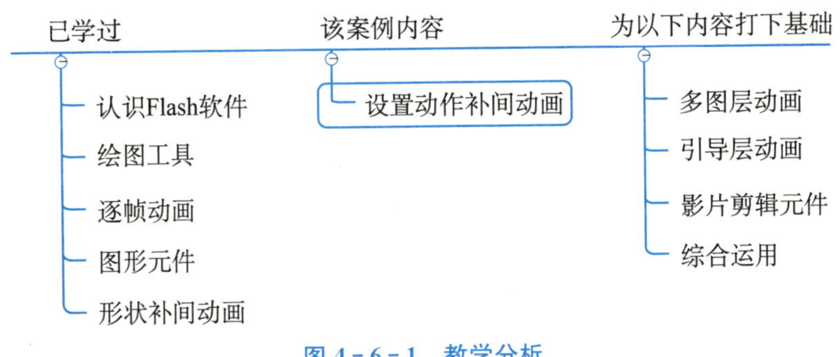

图 4－6－1　教学分析

（三）学情分析

本课的对象是小学六年级的学生，此学段的学生已经认识 Flash 软件，知道关键帧、任意变形工具和元件等概念及其相关操作，掌握了逐帧动画、形状补间动画的制作方法；学生对动画制作有极大的兴趣，倾向于自主操作，对学习任务有自己的想法，因此教学要充分发挥学生的想象力和创造力；同时，六年级学生对于团队合作已有初步的经验，且有利用网络自主解决问题的意识，能够使用 UMU 学习平台。

（四）教学目标

（1）掌握制作动作补间动画的基本步骤，灵活实现不同效果的动作补间动画。

（2）通过课前自主学习，培养学生利用资源独立学习、自主建构知识的能力，体验自主学习的乐趣，实现个性化学习，提高数字化学习能力。

（3）通过课中小组合作探究的形式，提高分工合作能力和解决问题的能力。

（4）基于 UMU 平台开展学习，培养提出问题、分享心得的学习习惯，帮助并赞扬他人，培养信息社会的责任。

（五）运用混合式学习的优势

为了突破传统课堂在时间、空间上的“有限性”，充分发挥学生的主观能动性，该案例采用混合式学习模式，分为课前、课中、课后三个阶段，给学生创设更多的合作探究机会，让学生不仅能掌握动作补间动画的制作，创造出不同动画效果，还能在学习过程中使学习能力与创作思维得以有效提升和发展。在混合式学习中，学生在课前自主学习，在课中充分协作探究、解决问题、分享成果、反思评价，在课后巩固拓展，有利于加强学生独立学习和自我调控的能力，培养学生分工合作、分析问题、自我评价的能力。此外，本案例基于 UMU 互动平台展开，学生在 UMU 平台中不仅能获得学习资源，还能及时收获学习数据和反馈，与教师以及同伴互动，有利于激发和维持学生的学习内驱力，实现更有意义的学习。

二、学习流程

本案例创设了“马里奥兄弟拯救公主”的情境：马里奥兄弟为前往 Flash 世界拯救公主，需要修炼“动作补间”技能，从而能够在 Flash 世界里实现移动、变形、隐身等多种动作（不同效果的动作补间动画）。在出发前，马里奥兄弟要在 Flash 虚拟室中模拟任务挑战（综合运用），以做好充分准备。

根据 UMU 学习平台已有的功能模块，结合动作补间动画的教学内容和混合式学习模式的特点，设计本案例，本案例包括课前预习阶段、课中实践阶段、课中评价阶段和课后巩固阶段（见图 4-6-2）。

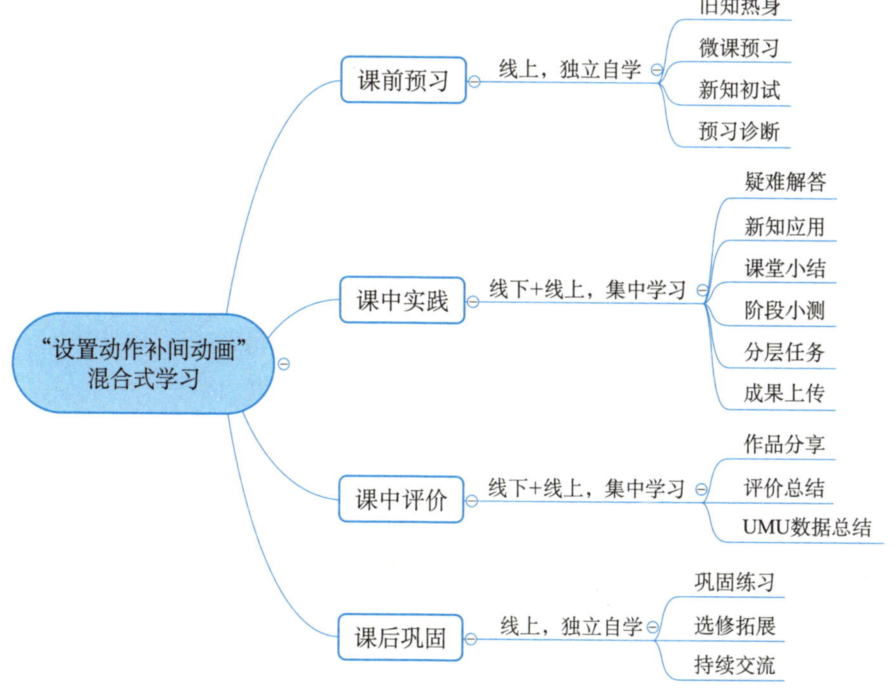

图 4-6-2 “设置动作补间动画”混合式学习总流程

三、学习准备

本案例的教学准备包括教学环境、教学平台和教学资源。

根据 UMU 平台的功能和动作补间动画的课程内容，在 UMU 平台上设计并开发丰富的教学活动和教学资源，共包括 11 个课程小节。其中，课前阶段的教学资源有热身测试、微课《马里奥兄弟之源头》、预习诊断，课中阶段的教学资源有微课《变形技能》和《隐身技能》、阶段小测、任务视频、拯救公主、反思评价，课后阶段的教学资源有课后思考题、拓展学习文档。

教师端可根据实际学情，选择性地将学习资源设置成“闯关模式”，以及选择性地开放当前阶段的学习资源。

四、学习过程

本案例包括课前预习、课中实践、课中评价和课后巩固四大阶段。其中，课中实践阶段的学习内容需要根据课前预习情况调整，课中评价阶段的学习内容是课中实践的升华和补充，设计方案需要结合实际教学和学生情况做出调整和完善。每个阶段都有对应的学习任务和配套的学习资源。

为更好地帮助学生梳理学习思路，引导学生把握进度，灵活使用学习资源，充分发挥主体作用，教师提前设计并提供给学生自主学习单（见表 4－6－1）。

表 4－6－1　自主学习单

阶段	学习任务	学习资源	学习地点时间	进度（√）
课前预习	旧知热身	旧知测试题（UMU）	家中/多媒体教室 课前任意时间	
	微课预习	预习微课《马里奥兄弟之源头》（UMU）		
	新知初试	预习诊断问卷（UMU）		
	预习诊断			
课中实践	疑难解答		多媒体教室 信息课	
	新知应用	微课《变形技能》《隐身技能》（UMU）		
	课堂小结	板书		
	阶段小测	阶段测试题（UMU）		
	分层任务	任务说明视频（UMU）		
	成果上传	AI 作业（UMU）		

续表

阶段	学习任务	学习资源	学习地点时间	进度（√）
课中评价	作品分享		多媒体教室 信息课	
	评价总结	反思评价问卷（UMU）		
	UMU 数据总结	总结（UMU/学员管理、动态学习大数据）		
课后巩固	巩固练习	课后习题（UMU）	家中/多媒体教室 课后任意时间	
	选修拓展	拓展文档（UMU）		
	持续交流	讨论区（UMU）		

（一）课前预习阶段（感知新知）

在课前预习阶段，学生在线上独立学习（见图 4-6-3）。

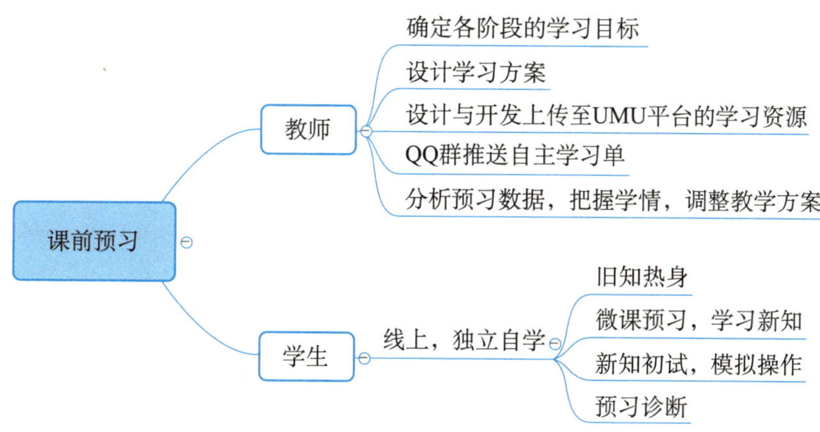

图 4-6-3　课前预习阶段流程图

教师需要分析“设置动作补间动画”教学内容，分析现有学生的基础，确定混合式学习各阶段的学习目标，设计任务和活动，并开发所需的学习资源，设计和制定评价方式。教师还要在 QQ 群中推送自主学习单，提醒学生进行课前自主预习，并为家中没有线上学习条件的学生提供多媒体学习环境。

学生在课前接收到教师的学习任务清单后，基于 UMU 平台，利用教师在 UMU 平台上提供的学习资源，在线上开展自主学习，具体学习内容如下：

（1）旧知热身：完成课前测试，回顾图形元件、关键帧、任意变形工具、形状补间动画等旧知。

（2）微课预习：在 UMU 平台观看微课，学生预习新知，激发学习兴趣，初步感知动作补间动画的原理和基本步骤，自主构建知识框架。

（3）新知初试：学生模拟操作，初步应用动作补间动画，在 Flash 中利用动作补间动画实现移动技能。

（4）预习诊断：通过 UMU 问卷测试预习结果，帮助学生调整学习态度，反馈预习情况，同时教师通过测试结果数据，把握预习学情，为制定和调整后续教学活动提供更有力的数据支持。

在预习过程中，学生需要将遇到的困难或收获，记录在 UMU 的讨论区，同时也能浏览其他同学的留言，并与其他同学互动。教师通过学生的预习测试结果和讨论区的留言，进一步了解学生的学情，并相应地调整课堂活动计划等。

（二）课中实践阶段（认知加工）

课中实践阶段（见图 4－6－4），学生在多媒体教室集中学习，利用 UMU 互动学习平台辅助学习和交流，有效促进学生深入学习，从简单应用到综合应用，鼓励创新创造。

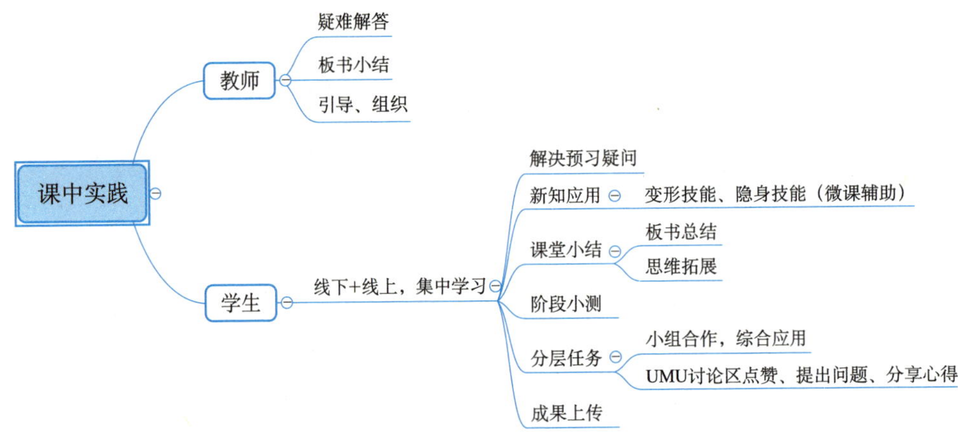

图 4－6－4　课中实践阶段流程图

在这一阶段，教师主要负责引导、组织学生的课中活动，通过现场观察和 UMU 线上数据，调控课堂，进行适当的疑难解答和板书小结，并通过 UMU 数据实时关注学情，及时调整课堂内容。

学生在课中实践阶段充分体验合作探究、交流表达、解决问题的过程，完成以下学习内容：

（1）解决预习疑问：师生共同交流，解决预习遇到的疑点，如个别学生在创建动作补间动画时，时间轴上出现虚线的问题。

（2）新知应用：学生利用动作补间动画实现更多效果，如变形技能和隐身技能，有需要的同学在 UMU 平台上观看辅助视频。

（3）课堂小结：师生共同进行板书，总结动作补间动画的基本步骤，并发散思维。教师引导学生发现利用动作补间动画实现不同效果的突破口。

(4) 阶段小测：在 UMU 平台上完成阶段性测评，进行过程性评价，及时调整学习状态。

(5) 分层任务：综合任务中有三种不同难度的任务，小组选择难度合适的任务。1) 简易任务：角色能快速通过道路。2) 中等任务：角色能使用至少两种技能，避开小妖，顺利地通过道路。3) 较难任务：角色能使用至少三种技能，避开小妖，顺利地通过道路。学生根据任务视频的指引，分为设计师、宣传师、程序师，合理分工，完成任务，任务过程中可在讨论区互动与点赞。

(6) 成果上传：学生录制作品的介绍视频，并上传至 UMU 平台的 AI 作业模块，UMU 根据教师课前设置的目标关键词，识别作品语音，提炼与目标关键词相同的关键词及其出现的次数，使学生能及时获得作品的智能分析报告，引导学生正确地评价作品，反思学习过程。

（三）课中评价阶段（评价升华）

课中评价阶段（见图 4-6-5），学生在多媒体教室集中学习。学生分享成果，互相点评，借助 UMU 平台高效、智能的评价系统，反思、评价学习表现。教师引导和组织学生展示作品，现场互评交流，完成评价问卷，并鼓励学生在线上积极欣赏和点评他人的作品，利用 UMU 课程积分榜、卓越学习榜、积极学习榜、课程达标榜等表彰学生，评价学生的学习表现。

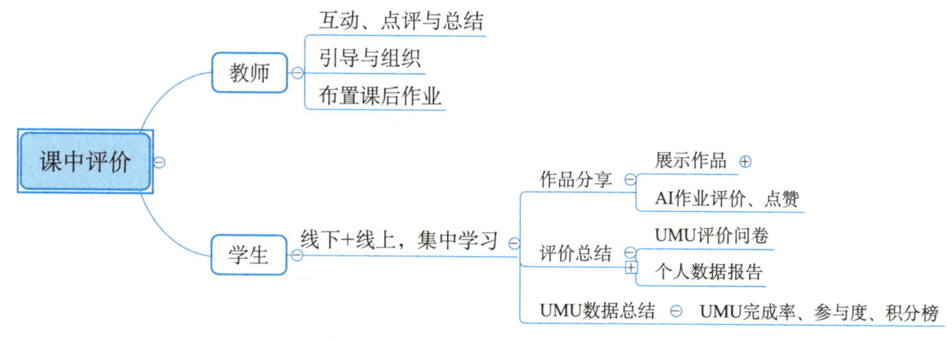

图 4-6-5　课中评价阶段流程图

学生在课中评价阶段，需要完成以下学习内容：

(1) 作品分享：学生代表现场展示小组综合任务的成果，小组之间可在 UMU 平台上或在现场对作品进行互评。

(2) 评价总结：学生在 UMU 平台上完成评价问卷，在总结性评价中回顾并总结自己的学习表现（见图 4-6-6）；查看个人动态大数据，多方位地了解自己的学习情况。

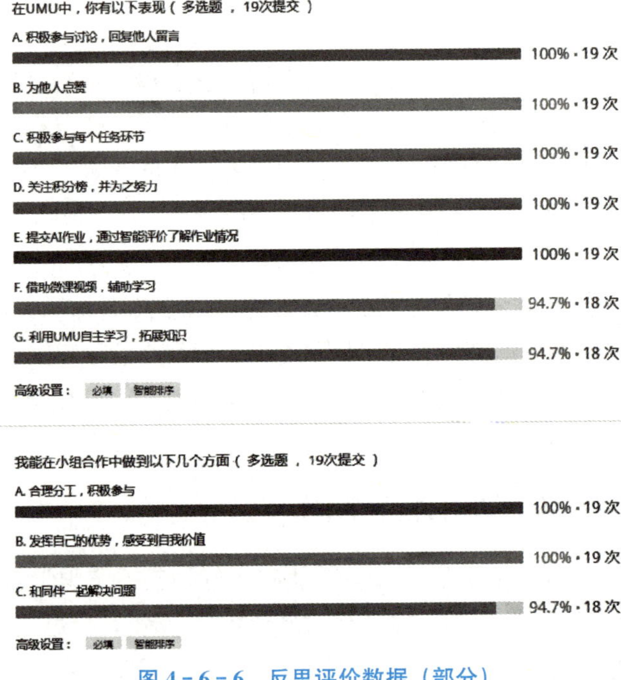

图 4-6-6 反思评价数据（部分）

（3）UMU 数据总结：通过 UMU 平台的各类积分榜，了解自己的学习情况。

（四）课后巩固阶段（巩固拓展）

课后巩固阶段（见图 4-6-7），学生在线上独立自学。教师在 UMU 平台上发布课后作业，推送拓展性学习内容，并在讨论区答疑互动。

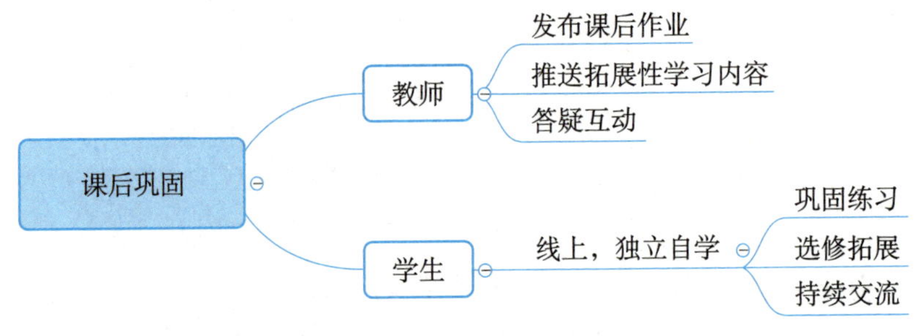

图 4-6-7 课后巩固阶段流程图

学生在课后巩固阶段，需要完成以下学习内容：

（1）巩固练习：学生在 UMU 平台上完成思考题，巩固所学。

(2) 选修拓展：有能力的学生选修拓展性学习内容，满足学习需求，每个层次的学生都能有所收获。

(3) 持续交流：学生可以将课堂未解决的问题或学习心得等发表在讨论区，持续交流。

五、评价设计

在 UMU 平台上呈现的学习数据形式主要有百分比、积分、关键词及其频次、AI 报告、词云、动态大数据，有利于实现不同的评价方式。为了及时、有效地反馈学习效果，本案例设计了丰富多样的教学评价环节，基于 UMU 平台创建了 8 种教学评价活动，涵盖过程性评价和总结性评价（见表 4-6-2）。每个教学评价环节都有各自的功能，既能全方位地帮助教师高效掌握混合式学习过程中学生的学习数据，人机结合，保证动态调整线上+线下课堂，又能帮助学生持续反思，通过积分榜和个性报告等，激发学生的学习兴趣和动机，调动学生参与的积极性，有利于促进学生的深度学习。

表 4-6-2　本案例教学评价设计

评价环节	作用	数据形式
热身测试	唤醒旧知，课前热身	分数、百分比、统计图
预习诊断	诊断预习情况，帮助教师掌握预习学情，调整教学活动计划；学生得到预习反馈	百分比、统计图
阶段小测	巩固教学重点，测试学习情况，进行过程性评价	百分比、统计图
讨论区评价	学生在学习和小组合作过程中，将遇到的问题、心得、收获等发表在讨论区，并为他人点赞	点赞数、关键词及其频次
评价问卷	评价学生情感态度和能力思维的变化	统计图（百分比）
AI 作业	智能检测音频关键词以及次数，快速判断作业重点	词云、AI 报告、智能识别关键词及其频次
动态大数据	生成个性学习报告	百分比、积分、统计图
课堂总结评价	总结反思，表彰学生	各类积分榜

六、案例自评

在本案例中，采用混合式学习的方式，学生课前自主预习，在课中有充分的合作、实践探究和分享表达的机会，有利于培养学生独立学习和合作探究的能力。该混合式学习基于UMU平台开展，提供了丰富的学习资源，辅助微课、分层任务、选修拓展等学习资源能够满足不同学生的学习需求，让不同层次的学生都能汲取营养、学有所获，同时有利于培养学生利用资源的能力。

本案例不仅仅关注学生灵活应用动作补间动画，更重视学生能力的培养。通过多种评价方式，包括过程性评价和结果性评价等，基于UMU平台高效、智能地生成学习数据及报告，既能帮助教师以学定教，及时掌握线上学习数据，动态调整线下教学，又能持续激发学生的学习动机，帮助学生通过数据评价自己的学习表现，实现个性化学习。

本案例是混合式学习的一个应用案例，对信息技术学科其他类型的课程实施具有借鉴价值，如在进行程序学习和多媒体软件学习时，也可以采用这样的混合式学习方式，高效利用有限的课堂时间，促进学生的深度学习，培养学生的信息素养。本案例所展示的混合式学习环节对其他学科的教学也有借鉴意义，学科教师可以参考本案例，结合学科特点和实际学情，具体设计混合式学习方案，充分发挥学生的主体作用，实现有意义、有深度的学习。

在认同混合式学习强大作用的同时，也要认识到混合式学习模式对教师的专业素养和能力提出了新要求。教师不仅需要深入理解课程标准，对教材内容融会贯通，同时也要提高自身的专业素养和信息素养，运用合适的信息技术手段辅助学生学习，高效利用数据把握学情，诊断教学，并及时调控课堂，充分发挥组织与引导作用。

陈晓岚，女，现代教育技术研究生，广东省深圳市福田区荔园外国语教育集团信息技术教师。第六届中国未来学校大会混合式学习TOP10领袖教师。

第七节 DIY感应垃圾桶

一、主题分析

在学校一线创客教育开展的过程中，存在诸如大多数时候局限于社团成员、受众群体比例偏小、教学评价单一等问题。想要持续地推动创客教育，需要找到更为有效的方式，需要打破传统学习模式，选择线上与线下相结合的混合式学习模式。

“DIY 感应垃圾桶”案例采用混合式学习模式，将线上与线下连接起来，打造多元化学习模式，创设了全新的学习体验感，提高了学习效率，受众群体广泛。

本案例分三个课时来完成。第一课时“小小设计师”，学生通过线上观看视频，查找资料，进行投票；线下积极讨论，表达想要制作的垃圾桶的功能，在纸上绘制出大概外观。第二课时“Mind＋与 Arduino 的交互使用”，学生在线上学习硬件连接方式，教师在线下根据学生设计的功能，梳理可能用到的硬件和材料，引导学生选择自己想用的硬件并结合软件实现功能，调试程序。第三课时“作品外观搭建与组装”，学生在线下学习使用激光切割机制作垃圾桶外观，组装作品；在线上分享心得体会，相互交流，促进知识的掌握。

二、学习流程

本案例的学习流程如图 4－7－1 所示。

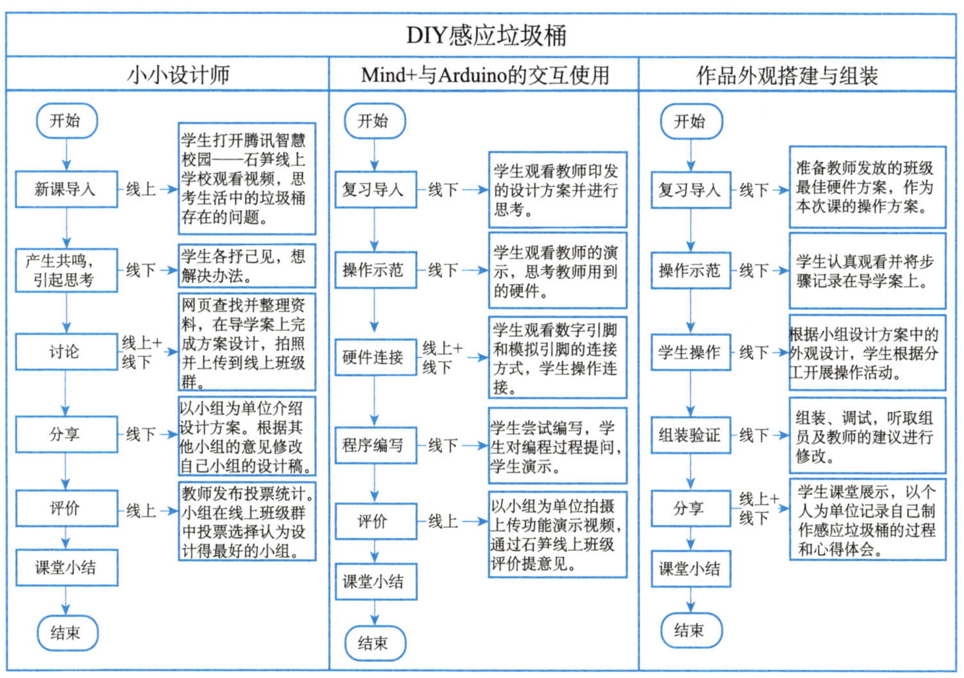

图 4－7－1 学习流程

三、学习准备

本案例的学习准备有腾讯智慧校园——石笋线上学校、平板电脑、Arduino 硬件、Mind＋编程软件。

四、学习目标

（一）课程学习的总目标

（1）让学生知道原来生活中的想法可以通过“造物”一点一点去实现。

（2）让学生把自己的想法具象化，帮助学生梳理自己想要实现的功能以及可能用到的硬件和材料。

（二）第一课时“小小设计师”教学目标

1. 知识与技能

（1）描述自己制作感应垃圾桶的想法。

（2）了解制作一个感应垃圾桶的大概步骤。

2. 过程与方法

通过自己设计感应垃圾桶方案，学生能更清晰地表达自己的想法。

3. 情感态度与价值观

激发学生对动手制作作品、解决问题的兴趣，促进学生不断思考，激发学生的好奇心和创造力，并由此来推动社会不断前进。

（三）第二课时“Mind＋与 Arduino 的交互使用”教学目标

1. 知识与技能

（1）了解 Mind＋编程软件编写感应垃圾桶的程序。

（2）了解各个传感器的使用与连接方法。

2. 过程与方法

学生通过自己动手实践，去感受编程，理解其中的奥妙原理，在兴趣当中学会如何编程以及编程软件的使用方法，探索解决问题的真谛。

3. 情感态度与价值观

鼓励学生动手制作，亲身体验和感受，提高学生解决问题的能力以及对未知事物的探索精神，从而促进学生不断思考、不断进步，在提高学生自身修养的同时为将来做一个对社会有卓越贡献的人打下良好的基础。

（四）第三课时“作品外观搭建与组装”教学目标

1. 知识与技能

（1）学习使用激光切割机。

（2）学会把手工和编程软件相组合。

2. 过程与方法

学生通过自己动手实践，了解激光切割机的基本原理，并在此基础上把手工和编程软件完美地结合起来。

3. 情感态度与价值观

加强学生的自主探索精神，让学生在解决问题的同时明白其中的奥秘及原理，将理论运用到实践中；让每一名学生都对其有最佳的体验感和参与感，在明白机器的使用技巧的同时能再度创新，培养学生的创新能力以及总结知识的能力。通过对作品的外观进行搭建和组装，培养学生的设计能力、动手能力、审美能力以及创新能力。

五、学习过程

（一）第一课时“小小设计师”

1. 新课导入

环节目标：通过视频导入课程，联系生活经验，激发学生的学习兴趣。

学习环节：【视频导入】通过腾讯智慧校园——石笋线上学校播放学校、家里垃圾桶的照片、视频。

［提问］这些生活中的垃圾桶你有没有发现不方便之处？

学生呈现：（1）学生打开腾讯智慧校园——石笋线上学校观看视频，并思考生活中的垃圾桶存在的问题。（2）学生举手回答自己的发现。

教师应对：对学生的回答给予鼓励。

2. 产生共鸣、引起思考

环节目标：通过学生自主发现问题，让学生自己解决问题。

学习环节：［提问］有没有解决办法？你们的办法都很实用，那么如何落到实际呢？引出我们需要制作一个智能感应垃圾桶。

学生呈现：学生各抒己见，想出各种解决问题的办法。

教师应对：对学生的回答给予鼓励与引导。

3. 讨论

环节目标：激活学生思维，将想法变成方案；培养学生收集、整理资料并提取有价值信息的能力。

学习环节：（1）全班讨论如何制作，教师帮助梳理能够实现的想法。

（2）分小组讨论，由 3 个人组成一个小组，一个小组设计一个方案（包括外观设计图、产品功能预设）。

（3）小组分工：

1）打开网页查找资料。

2）整理资料，根据导学案（见节后附录一）的步骤整理自主学习 1、2、3、4。

3）在导学案上完成方案设计，用线上班级群的拍照功能拍照并上传到石笋线上班级群；完成导学案中的自主探究部分。

学生呈现：（1）学生参与讨论；（2）进行感应垃圾桶的设计方案的创作。

教师应对：应对 1，学生讨论不积极，教师鼓励。应对 2，教师辅助学生完成方案的上传。

4. 分享

环节目标：培养学生的表达能力和能通过已有经验提出自己看法的能力。

学习环节：以小组为单位向全班介绍自己组的设计方案及原理，并且根据其他组提出的意见，修改自己组的设计稿以达到更好。

学生呈现：（1）学生分小组汇报。（2）如小组方案有误，其他小组提修改意见，小组方案完善后被其他小组采纳。

教师应对：应对 1，请学生说出设计方案不完美的地方。应对 2，请学生说出不完美的地方如何修改。

5. 评价

环节目标：实现线上、线下共同参与，提高方案修改效率。

学习环节：［作品展示］教师在班级群中发布投票统计。小组在线上班级群中投票选择自己认为设计得最好的小组。

学生呈现：学生自主投票选择。

教师应对：应对 1，请学生说投票结果。应对 2，表扬设计得到公认的小组。

6. 课堂小结

环节目标：梳理本节课的内容，展望后续的学习，使课堂更加完整。

学习环节：总结本课的内容。从设计思路，到设计方案的不断优化，教师看到学生爱动脑筋、爱思考。学生能够感受到作品的创意产生和设计的过程，能在未来学习程序设计，用程序去解决生活中的问题，将理论联系现实解决身边遇到的各种问题，拓展创新精神和发掘能力。

学生呈现：与教师一起回顾、总结课堂内容。

教师应对：引出下节课的学习任务。

（二）第二课时“Mind+与 Arduino 的交互使用”

1. 复习导入

环节目标：激活思考，确立最佳硬件设计方案。

学习环节：【复习旧知】选择上节课学生的优秀硬件设计方案进行展示，并选择一个切实可行的方案全班一起创作。

学生呈现：学生观看教师印发的设计方案进行思考。

教师应对：帮助学生温故知新。

2. 操作示范

环节目标：教师示范操作，为学生筛选传感器、执行器奠定基础。

学习环节：（1）让学生通过观察教师示范了解感应原理。（2）在上节课已经引导学生思考可能用到的硬件的基础上，教师示范如何在现有的器材中选择对应的传感器、执行器。（模拟超声波测距传感器：当监测到人靠近时，可以用舵机打开垃圾桶盖。当监测到人走后，可以用舵机关闭垃圾桶盖。）

学生呈现：（1）学生观看教师演示。（2）思考教师用到的硬件。

教师应对：对学生的疑惑及时解答。

3. 硬件连接

环节目标：让学生清楚硬件之间连接的步骤和方法。

学习环节：（1）腾讯智慧校园——石笋线上学校播放视频讲解硬件连接方式。（2）教师巡视指导。

学生呈现：（1）学生观看数字引脚和模拟引脚的连接方式。（2）学生操作连接。

教师应对：及时对学生的连接方式进行纠正。

4. 程序编写

环节目标：让学生动手编程，在编程过程中思考、调整，实现硬件和软件交互。

学习环节：（1）教师指导编程，强调编程中的重点。（2）教师根据学生的提问进行解释和指导。（3）教师选择学生进行编程+硬件的功能演示。

学生呈现：（1）学生尝试编程。（2）学生对编程过程进行提问。（3）学生演示。

教师应对：应对 1，发现学生舵机的初始角度没有初始化，提出修改。应对 2，模拟超声波测距的距离值的设定。

5. 评价

环节目标：通过线上功能，引导学生进行更深层次的思考。

学习环节：（1）教师确认小组上传的作品。（2）教师观看学生的作品并让学生互评。(3) 教师点评学生的评价，并给出自己的一些意见。

学生呈现：(1) 以小组为单位拍摄、上传功能演示视频。(2) 通过石笋线上班级评价、提意见。(3) 看学生之间的互评。

教师应对：应对 1，在石笋线上班级群中收集学生的意见。应对 2，向学生展示意见结果。

6. 课堂小结

环节目标：梳理本节课的内容，展望后续的学习，使课堂更加完整。

学习环节：总结本节课的内容。从硬件的选择到程序的编写、调试，当遇到问题时，学生积极主动地去解决困难，不惧解决各种难题，并期待下节课能有更好的作品。

学生呈现：与教师一起回顾、总结课堂内容。

教师应对：鼓励学生动脑解决问题。

(三) 第三课时“作品外观搭建与组装”

1. 复习导入

环节目标：熟悉自己的外观设计。

学习环节：教师引领学生回顾第一课时的外观设计。

学生呈现：准备教师发放的班级最佳硬件方案，作为本次课的操作方案。

教师应对：强调选择方案的原因。

2. 操作示范

环节目标：教师示范激光切割机的使用步骤，并且培养学生认真观察、认真记录的习惯。

学习环节：教师示范激光切割机的使用步骤，请学生完成导学案自主学习 1、2 (见节后附录二)。

学生呈现：学生认真观看操作步骤，并将步骤记录在导学案上。

教师应对：调控时间。

3. 学生操作

环节目标：培养学生的团队协作能力，提升学生的动手操作能力。

学习环节：教师引领学生成员分工，确立电脑绘图员、材料管理员、成品组装员，请学生完成导学案自主学习 3 (见节后附录二)。

学生呈现：根据小组设计方案中的外观设计，学生分工开展操作活动，遇到困难的学生积极提出自己的疑惑并主动解决问题。同学间相互帮助、互相交流，致力将小组作品做到最好。

教师应对：分配好不同小组的时间，确保每个小组都能用到激光切割机。

4. 组装验证

环节目标：激发学生动手操作的兴趣，让学生感受从设计方案到实物组装的成就感。

学习环节：教师发现学生组装过程中存在的问题后及时进行指导。

学生呈现：组装，调试，在听取组员及教师的建议后进行修改。

教师应对：如果学生解决不了外观的组装问题，那么教师一起解决。

5. 分享

环节目标：让学生学会总结项目过程中的成败得失，提升学生的思考能力和动手能力。

学习环节：(1) 组织学生按小组进行作品展示。(2) 提出思考：如何将设计出来的感应垃圾桶进行推广？请学生完成导学案的自主探究部分（见节后附录二）。

学生呈现：(1) 线下：学生在课堂上进行解释、展示。(2) 线上：以个人为单位记录自己制作感应垃圾桶的过程和心得体会。将这次制作过程与生活相联系，学会多动手，对于自己的学习成果有进一步的反思和总结，明白其中的真谛。

教师应对：点评学生作品。

6. 课堂小结

环节目标：梳理本节课的内容，展望后续的学习，使课堂更加完整。

学习环节：点评学生的作品，总结本课的内容。

学生呈现：与教师一起回顾、总结课堂内容。

教师应对：小结评价。

六、案例自评

通过一系列教学，将平板等智能设备加入教学环节中，深切地感受到了混合式学习所带来的便利。在课前，能够让学生在线上完成作业的预习以及问题的提出，教师对预习情况掌握的精确度有了质的提高；同时，教师可以快速了解学生的疑惑，在上课的时候能有针对性地帮助学生解决不懂的问题。教师线下和学生互动，引导学生寻找解决问题的方法，这样所掌握的知识才是最牢固的。此外，交互同样重要，有回应互动的课堂才能算得上是有质量的课堂。

在“DIY 感应垃圾桶”混合式学习案例中，通过亲自动手实践和自我思考，培养了学生的评判思维、探索精神和创新能力，让学生对知识的掌握和应用有了一个更高的层次，加强了学生的创新和推演能力。

除此之外，混合式学习也存在一定的局限性，对教师与学生都有更高的要求。它需要教师对平台足够熟悉，能熟练地使用软件进行教学和互动；线上学习平台也可能存在运行环境不稳定、运行卡顿等基础问题；同时，它对学生学习的自控力也有一定的要求。帮助学生独立自学并集中学习，也考验学生的自控力和教师的授课能力。本案例还存在一些其他方面的不足，希望日后能更加完善。

附录一　第一课时“小小设计师”导学案

姓名（　　　　）

课题	小小设计师	
学习目标	让学生把自己的想法具象化，帮助学生梳理自己想要实现的功能以及可能用到的硬件和材料。	
学习过程		提交方式
思考	观看腾讯智慧校园——石笋线上学校播放学校、家里垃圾桶的照片、视频。	线上：腾讯智慧校园——石笋线上学校
自主学习	1. 通过上网查找资料，描述你确定的垃圾桶的外观是__________，并简单绘制一个大概的外观。	线下：填写导学案
自主学习	2. 你的智能垃圾桶都设计了哪些功能？__________。	线下：填写导学案
自主学习	3. 根据你的功能设计，你想要选择哪些 Arduino 硬件？__________。	线下：填写导学案
自主学习	4. 根据你的功能设计，你觉得你可能用到哪些材料来制作你的垃圾桶？__________。	线下：填写导学案
自主探究	当完成以上四项探究后，用平板电脑拍照上传到石笋线上班级群。	线上：拍照上传导学案到石笋线上班级群
投票	用平板电脑打开石笋线上班级完成投票。	线上：石笋线上班级

附录二　第三课时“作品外观搭建与组装”导学案

姓名（　　　　）

课题	作品外观搭建与组装	
学习目标	学生学会实现感应垃圾桶的外观的搭建与组装，实现真正、完整的“造物”。	
学习过程		提交方式
思考	观看教师示范	
自主学习	1. 教师使用激光切割机的步骤是________。	线下：填写导学案
自主学习	2. 使用激光切割机的注意事项是________。	线下：填写导学案
自主学习	3. 根据分工： 电脑绘图员是______。 材料管理员是______。 成品组装员是______。	线下：填写导学案
自主探究	你想如何推广你的产品？ ________。	线下：填写导学案
自主分享	你的作品做好了吗？拍摄一段视频解说制作感应垃圾桶的过程和心得体会上传到我们的线上班级群吧！	线上：拍摄视频上传到石笋线上班级群

杜佳红，女，成都市石笋街小学校信息技术教师。第六届中国未来学校大会混合式学习 TOP20 种子教师。

Do you like pears?

一、主题分析

（一）提出的背景

混合式学习是传统的面对面课堂教学与网络学习的混合，是自主学习、协作学习、接受学习、发现学习的混合，是真实的教室环境与虚拟的网络环境的混合，是师生之间线下交流与线上交流的混合。混合式学习模式把传统教学方式的优势和网络化教学的优势结合起来，既发挥教师引导、启发、监控教学过程的主导作用，又充分体现学生作为学习过程主体的主动性、积极性与创造性。

（二）混合式学习的特点及模式优势

1. 自主的学习方式

在传统教学模式下，学习内容往往以教材为中心，教师根据教学大纲的要求将教学内容以讲授的形式传递给学生，学生只能被动地接受。而在混合式学习过程中，学生可以根据自己的学习风格随时随地进行自主学习，不必再拘泥于教学内容的编排顺序以及教师单一的教学方式，而是主动参与到学习过程中，通过自己擅长的学习方式积极思考并提出问题与教师和同学讨论，在教师的引导下更深入地理解所学内容。

2. 以信息技术为支撑

教师可以利用信息化手段将与教学内容相关的课件、视频等资源进行处理并上传到一起作业英语平台和 UMU 平台中，让学生进行自主学习。教师可以根据学生的学习记录对教学内容、教学策略以及教学活动进行相应的设计和调整。线上+线下的混合式学习打破了传统课堂时间以及空间上的局限，在信息技术的支持下，为教师和学生带来了更多的教学体验和服务，使教育和互联网紧密地联系在一起。每个学生都参与到学习当中，成为学习的组织者和引导者，通过不断地与教师和同学进行交流探讨，在协作中完成学习。

（三）适用的年级

英语混合式学习适合小学一年级到六年级的学生。一起作业平台包含了 26 个不同的英语教材版本，如人教版、川教版、沪教版、冀教版、粤教版、外研社等等。

二、学习流程

大单元理念下英语混合式学习模式以一整个单元为设计单元，包括三个阶段，即课前学生自主学习阶段、课中学生课堂研讨学习阶段和课后学生巩固学习阶段。其中，课前学生自主学习阶段和课后学生巩固学习阶段在线上进行，课中学生课堂研讨学习阶段在教室中进行，具体设计如图 4－8－1 所示。

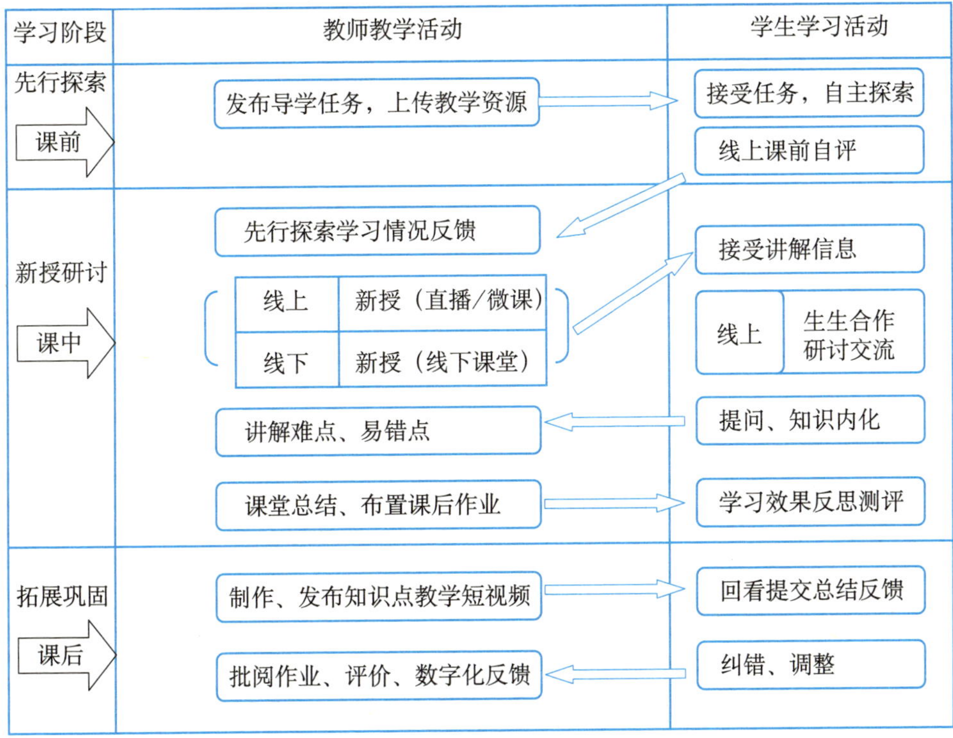

图 4-8-1　学习流程

三、学习准备

本课的学习准备如表 4-8-1 所示。

表 4-8-1　学习准备

学习准备	教学平台	教学资源
各班教室	UMU 平台	微课
		自然拼读
	一起作业 App	趣味预习题
		同步练习题
		单元复习题
		拓展学习资料
		绘本
		教师共享的课件

四、学习目标

知识目标：能够掌握 Part A 和 Part B Let's learn 中的三会单词以及 Part A 和 Part B Let's talk 中的重点句子。掌握这个单元自然拼读的五个单词的拼读规律。

能力目标：能用本单元所学的词汇与句型“I don't like...”来表达自己喜欢和不喜欢的水果，并且延伸到已学的旧知进行熟练运用。

情感目标：教育学生要热爱食物，养成不挑食的好习惯。

五、学习过程

（一）课前学生自主学习阶段

在这一阶段，教师将准备好的与学习内容相关的学习资源，如教学课件、教学视频等，以及相应的学习要求上传到 UMU 平台上，让学生进行自主学习。本阶段教师和学生要做的相关工作如表 4-8-2 所示。

表 4-8-2　本阶段教师和学生工作

课前教师工作	课前学生工作
（1）统计调查家庭电子产品的拥有率，如电脑、平板电脑、智能手机等的配备情况。 （2）在家长微信群推送学习任务清单，提醒学生进行课前自主预习。 （3）利用一起作业英语平台，设计并搭建好 UMU 互动平台，提前制作好相关预习微课以及相关联知识视频链接等学习资源。 （4）确定本阶段的学习目标，发布课前学习计划。	（1）复习旧知。 （2）登录一起作业英语平台预习新知，跟读。 （3）自主完成课前任务学习单。

（二）课中学生课堂研讨学习阶段

这一阶段的教学活动是在教室面对面进行的。教师根据学生在一起作业平台和 UMU 平台上的学习情况，集中解答学生普遍遇到的问题。教师对学生的发言进行点评，与学生一起讨论。教师对学生的课堂研讨情况进行分析和总结，进一步了解学生的掌握情况并布置课后学习任务。在课堂研讨的过程中，教师引导学生积极思考、发散思维，学生发表自己的见解，听取其他学生的意见，并结合教师的针对性讲解，进一步加深对学习内容的理解，完成知识内化，并培养自己的批判性思维。本阶段的教学安排如表 4-8-3 所示。

表 4-8-3　教学安排

<table>
<tr><td colspan="3">一、学习指南</td></tr>
<tr><td colspan="3">1. 课题名称：
《英语（三年级上册）》（人教社版）Unit 5</td></tr>
<tr><td colspan="3">2. 达成目标：
通过观看班级主页中的教学资源，完成自主学习任务单规定的任务。</td></tr>
<tr><td colspan="3">3. 学习方法建议：
（1）自主探究；（2）小组合作；（3）互动访谈；（4）资料筛选，归纳拓展。</td></tr>
<tr><td colspan="3">4. 设计思路：
板块一：角色表演
学生模仿他们感兴趣的人物，进行角色表演。
板块二：小小销售员
针对“拓展思考”中的开放性问题，展开讨论。</td></tr>
<tr><td colspan="3">二、学习任务</td></tr>
<tr><th>学习任务</th><th>学习过程</th><th>学习建议</th></tr>
<tr><td>任务一：
登录首页
阅读资源</td><td>阅读学习班级主页发布的资源内容。</td><td>登录主页，查看资料，独立思考。</td></tr>
<tr><td>任务二：
围绕主题
提出问题</td><td>围绕主题“Let's eat”，我想研究的问题：
1. Can I have some...?
2. I'd like some...
3. Have some...</td><td>你对这些问题感兴趣吗？既可以围绕以上问题展开研究，也可以自主确立想研究的问题。</td></tr>
<tr><td>任务三：
小组合作
展开研究</td><td>我的同伴是：＿＿＿＿＿＿
我们研究的问题是：＿＿＿＿＿＿
小组名称：＿＿＿＿＿＿
小组分工：＿＿＿＿＿＿
研究步骤：＿＿＿＿＿＿</td><td>既可寻找同伴进行互动，也可单人研究一个主题。（1）合理分工，发挥长处。（2）互帮互助，团结协作。（3）虚心学习，取长补短。</td></tr>
<tr><td>任务四：
记录成果
展示交流</td><td>我们的研究成果是：＿＿＿＿＿＿

我们展示的方式是：＿＿＿＿＿＿</td><td>作品呈现方式建议：PPT、视频、图片、照片、文稿、手抄报、角色表演的视频等。
研究成果的分享方式：将成果上传至班级主页，电话、微信交流。</td></tr>
<tr><td>任务五：
多方对话
自主评价</td><td><table>
<tr><th>项目</th><th>1</th><th>2</th><th>3</th><th>4</th><th>5</th></tr>
<tr><td>按时完成任务</td><td></td><td></td><td></td><td></td><td></td></tr>
<tr><td>搜索整理信息的能力</td><td></td><td></td><td></td><td></td><td></td></tr>
<tr><td>小组协作意识</td><td></td><td></td><td></td><td></td><td></td></tr>
<tr><td>汇报展示能力</td><td></td><td></td><td></td><td></td><td></td></tr>
<tr><td>创新能力</td><td></td><td></td><td></td><td></td><td></td></tr>
</table></td><td>1. 评价自我学习成果，评价其他小组的学习成果。
2. 评价方式：
优秀：三颗星
良好：两颗星
一般：一颗星</td></tr>
</table>

任务六： 学后反思 拓展思考	总结学习成果： 1. 我收获的知识：____________ 2. 我提升的能力：____________ 3. 我需要努力的方面：____________	同学们，总结过后，你可以挑战一下“拓展思考”，讨论开放性问题： 1. 字母 d 的其他发音。 2. 字母 o 的其他组合发音。

这一阶段的教学活动在教室面对面进行。教师根据学生在线上的学习情况，集中解答学生在学习过程中普遍遇到的问题，对于小部分学生在学习过程中遇到的个性化问题，教师通过一对一的方式进行指导。教师对课程的重难点进行针对性讲解，让学生更深入地理解。然后，教师组织学生以小组的形式，在听过教师对重点问题的解答和学习过课程重难点的基础上，对学习内容进行深层次讨论，并在讨论后进行自由发言，教师对学生的发言进行点评，与学生一起讨论。最后，教师对学生的课堂研讨情况进行分析和总结，进一步了解学生的掌握情况并布置课后学习任务。在课堂研讨的过程中，教师引导学生积极思考、发散思维，学生发表自己的见解，听取其他学生的意见，并结合教师的针对性讲解，进一步加深对学习内容的理解，完成知识内化。教师在这一阶段引用部分一起作业平台上的同步练习，进一步加深学生的印象。

课中教学活动设计：以《英语（三年级下册）》（人教社版）“Unit 5　Do you like pears?”为例（见表 4-8-4）。

表 4-8-4　教学活动设计

教学过程	批注
一、Warm-up & Revision （1）UMU 平台预习字母发音的系列微课。 （2）游戏：听音辨词。教师用单词卡片展示多个含有字母 u 的单词，请学生读，读完后要判断该单词中的 u 是否发/ʌ/的音。 （3）日常口语对话。	检测掌握语音的情况。
二、Presentation & Practice 1. Let's learn （1）教师在课件上依次呈现西瓜、草莓、葡萄的图片，同时读单词 watermelon、strawberry、grape。 教学生巧记单词： water+melon=watermelon straw+berry=strawberry 板书 watermelon、strawberry、grape 并带读。 （2）游戏：What's missing? 教师将七张水果单词卡片正面朝上贴在黑	

续表

<table>
<tr><th colspan="3">教学过程</th><th>批注</th></tr>
<tr><td colspan="3">板上，给学生 10～20 秒记住这些单词，然后请学生闭上眼睛，教师从中拿走一张，再请学生说出哪个词不见了。
(3) 游戏：猜一猜。教师展示不完整的水果图片，让学生猜。如：教师在课件上先展示一部分西瓜的图片。
T：What's this? Guess!
S1：It's an apple.
S2：It's an orange.
T：No. It's a watermelon.（展示完整的西瓜图片。）
(4) 师生问答。
T：I like pears. But I don't like grapes. Do you like grapes?
S1：Yes，I do.
T：What about you?
S2：No，I don't.
T：You don't like grapes. Me，neither.
讲解句型“I don't like...”与句子“Me，neither.”。
(5) 播放录音，跟读。
(6) 请学生打开课本第 52 页，读一读 Let's learn 部分的单词与句子。
2. Let's chant
(1) 教师带领学生读歌谣。
(2) 播放录音，学生学唱歌谣。
(3) 学生齐唱歌谣。请几个能力强的学生依次唱歌谣。</td><td>要适当地教授记单词的技巧。
训练学生的记忆力。
“猜一猜”能激发学生的好奇心，引导学生开口说英语。</td></tr>
<tr><td>作业设计</td><td>(1) 跟着录音读单词。
(2) 自主预习 Let's talk 部分的对话。
(3) 一起作业平台字母练习巩固。</td><td>板书设计</td><td>Unit 5　Do you like pears?
watermelon
strawberry grape
I don't like...
Me，neither.</td></tr>
</table>

（三）课后学生巩固学习阶段

在课后学生巩固学习阶段，主要通过完成教师布置的课后作业进行。学生通过查阅相关资料、与同学讨论交流、查找相关案例等方式完成教师布置的书面学习任务，并以作业的形式提交到平台作业模块中或者发布到微信群。教师在课后通过查阅学生的作业，可全面了解学生对教学内容的整体掌握情况，并及时反馈给学生。学生根据教师的反馈，可以对自己尚未完全掌握的教学内容以及重难点知识进行重复学习，不断巩固。学生的学习不会因课程的结束而结束，而是会在不断探索和内化的过程中得到延续。

混合式学习经验效率的差异对比见图 4－8－2。

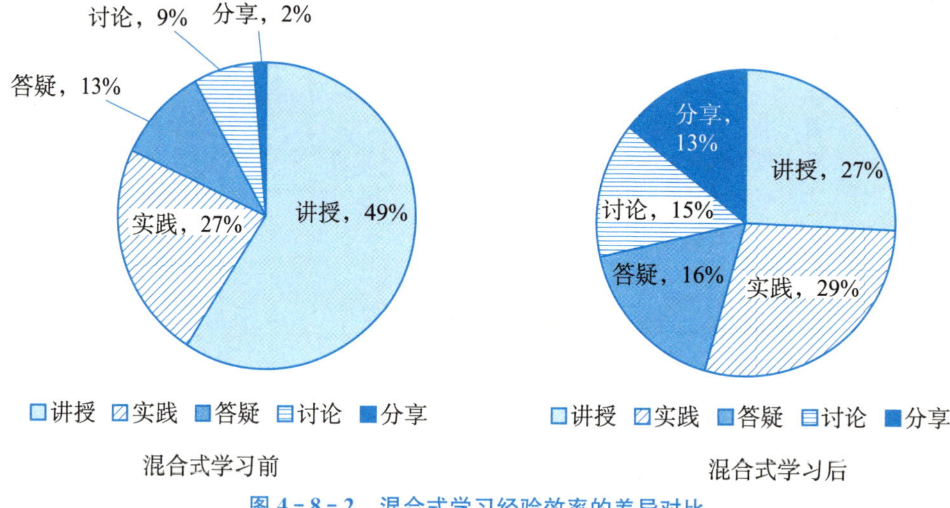

图 4-8-2 混合式学习经验效率的差异对比

六、案例自评

线上自主学习和线下课堂教学的有机融合，极大地拓展了教学空间，这样的混合式学习方式在我们学校已经实行一段时间了。

在混合式学习模式中，教师不再是简单地传递知识，而是结合各种智能教学资源和工具，去组织与引导，去带领学生探索知识，也能将课外科学知识带到课堂，拓宽学生的视野，增加课堂的深度。

在混合式学习中，既有基于学生线上学习表现和线下课堂活动参与情况的形成性评价，又有基于练习和测试结果的结果性评价，更有师生和生生互评。各个步骤环环相扣，将线上和线下紧密结合，能够充分体现英语混合式学习的优势。

大部分学生和家长非常认可英语混合式学习模式，他们认为混合式学习模式下的学习目标更明确，学习内容更丰富，使用 UMU 平台进行微课学习的方式新颖而有趣，使用一起作业 App 学习英语极大地激发了学生的学习兴趣，提高了学生的自主和合作学习能力。

线上学习内容丰富，形式多样，多数学生能够按时完成任务并掌握知识；一部分学生因为硬件的问题不能及时完成，但是他们可以补做。UMU 平台的音视频和微课音质良好，一起作业 App 画面清晰、内容详尽，为学生学习提供了极好的学习素材和学习方式，线下教学活动安排合理、有序，既能巩固线上所学，又能拓展知识和技能，相较于传统学习模式，混合式学习模式更加有趣且富有成效，也更受学生欢迎和喜爱。

虽然也有少部分学生家长对混合式学习模式持否定态度，认为手机 App 会对孩子的视力产生影响等。但其实这不是问题，因为教师在布置作业的时候设置的作业时长充分考虑到了这个因素，并且家长也可尽量参与管理孩子的用眼时间。

丁莎莎，女，中共党员，浙江省台州市椒江区人民小学葭沚校区英语教师。第六届中国未来学校大会混合式学习 TOP20 种子教师。

第五章

平台与工具

混合式学习的开展离不开网络平台的支撑，一些平台就在我们身边，如微信公众号，有些人将它看成自媒体平台，有些人将它运用到教学当中，类似的平台还有问卷星；有些平台聚焦于某一学科领域，如 NOBOOK，也有如 UMU 提供宽阔的舞台，还有如云痕大数据专注于教学评价。了解、熟悉、掌握这些平台，并协调使用，是我们开展混合式学习的基础。

第一节 微信公众号

微信公众平台，简称微信公众号。利用微信公众号进行自媒体教学活动，简单来说就是进行一对多的媒体性行为活动，如今已经成为一种主流的线上线下微信互动方式。

如图 5-1-1 所示，微信公众号具有便捷性、易用性，有利于在混合式学习中广泛使用。通过微信公众号将课程内容推广到线上平台，可以极大地提高教师的工作效率，更好地为教学服务。教师可以不受时间、空间的限制，随时对细致的设置功能进行操控。教师不仅可以上传课程信息、课程视频等与课程相关的一切资料，还可以直接使用链接分享内容，更快捷地分享教学理念。并且，通过微信公众号发布资源成本低、可持续性强，可以对接所有电子设备平台，信息传播效率高。

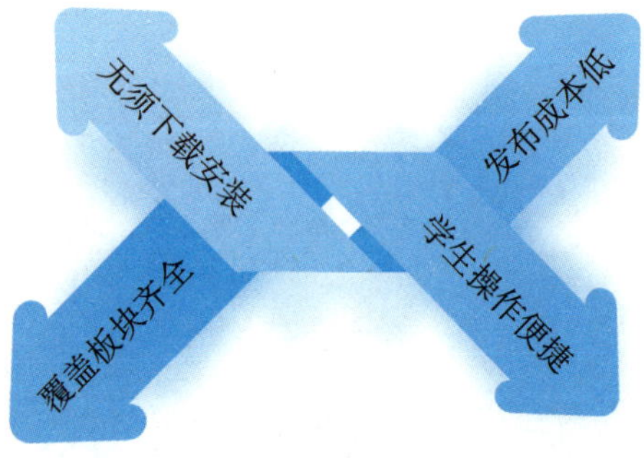

图 5-1-1 微信公众号的优势

在微信被广泛使用的今天，学生直接扫码或者关注微信公众号即可进行线上学习，信息推送迅速、更新及时，实现了随时随地提供信息和服务。

一、如何建立一个微信公众号

（一）准备工作

在建立一个微信公众号之前，需要准备：一个手机号、一个微信公众号名字、一个未注册过微信公众号的邮箱、一个未注册过微信公众号的身份证号、一个未注册过微信公众号并且开通了支付功能的微信号。

（二）注册流程

（1）使用电脑，登录网页注册。打开浏览器（推荐浏览器 Chrome 无痕模式），登录微信公众平台官网，网址为 https：//mp. weixin. qq. com/（或者通过百度搜索微信公众平台，找到并进入地址）；点击页面右上角［立即注册］。

（2）选择账号类型，点击［订阅号］进入下一页。

（3）填写未注册过微信公众号的邮箱，点击激活邮箱；在弹出页面填写“验证码”，点击［发送邮件］；登录邮箱，点开“激活你的微信公众平台账号”邮件；复制 6 位验证码（验证码在 30 分钟内有效，30 分钟后需要重新激活邮箱）。

（4）返回微信公众平台页面，填写“邮箱验证码”；设置密码（密码由字母、数字或者英文符号组成，最短 8 位，需要有大小写变化）；确认密码（两次输入要一致，建议备份密码）；勾选［小方框］同意协议；当以上资料正确填写完成以后，“注册”选项从灰色变成绿色，点击［注册］进入下一页。

（5）按照区域默认选择中国大陆地区，点击［确定］进入下一页。

（6）选择账号类型“订阅号”，点击［选择并继续］进入下一页。

（7）再次确认选择的类型是订阅号，点击［确定］进入下一页。

（8）接下来开始进行信息登记：首先点击主体类型［个人］；完成以后，“下一步”选项从灰色变成绿色，再点击［下一步］进入下一页。

（9）首先完善主体信息登记，依次填写“身份证姓名”（信息审核成功后身份证姓名不可修改，如果名字包含分隔号不要省略）和“身份证号码”；然后用绑定了管理员本人银行卡的微信扫描页面左下角二维码进行身份验证（扫码微信号即账号管理员）。

（10）使用手机微信扫描二维码，确认微信公众号注册身份信息，在核对姓名、身份证、邮箱信息后，点击［确定］；确认人脸识别验证身份信息为本人操作，勾选左下角［小圆点］同意身份验证，点击［下一步］；当手机屏幕变黑时，将人脸对准圆框，按照提示逐步操作；当屏幕闪烁后完成人脸识别自动进入下一页，提示“你的身份已验证”，点击［确定］完成验证；点击［自己的微信号］登录微信公众号；在完成上述步骤后进入最后的成功登录页面，点击［我知道了］完成手机身份验证。

（11）当身份验证成功后，网页上“管理员身份验证”处的页面内容会自动改变，提示身份已确认。下拉页面，填写“管理员手机”；点击［发送验证码］；查看手机短信后输入“短信验证码”；“创作者信息”项目为选填，根据个人情况填写，不填可直接跳过；当完成以上所有步骤后，“继续”选项会变成绿色，点击［继续］进入下一页。

（12）确认注册名称和类型，点击［确认］进入下一页。

（13）填写微信公众号“账号名称”，简写“功能介绍”，选择运营地区（国家→省→市），完成全部信息后点击［完成］。

（14）恭喜注册成功！点击［前往微信公众平台］进入微信公众号页面，就可以使用微信公众号了。

（三）设置自定义菜单

1. 进入自定义菜单

注册成功后点击［前往微信公众平台］可直接进入管理员平台，以后进入需要使用管理员微信，扫描网站首页的二维码，在手机端确认登录，网页才会自动跳转进入管理员平台；进入页面后，在“内容与互动”项目下找到“自定义菜单”，点击可进入右侧页面编辑。

2. 设置菜单和子菜单名称

设置菜单和子菜单名称，可以将资源、成果等进行分类，帮助访问者顺利找到自己要学习、了解的内容。

（1）菜单名称：进入“自定义菜单”页面，在页面左侧模拟手机屏幕图框内，点击［菜单名称］，然后在右侧“菜单名称”方框里输入名称，例如“学习成果”；完成以后点击下方［保存并发布］确定设置；通过页面右上角“删除菜单”可以进行添加或删除修改。

（2）子菜单名称：在页面左侧模拟手机屏幕图框内，点击［菜单名称］，点击上方［＋］添加子菜单，名称设置与删除方法同上。

3. 设置子菜单内容

通过设置子菜单内容，可以直接进入选择的内容开展学习，建议链接图文素材，以展示更多的内容。子菜单内容有发送消息、跳转网页、跳转小程序三种类型。

（1）发送消息：消息有图文消息、图片、音频、视频、视频号动态五种类型。

点击［图文消息］，有两种链接方法：通过点击［从已发表选择］选择已发布内容，或者通过点击［转载文章］输入网址链接到网络资源。

图片、音频、视频都可以由“从素材库选择”进行资源链接，单独上传则有些区别：

点击［上传图片］可以直接从电脑中选择文件上传，操作最简单；

点击［上传音频］需要输入标题、选择分类（音频内容格式支持 mp3、wma、wav、amr、m4a，文件大小不超过 200M，音频时长不超过 2 小时）；上传后将进行转码和审核。

点击［上传视频］，需要完善标题、分类、简介等资料，视频时长要小于 1 小时，超出限制建议先到腾讯视频上传再链接，也需要进行转码和审核才能使用。

点击［视频号动态］，点击“＋选择视频号动态”输入视频搜索，可选择该账号的动态进行链接。

（2）跳转网页：既可以在页面地址输入相关链接，也可以从微信公众号图文消息中选择已经发布的内容。

（3）跳转小程序：选择关联的小程序或链接备用网页。（旧版微信客户端无法支持小程序，点击菜单时将会打开备用网页。）

（四）资源创作

1. 图文素材

进入页面后，首页就有［新的创作］项目，选择相关内容即可编辑素材。

［新的创作］下有“图文消息”“选择已有图文”“视频消息”“视频号动态”“直播”“转载”和“图片消息”“文字消息”“音频消息”（最右侧下拉）9 种创作类别。

根据实际需要编辑课程内容，可以通过网站搜索一些编辑器辅助设计，推荐使用 135 编辑器（网页版），里面可选的样式较多，且制作便利，可以同步至微信公众号。

2. 素材库

素材库有图片、音频、视频三个可以上传资源的项目。上传、操作须知在前面子菜单内容中有详细介绍。将需要的内容上传至素材库，既可以直接发布为课程，也可以在编辑课程时直接插入使用。

3. 原创

“原创”资源，顾名思义，就是作者拥有版权的内容，有图文原创、视频原创和全局可转载账号三个项目。在资源发布过程中，凡是勾选［声明原创］的内容，都会显示在这个板块中。

二、问卷，测试

（一）问卷星小程序

问卷星（见图5-1-2）是一个专业的在线问卷调查、考试、测评、投票平台，有功能强大、人性化的在线设计问卷、采集数据、自定义报表、分析调查结果等系列服务。与传统调查方式和其他调查网站或调查系统相比，问卷星具有快捷、易用、低成本的明显优势，已经被大量企业和个人广泛使用。

图5-1-2　问卷星小程序图标

1. 进入小程序

打开手机微信，向下滑动，进入“小程序”界面；点击上方［搜索小程序］框；在新页面“搜索小程序”中输入“问卷星”；点击［问卷星］小程序图标，进入问卷星小程序；进入页面后点击［微信登录］或［问卷星账号登录］选择进入小程序的方式（微信进入需要点击［允许绑定手机号码］）。

2. 创建项目

在进入问卷星小程序后，点击右上角创建。可供选择的项目类型有“调查”“考试”“投票”“表单”等，每个项目下都有系列资源，可以根据需要改编，也可以点击［从空白创建］新建内容。

在新页面输入选择的项目类型名称，点击［创建］；进入新页面点击［＋添加题目］进入选择页面；四个项目类型都分别提供了三个编辑类别，分别是“基础题型”、“题目模板”以及“题目”，其中“题目”的编辑框架内容全部一样，为“题库选题”“文本导入”“图片添题”。

（1）调查。

基础题型：单选题、多选题、填空题、排序题、图片上传、滑动条、比重题、打分题、NPS量表、商品题、矩阵单选、矩阵多选、矩阵填空、矩阵滑动、矩阵量表、表格文本题、表格数值题、表格下拉题、分页、段落说明。

题目模板：姓名、性别、手机、日期、地区、地图。

（2）考试。

基础题型：考试单选、考试多选、判断题、考试填空、简答题、普通填空、分页、段落说明、附件上传、多项文件、多项简答。

题目模板：姓名、性别、手机、部门、日期、地区、地图。

（3）投票。

基础题型：投票单选、投票多选、普通填空、分页、段落说明。

题目模板：姓名、性别、手机、部门、日期、地区、地图。

（4）表单。

基础题型：单选题、多选题、填空题、排序题、图片上传、打分题、商品题、表格文本题、表格数值题、表格下拉题、分页、段落说明。

题目模板：姓名、性别、手机、日期、地区、地图。

题库编辑结束后回到问卷页面，单击刚编辑完的问卷；点击［分享］；在系统提示窗口点击［确定］发布问卷。

3. 使用流程

（1）在线设计问卷：问卷星提供了所见即所得的问卷设计界面，支持 49 种题型以及信息栏和分页栏，并可以给选项设置分数（可用于考试、测评问卷），可以设置关联逻辑、引用逻辑、跳转逻辑，同时还提供很多专业问卷模板。

（2）发布问卷并设置属性：问卷设计好后可以直接发布并设置相关属性，如问卷分类、说明、公开级别、访问密码等。

（3）发送问卷：既可通过微信、短信、QQ、微博、邮件等方式将问卷链接发送给填写者填写，又可与企业微信、钉钉、飞书等高度集成。分享形式有三种，免费生成海报（图片较单一，美观度稍差）、直接转发（转发既可直接在微信中发送给单人或群，也可以转发到朋友圈）、生成网址，推荐采用后面两种方式。

（4）查看调查结果：可以通过柱状图、饼状图、圆环图、条形图等查看统计图表，通过卡片式查看答卷详情，分析填写问卷所用时间、答卷的来源地区和网站。

（5）创建自定义报表：自定义报表中可以设置一系列筛选条件，不仅可以根据答案来做交叉分析和分类统计，还可以根据填写问卷所用时间、来源地区和网站等筛选出符合条件的答卷集合。

（6）下载调查数据：当调查完成后，可以下载统计图表到 Word 文件保存、打印，用 SPSS 在线分析或者下载原始数据到 Excel 导入 SPSS 等调查分析软件做进一步的分析。

（二）老师助手小程序

老师助手（见图 5－1－3）是一款为教师、家长、学生赋能的班级管理神器，提供班级管理、作业分发、学生激励和智能作业等功能，支持在QQ、微信多个平台和手机、平板电脑、电脑等多个终端使用，致力于让班级管理更高效、让作业批改更轻松、让家校沟通更顺畅。

图5-1-3 老师助手小程序图标

1. 进入小程序

打开微信，向下滑动，进入“小程序”界面；点击上方[搜索小程序]框；在新页面“搜索小程序”中输入“老师助手”；点击[老师助手]小程序图标，点击[我知道了]；选定账号，点击[允许]，进入老师助手小程序。

2. 布置作业

进入老师助手小程序，点击[布置作业]。填写作业文字内容→设定作业项目（图片、音频、视频、文件及答案）→选择接收班级；下滑界面→设置其他项目（无特殊要求按照默认设置不动即可）→点击发布；点击[分享到班级群]；教师批改作业、在线打分，系统自动生成统计。

（三）优势和不足

问卷星小程序为用户提供问卷调查、在线考试和报名表单类服务，支持在线编辑问卷，查看、下载结果，既可以由使用者自己去编辑问卷，也可以选择模板（各行各业的模板）；问卷星与微信、QQ、微博等即时通信工具都相互关联，便于发布与回收问卷；拥有强大的数据分析功能，可以帮助分析各个问题；拥有自动绘图功能，能把数据分析结果以图表的形式呈现，便于观看。

问卷星小程序的不足是只能在微信中使用。

老师助手小程序相对来说功能更多，在多平台、多终端都能使用，包含作业、打卡、通知问卷调查等功能。教师可以在线布置作业、批改作业，学生可以在线提交作业、查看批改结果。老师助手还有一键表彰功能，可以一键生成表彰图，减少统计时间，提升工作效率。

老师助手小程序的不足是，编辑试题、问卷的功能不如问卷星全面，也无法生成链接。

三、微信公众平台在混合式学习中的应用

依托微信公众号，教师根据教学（课前、课中、课后）课程设计，驾驭“自学、导学、练习、展示、评价”五个微环节的课堂进程，将教学设计得更加具有

真实性，方便学生学习和接受。教师可以借助平台，通过微课、音频、视频、文档、文章、图文等多种形式创建教学内容，再利用老师助手小程序，实行签到出勤考核，课后利用问卷星小程序进行学情调查和教学数据采集，借助提问、讨论、拍照、表演、测试等设置教学互动。结合微信公众号的多种功能，教师可以设计符合课程教学的学习形式，线上与线下相结合，通过有效的教学方式，呈现最有效的学习效果。

（一）混合式学习案例一——“疫情下的开学第一课”

“疫情下的开学第一课”音乐课分为：疫情防护知识、心理健康科普、心理健康疏导音乐活动和综合实践活动。在课前，学生上网自学疫情下的基础防护知识，提出自己“抗击疫情从我做起的”一句话倡议；在课中，学生学习当时流行的手势舞《不放弃》，师生、生生、小组交流讨论，分享感受，进行心理健康疏导；在课后，线下表演手势舞，总结感受，说寄语祈福加油并录制视频。

课前自学：使用微信公众号，结合微课和自主学习任务单学习，铺垫疫情防护知识。

课中导学：共同练习手势舞，讨论疫情带来的影响，进行心理健康科普。开展心理健康疏导音乐活动。

课后拓展：分组录制表演视频。在线上致敬最美逆行者：学生将自己表演的手势舞《不放弃》、“抗击疫情从我做起的”一句话倡议和祈福加油的一句话录制成视频，教师将学生的演出视频剪辑成一段完整的 MV，并发布到微信公众号，学生也将自己的表演直接发到抖音等平台向抗疫英雄们致意，深化主题，心系家国。

（二）混合式学习案例二——“吹奏竖笛：听我说谢谢你”

本案例基于混合式学习模式，利用微信公众号，进行竖笛的吹奏学习，实现课程目标。课程总体上分为课前线上、课中线下、课后线上三部分。

课前线上部分，学生需在线上观看微课，完成任务单等，对曲谱形成初步的认识。

课中线下部分，教师讲授歌曲，师生共同识谱、练习，在完成练习后学生进行成果展示。

课后线上部分，学生完成练习，拍摄视频提交作业，教师整理成果并发布到微信公众号。

四、微信公众号在混合式学习中应用的可行性分析

在混合式学习中，微信公众号给绝大多数学生提供了个性化的学习机会，使学习更具有时效性和实效性。教师依托互联网，重组教学资源，调整教学策略，能促进信息技术与学科教学的深度融合。

（一）平台更加稳固

基于社会化关系网络，用户之间的黏性更强一些，保证了使用者的使用长久度。

（二）维护成本低廉，方便使用

使用个人微信公众号发布教学资源，不用安装、注册很多软件，不用担心系统网站突然崩溃而无法使用。

（三）功能更加多样化、多元化

微信公众号不仅支持文字，而且支持语音以及混合文本编辑。普通的微信公众号可以推送文字、图片等多种类别的内容；而认证的账号有更高的权限，能推送更加漂亮的图文信息，尤其是语音和视频，让教学活动变得更生动、更有趣，更有利于教学活动的开展。

（四）信息到达率高

由于每一条信息都是以推送通知的形式发送的，发布的每一条信息都会送到订阅者手中，到达率可以达到100%。还可以通过后台的用户分组和地域控制实现消息的精准推送。

（五）能结合、使用适当的小程序

类似问卷星小程序、老师助手小程序等，通过微信就可以直接使用，便捷的操作能帮助教师、学生和家长及时进行课程反馈、验收。

借助微信公众号开展混合式学习，能充分利用、整合互联网中的各种资源；通过制作各种类型的微课，使用微信公众号发布各类学习课程，学生能在课余时间随时进行线上学习，培养自主学习的习惯，并通过了解相关学习软件，获得通过互联网搜集、整理、学习知识的能力。利用微信公众号，知识来源更广阔、丰

富，能增强学生学习的自主性，拓展学习的深度和广度。学生在线上和线下都能熟练地使用电子产品进行学习，能更直观地听、看、感受有趣的音乐形象，化抽象为具象；教师能提高教学效率，也能通过思考和比较解决问题，最大限度地突破学科教学重难点。结合线下课堂，交流互助学习，分享展示学习成果，能节省部分线下课堂教学的时间，实现线上、线下的高效整合。拥有庞大用户群体的微信，不仅是一个方便的传播平台，也是一个方便学生和教师学习与交流的平台。充分利用平台提供的便利条件，可以让教师的教学变得更有趣，让学生的学习变得更简单。

参考文献

[腾讯客服] 公众平台专区，https：//kf. qq. com/product/weixinmp. html#hid=hot _ faq.

[问卷星] 帮助中心，https：//www. wjx. cn/help/help. aspx.

第二节 UMU

当今时代，信息化已经深入人们生产和生活的各个方面，同时也在不断地加速教育生态的变革，“互联网＋教育”平台纷纷涌现，UMU 互动学习平台就是其中的典型之一。UMU 平台能突破教室与课堂的时空限制，是一种“人人可教、人人可学”的创新教学与互动学习平台。

UMU 平台能够搭建精准指向、模块化、递进式（见图 5－2－1）的学习任务，它连接了移动终端与电子白板，打通了线上与线下，能够贯穿课前、课中、课后，整合互动讨论、语音微课、在线会议直播、问卷调查、考试等功能，巧妙地将学习元素进行移动互联网化，打造师生互动、情景调动、问题驱动的混合式学习创新体验。UMU 平台让课堂教学的主体互联，加速生成性知识的交流共享，让每个学习者都能融入互动、分享、收获的学习网中。师生不仅能下载移动 App 或 PC 客户端，还能直接用浏览器打开网页端，因此 UMU 平台具有很强的便捷性、易用性，有利于在混合式学习中广泛应用。

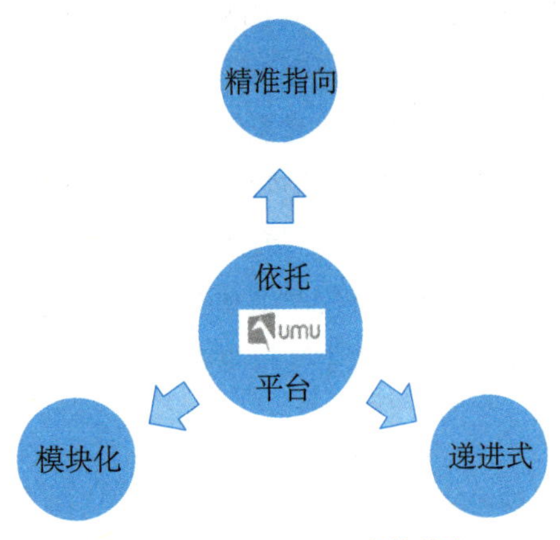

图 5-2-1　UMU 平台的特点

一、UMU 平台的基本功能

（一）创建一门课程

UMU 平台是以课程为单位进行设计的，需要通过“课程-小节”组织学习过程，小节可以在课程中进行添加。

1. 网页端创建课程

打开浏览器输入网址 https：//www.umu.cn，注册并登录账户；点击页面上方［我的课程］，进入课程管理界面；点击页面右上方的金色按钮［+创建课程］，填写课程名称；点击［下一步］，课程就创建成功了。

2. App 端创建课程

在移动端打开 UMU App 并登录账户，点击页面下方的［课程］，进入课程管理界面；点击页面右上方的［+］创建课程，填写课程名称；点击［下一步］，课程就创建成功了。

（二）添加课程小节

UMU 的课程由多个小节构成，在每个课程中，都可以按照实际需求进行内容与互动小节的有机组合，课程小节的数量没有限制。

1. 网页端添加课程小节

进入一门创建好的课程，点击页面右上方的蓝色按钮［+添加课程小节］；根据课程规划，可以任意选择小节添加并制作；点击［+添加章节］可以对已有的课程小节进行归类。

2. App 端添加课程小节

进入一门创建好的课程，点击页面下方的按钮［添加课程小节］；根据课程规划，可以任意进行小节添加并制作；点击［+添加章节］可以对已有的课程小节进行归类。

3. 调整小节顺序

在网页端点击［编辑顺序］或在 App 端点击［调整顺序］，直接拖拽小节即可完成顺序调整。

4. 小节介绍

在 UMU 平台中，小节是课程的基本单元，小节的主要类型如下：

（1）内容小节：如语音微课、视频、文章、图文、文档等模块，能够使用图文、音视频轻松制作教学内容。

（2）互动小节：如 AI 作业、考试、讨论、问卷、签到、拍照、提问、游戏、抽奖等模块，通过教学互动，提升参与度，促进学生理解、记忆、练习和内化。

（3）同步学习互动小节：如互动式直播、视频会议等，学生可以跟随教师的教学节奏参与互动。

5. 预览制作好的课程

（1）网页端预览课程：进入制作好的课程，点击页面右上方的［预览］，进入课程预览界面；或者点击任意小节的［预览］，可以进入小节预览界面；预览时可以学习者的身份参与学习，提交互动数据进行测试。

（2）App 端预览课程：进入制作好的课程，点击小节右侧的［⋮］，选择［预览］，可以进入小节预览界面；在小节预览界面点击下方的［目录］，可以进入课程预览界面；预览时可以学习者的身份参与学习，提交互动数据进行测试。

（三）邀请他人参与课程

1. 网页端邀请学生参与

进入制作好的课程，点击页面右上方的［分享］，选择以下任意方式分享课程。

（1）链接分享：复制链接，发送给学生，学生点击链接即可参与。

（2）海报分享：保存带有课程二维码的海报，发送给学生，学生识别二维码即可参与。

（3）访问码分享：保存课程访问码，发送给学生，学生在 UMU 网页端或 App 端输入访问码即可参与；或通过浏览器进入网址 pin. umu. cn，输入访问码即可参与。

（4）分享到班级：选择已有班级，点击［完成］，学生在班级空间内点击链接即可参与。

2. App 端邀请学生参与

进入制作好的课程，点击小节右侧的［⋮］，选择以下任意方式分享课程。

（1）链接分享：复制链接，发送给学生，学生点击链接即可参与。

（2）海报分享：保存带有课程二维码的海报，发送给学生，学生识别二维码即可参与。

（3）访问码分享：保存课程访问码，发送给学生，学生在 UMU 网页端或 App 端输入访问码即可参与。或通过浏览器进入网址 pin. umu. cn，输入访问码即可参与。

（4）分享到班级：选择已有班级，点击［完成］，学生在班级空间内点击链接即可参与。

（5）分享到微信、微信朋友圈、QQ、QQ 空间：一键分享至相应 App，学生点击链接或识别二维码即可参与。

（四）参与他人的课程

1. 参与途径

可通过他人分享的链接、二维码海报、访问码、班级空间链接等进入课程并参与学习。

2. 查看已参与课程

在 UMU 网页端或 App 端的课程界面点击［我参与的］，可以查看参与过的课程。

3. 课程收藏与查看

若希望以后继续参与课程，或者保存重点课程，可以对课程进行收藏。进入课程后，点击页面右上角的［星号］即可收藏课程。在 UMU 网页端或 App 端进入个人中心，点击［我的收藏］，即可查看收藏的课程。

（五）邀请他人协同管理课程

可以邀请多位用户协同编辑当前的课程，除不支持删除课程外，所有协同者具有和创建者相同的权限，协同者也可以继续邀请其他用户加入协同管理。

进入制作好的课程，点击页面右上方的［更多］，选择［协同］；输入协同人员账号，点击确认；协同人员会收到系统发送的协同编辑通知，并获得课程管理权限。

二、UMU 平台在混合式学习中的应用

依托 UMU 平台的结构化课程，根据课程教学设计，一节课可分为课前预学、课中实施、课后提升三大环节。每个环节都是教案的真实再现，利用微课、视频、文档、文章、图文等创建教学内容，运用签到实行出勤考核，利用问卷进行学情调查和教学数据采集，借助提问、讨论、拍照、考试等设置教学互动，通过作业和考试进行作业收取、巩固提升和阶段性考核，学生可以随时随地进行学习。

（一）混合式学习模块应用

表 5－2－1 为混合式学习模块应用功能示意。

表 5－2－1　混合式学习模块应用功能示意

模块	功能示意
文档　文章	读、写内容可以通过添加文章或文档的方式设置课程，而听、说内容则可以通过添加视频、微课、直播或图文的方式设置课程。
问卷	课前通过问卷调查分析学情，快速掌握学生的知识储备，从而有效地设置课程内容和环节，因材施教。
微课　视频　三分屏直播	添加微课模式能帮助学生高效萃取知识，沉淀经验。视频和直播模式则能锻炼学生的听说能力等。
签到　游戏　抽奖	上课前学生进行电子签到，并实时呈现在大屏幕上，大大缩短了考勤时间。课前设置动脑游戏、课后设置抽奖环节活跃了气氛，调动了学生学习的积极性。
提问　讨论	在对知识情景精读或泛读的过程中，使用提问和讨论环节引导学生自主学习，教学效果会更突出。
拍照	课上拍摄小组讨论场景，课下拍摄练习答案或作业，实时呈现在大屏幕上，并在组间进行知识分享，便于教师及时、高效地进行多元评价。
考试	添加考试模块可以设置有效作答时间，调整题目排序，公平、公正地体现每名学生的学习成果。不仅可以高效、准确地对学生进行量化考核，还能帮助教师进行教学反思和修正评估。
作业	通过图片、语音或者短视频的方式布置作业，师生或生生之间可以互相欣赏、互相点评。

（二）混合式学习情景应用

（1）课堂互联网＋：可使用手机、平板电脑等设备对学生的作业、作品、讨论结果进行拍照，在大屏幕上实时呈现照片，还可以用翻页器进行翻页。

（2）做微课：使用 UMU App 可以很轻松地制作专业微课，5 分钟 9 张图一小节，一个课程小节数量不限，可瞬间生成课程二维码，便于分享。

（3）做互动：用手机随时发起现场提问、讨论，用大屏幕展示互动结果，让每个人都能融入、分享、收获。

（4）做签到：进门扫码就可以签到，可以应用于教师培训、家长会等场景，签到还有防作弊功能，避免代签。

（5）办考试：可实现在线考试，限时回答，分数立刻显示，还可以显示排行榜及答题情况，并针对考试情况自动生成微课进行讲解。

（6）翻转课堂：通过短视频、微课提前把内容提供给学生，学生课前先预习，上课更有效。

（7）陪伴学习：可以每天录制一个 5 分钟的学习要点微课，发到师生家长群，便于学生自主学习、反复学习、深入学习。

（8）视频课堂：支持无限量视频上传、无限量视频播放，无广告，速度快，最高可支持大容量 1G 单个文件上传。

（9）直播课堂：直播无须学生安装插件或者下载 App，打开就能学习，同时能支持 5 万人同时在线。

（三）混合式学习案例

1. 案例一——“疫情中的健康防护课程”

“疫情中的健康防护课程”分为生理健康防护、心理健康防护和综合实践活动三部分。生理健康防护部分在课前预习基础防护知识，在课上探索生物学新知。心理健康防护部分在课上进行分组体验。综合实践活动部分在课后进行线上和线下的项目式实践。

课前作为先行组织者的任务是：使用 UMU 平台，结合微课和自主学习任务单学习基础健康防护知识，铺垫预热。

课上合作探究：完成新知识的探索和心理健康的深度学习体验。

课后分组完成线上和线下的项目式实践调查。实践活动包括在情境模拟中，组织辩论赛，完善学校各部门防疫实施流程等，学以致用。在线上致敬最美逆行者：学生进行书画创作，录制原创音乐 MV，把手工明信片寄给福建医疗队，深化主题，心系家国。

2. 案例二——“生活中的人工智能”

本案例基于混合式学习的教学模式，利用 UMU 平台，开展人工智能的项目式学习，实现课程目标。课程总体上分为课前线上、课中线下、课后线上三个部分。

在课前线上部分，学生须在线上观看微课，完成学习任务单、检测等，对人工智能形成初步的认识。

在课中线下部分，学生依托课外资源开展自主实践，选择真实的人工智能情境并将其作为项目的选题，完成项目式学习。如以选题“校园口罩识别系统”为例，学生分解任务，规划方案，实现人工智能识别系统，并在完成项目后进行成果展示。

在课后线上部分，学生完成学习任务单、检测等，教师整理成果并发布。

三、UMU 平台在混合式学习中应用的可行性分析

在混合式学习中，UMU 平台激发了学生的学习兴趣，优化了课堂效果，给学生提供了个性化的学习机会，使学习更有时效性和实效性。教师依托互联网环境下的先进平台，重组教学资源，调整教学策略，促进信息技术与学科教学的深度融合。因此，UMU 平台在混合式学习中应用具有优势，其可行性有以下三点：

（一）主题形式多样化

UMU 平台多样化的主题形式支撑混合式学习开展。UMU 平台主要可以创建两种主题：活动和课程。活动可以是面对面的沙龙、培训学习、论坛会议、混合式的翻转课堂及线上的交流分享。课程可以包括文章、文档、微课、视频、直播等多种学习内容，在内容环节中还可以加入互动，如进行调研投票、提问讨论、考试、签到、点名等，促进学习者思考、教与学交流，实现更多样化的学习。

（二）轻松参与分享与互动

UMU 平台的轻松参与特点能够助力混合式学习的实施。在教学等活动的现场，活动组织者可将展示界面进行投影，邀请参与者扫描二维码或者输入互动号码进行参与。参与互动不需要下载安装 App 、注册和登录，参与者可直接通过手机、

平板电脑、电脑等利用碎片化时间进行学习。学生不仅可以提交笔记，浏览并回复他人的发言，还可以得到教师的奖励与回复。教师既可将活动或课程链接通过微信朋友圈、QQ 空间等社交网络平台进行分发，也可直接下载活动或课程二维码，并将其展示于公众号、海报、图书上。

（三）及时查看互动结果与学习进度

UMU 平台及时反馈的功能使混合式学习更高效地实现。面对面的投票调研、考试提问等互动的结果都会在大屏幕上立即呈现。全部互动参与结果都可以下载与导出，在活动或课程结束后会自动生成数据报告，并能够记录课程参与情况与完成率，为教师提供量化的参考结果，为后续学习评价环节提供支持。

教育信息化是大势所趋，“互联网＋教育”模式加速了教育信息化发展方式的转型。移动互联网及智能手机的普及为线上和线下学习提供了有利条件，校园无线网的覆盖也为数字校园和智慧课堂提供了保障。使用 UMU 平台进行学习符合以学生为主体、以教师为主导的教育理念，能有效激发学生的学习动机。师生置身于信息化教学环境中，既能零距离地感受信息技术与课程的深度融合，也能调动学生的积极性，优化课堂教学效果。在未来，面对时代的变化，教育教学方式仍会继续快速变革，混合式学习必定会面临更多问题，而我们每一名教育工作者都准备好了迎接挑战。

参考文献

[1] UMU 新手小课堂．[2021-12-12]．https：//m.umu.cn/program/d85879ced-b48e6060a4a8a31#/.

[2] 俞铮．基于 UMU 互动学习平台的混合式教学研究与实践．上海：华东师范大学，2020.

[3] 宋琦，于健华，宋伟．基于 UMU 互动平台的混合式教学模式在外科护理学中的应用研究．卫生职业教育，2020，38（10）．

[4] 罗娟花．基于 UMU 互动平台的小学生线上朗读指导策略初探．新课程，2020（35）．

[5] 林宏宇，林海燕，陈维佳，等．UMU 学习平台在网络教学中的应用．教育与装备研究，2020，36（11）．

[6] 罗彩茹．基于 UMU 平台的激励式评价体系研究与实践．教育教学论坛，2020（39）．

[7] 侯国梅．基于UMU平台的语文互动教学探究．名师在线，2020（6）．
[8] 吉兆荣．混合式教学平台比较研究．科教文汇（上旬刊），2021（2）．
[9] 刘铁花．应用UMU开展混合式有效教学，改变初中化学教学方式．中学课程辅导（教师教育），2021（3）．

第三节 NOBOOK

一、一线教师面对的“头疼难题”

（一）教学设施、教学教室严重不足

操作性和科学性是科学课程的主要特点，学生通常也对观察和动手操作这两个部分感兴趣。科学教学对于教学环境有一定的要求，一般科学教学在实验室开展，需要相应的学具材料和教学设施。但目前许多学校缺乏实验室，即使部分学校有实验室，也往往规模很小，缺乏实验器材，在科学课程教学中教师也很少使用实验室。在进行科学教学时，教师需要自己动手进行教具的制作，有时候根本不使用教具。在学校的图书馆，很少有科学期刊和电子音像教学材料。科学教师所拥有的只有教学参考书和教材这两种教学资源。

（二）课程资源以及实验器材、设备等不足

大部分学校没有充足的实验器材，导致科学实验课无法进行。学生的各项能力得不到锻炼，大大降低了学生对科学的学习兴趣。少部分课程内容和学生的生活实际不够贴近，危险性大和周期过长的实验无法进行课堂演示和操作。

（三）师生互动性不强

教师缺乏相关教学经验，在教学过程中，许多科学教师只是沿用过去传统的教学模式，即“教师讲学生记”。甚至有个别教师认定科学实验过于烦琐，并没有将其纳入教学活动。此种教学问题，会极大地降低学生对科学的学习兴趣，无

法切实提高课堂教学质量，也在某种程度上脱离科学教学的初衷和要求。

（四）专业师资缺乏

小学科学缺乏专业教师，甚至有其他学科教师代课的情况，专业科学教师少，兼职科学教师多。课程规范管理缺失，课时无法保证，课堂照本宣科。

大部分学校小学科学教师教学压力较大，平均一名科学教师带两个年级，每周 18 个课时，工作压力大。普通 1 000 人学校配备 3 名科学教师已达到上限，并且小学科学教学资源稀缺，导致教师备课难度大。

二、探索与体会

（一）“硬件”不够，“软件”来凑

一次偶然的机会，我接触到了 NOBOOK 小学科学教学平台，它针对当前学校对小学科学精品资源和师生互动式教学的需求，提供小学科学优质精品资源和智慧课堂解决方案。我感触最深的是，教师的一个软件展示，可以“让我的学生爱上这款软件”、爱上教师、爱上科学课！

该方案包含小学科学教学硬件、教学软件及互动教学三部分（见图 5－3－1）。

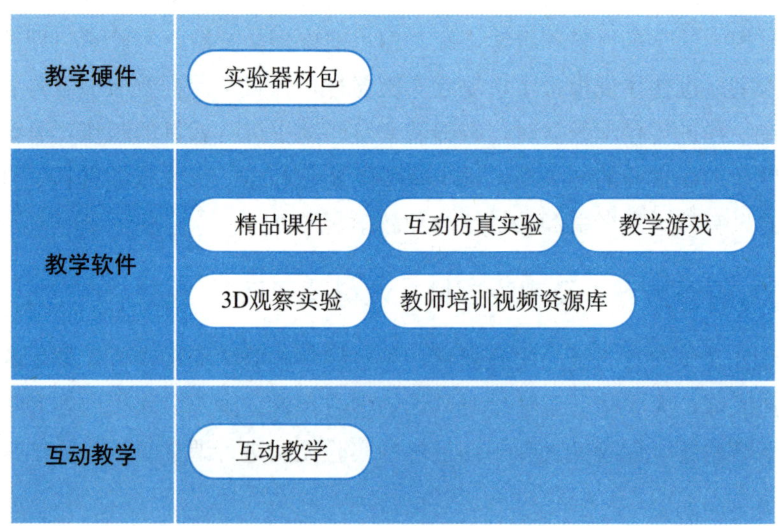

图 5－3－1　NOBOOK 小学科学教学平台

互动教学＋教学软件（NOBOOK 小学科学教学平台）作为整个解决方案的基础，提供了面向小学科学创客领域的开放平台，具有开放性、整合性和高可用

性等特点，能够灵活地支持第三方应用。

NOBOOK 小学科学教学平台是一款专门针对小学科学教师的备授课教学软件，满足教师备授课所需的所有场景。平台配备 H5 课件编辑工具、小学科学备课专属资源库、小学科学精品课件及互动仿真实验，让教师的课堂变得生动有趣。同时，平台提供丰富的互动功能，只需扫码即可快速地完成同屏互动、板书同屏、抢答、投票、习题测验等。平台提供课堂大数据统计分析等功能，教师可及时掌握课堂学习情况，从而有效地进行因材施教。

平台能有效解决学校师资力量不足、教师教研水平参差不齐、实验室供不应求、教学资源短缺等问题。平台内容以新课标为主体，结合大量互动仿真实验及 3D 观察实验，全面帮助小学科学教师提高教学质量，减轻教学压力，从而有效地提高校园整体科学素养。

教学硬件（NOBOOK 配套实验器材包）：完全匹配新课标课程，一比一配置实验器材包，通过动手实验，让学生充分理解科学知识点，让学生既能够了解知识，又能够理解该知识点在日常生活中的使用场景。

（二）主要常用功能剖析

NOBOOK 小学科学教学平台的功能如图 5－3－2 所示。

（三）具体功能——备课

为小学科学教师提供专业的 H5 课件编辑器，用户可通过平台编辑器提供的各种资源库（图片库、图形库、实验库等）快速地创建优质的小学科学课件。

（1）文字编辑。

沿用 PPT 文字使用体验习惯，用户不需要改变操作习惯，即可进行文字样式批量处理。

（2）图片编辑。

用户既可通过公共素材库选择图片素材，也可上传本地图片素材，图片上传至编辑区后可进行翻转、裁剪、尺寸编辑等。

（3）图形编辑。

图形库主要为教师提供海量的矢量图形，如滑轮、滑块、地球、小车等，教师可自由调整图形大小、改变图形状态。

（4）图表功能。

图表功能可将教学数据转化为直观、形象的可视化图像、图形。用图表来表达各种数据信息，能让用户更清晰、更有效率地处理烦琐的数据。

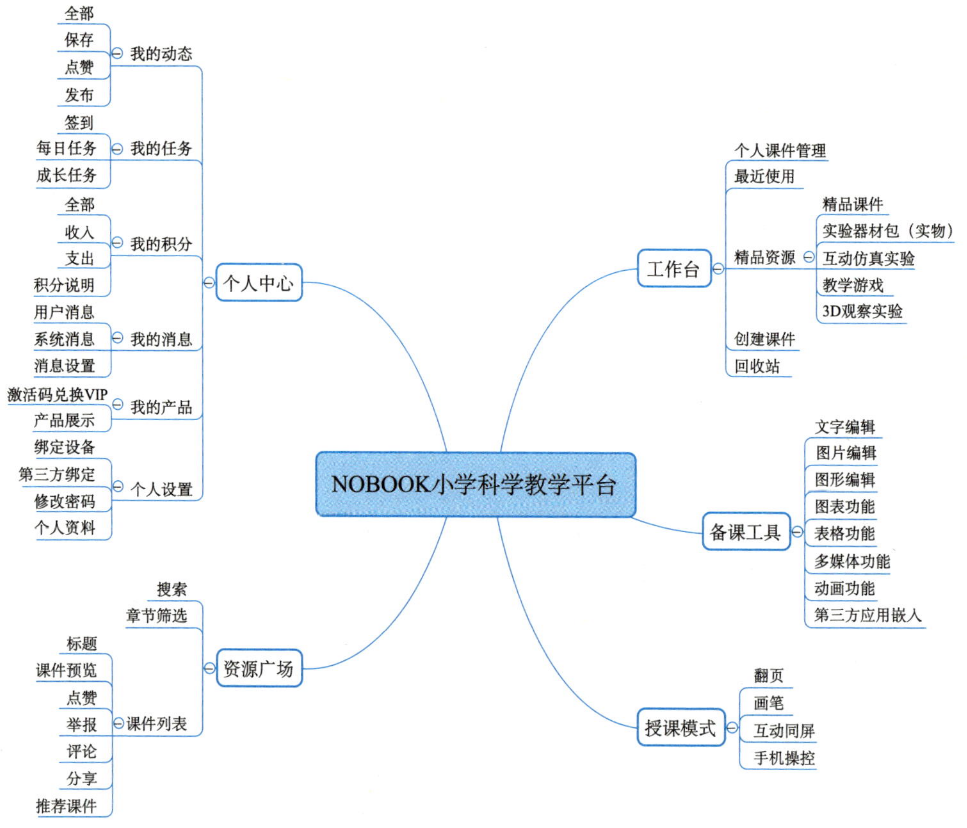

图 5-3-2　功能示意图

（5）表格功能。

这一功能可以辅助教师进行数据收集、整理、归纳等工作，将数据教学中所使用的数据逻辑及数据结构清晰地表达出来。

（6）多媒体功能。

多媒体功能可兼容市面上主流视频网站（优酷、腾讯视频、土豆网、爱奇艺等）的视频链接。

（7）动画功能。

可将教师授课的思路通过动画的形式递进式地进行演示。

（8）第三方应用嵌入。

这一功能可将互联网上任何一款优质的资源或应用插入课件中进行授课教学。

（四）具体功能——授课

当教师开启授课模式后，课件会自动按照用户所设计的动画步骤进行演示。

授课模式的主要功能包含翻页（上下页）板书、教师端与学生端课件同屏、智能教师助手等。

1. 板书功能

（1）板书功能主要是教师在授课过程中进行重点圈画、标注等。

（2）用户可根据使用需求调整画笔粗细与颜色。

（3）画笔分为荧光笔和实心笔两种类型。

（4）用户既可使用橡皮擦功能逐步擦除板书痕迹，也可使用一键清除功能清除所有板书痕迹。

（5）当用户翻页后，板书数据会自动保存至上一页，而不会丢失。

2. 互动教学功能

互动教学功能主要针对多媒体教室，学生可使用手机或平板电脑直接与教师的课件进行同屏及数据互动。

学生可通过扫码与教师端进行同屏教学。

扫码模式分为两种——局域网模式及云端模式。局域网模式只需要教师端和学生端在同一局域网内即可进行互动教学，云端模式是为了保证学生端处于外网中时也能进行连接。

教师端可查看加入课堂的人数。

当教师端翻至实验页面时，同屏模式会自动切换成异屏模式，即学生可自由操作虚拟实验进行实验探究。

3. 智能教师助手

智能教师助手可帮助教师在离开讲台后对课件进行远程操控，并具有远程板书等功能。

教师在扫码后，输入教师平台密码，即可通过手机进行课件远程控制。

三、资源优势

（一）采用 H5 技术开发

（1）具有完美的系统兼容性，Windows、IOS、Android、Web 全平台兼容，账号通用。

（2）分享传播更为便捷，无须特定软件或插件支持，可即时预览、即时互动、实时跟踪统计课件数据。

（3）充分利用学校现有硬件，各种硬件终端深度适配（电子白板、一体机、台式电脑或笔记本电脑、平板电脑等全适配），支持鼠标点击和多点触控两种交互方式。

（4）具有极强的传播性和互动性，教师无须下载、无须安装，便可快速用于教学。

（5）采用先进的文件云端智能存储技术，无论身在何处，都能随时随地管理文件。

（二）精品课件资源

1. 云端文件智能同步管理

平台采用先进的云端文件智能存储技术，可随时随地管理文件，同时支持多终端浏览使用（支持设备：手机、平板电脑、台式电脑等）。

2. 丰富的教学资源体系

平台含 1～6 年级的所有教学课件资源 260 余个，虚拟互动教学实验 250 余个，还包括配套课程的实验器材（1～6 年级的所有实验元件 700 余个）。

3. 精品课件——互动仿真实验资源

传统小学科学课程分组实验，实验流程烦琐，往往一节课快结束了，还没得出实验结论，从而不得不草草收场，而互动仿真实验资源能充分解决这一问题。互动仿真实验将抽象的实验现象变得具象生动，可将较长的实验周期快速浓缩到几分钟内，让教学更简单，让知识更形象，让学习更有趣，从而有效地提升学习效率、改善教学质量。

4. 精品课件——教学游戏

教中玩，玩中学，体验学习的乐趣，激发学习的兴趣。

5. 授课模式——3D 观察实验

逼真的 3D 观察实验，可充分降低教师的教学难度，提高学生的学习兴趣。

6. 小学科学课件编辑器

平台具备课件编辑中常用的文字编辑、图片编辑、动画功能、多媒体功能、第三方应用嵌入等功能，在满足常规课件编辑需求的同时，整合了专业的学科功能，如小学科学专有多媒体资源库。

7. 授课模式——互动教学

平台具备强大的多屏实时互动功能，学生可通过平板电脑或手机完成实验操作。平台同时具备板书、答题、投票等多种互动教学功能。

8. 实验器材包

覆盖 1～6 年级所有课程所需的动手实验实物器材，材料安全可靠、绿色环保。

9. 实验云平台

实验云平台提供小学科学精品实验资源，校内外均可轻松访问使用，让每位师生都能轻松拥有自己专属的移动实验室。该平台支持上传学校自己的 logo，支持与学校已有云平台进行账号体系打通，实现单点登录。

四、心得体会

（一）课件再也不用在各个网站上东拼西凑了

在常态化教学中，教师往往为准备课件及进行备课教研花费大量的时间，而小学科学教师的课时量大，备课压力尤为沉重。找素材制作课件成了小学科学教师耗时最多的工作，而 1～2 年级新开设的小学科学课程资源素材处于完全空白状态，从网上几乎找不到合适的课件素材。针对这一需求，NOBOOK 小学科学教学平台专门打造了包含 1～6 年级所有教师上课所需的精品资源课件，并且每个精品资源课件都匹配了一个互动仿真实验或 3D 观察实验，大大降低了教师搜索素材制作课件的时间成本，在提高课堂教学质量的同时，也提高了小学科学课程教学的互动性和趣味性。

（二）对苏教版和教科版提供对比和参考，知己知彼，百教不厌

多数地区小学科学教师并非科班出身，大多数小学科学课程由其他学科的教师代课，教研水平参差不齐，容易出现对小学科学的理解极不到位、大部分课程照本宣科、课件质量偏差等问题。本方案提供的精品课件由多名一线专家指导数名有着多年一线教学经验的高级教师制作完成，不仅完全符合新课标要求，而且在原有基础上对知识点进行了提炼加工，使教师在授课过程中，知识表达更加清晰，知识结构更加清晰，从而有效地提高了小学科学教师的教学水平。

第四节　云痕大数据

一、认识云痕大数据

随着教育的不断发展，对教学提出了越来越高的要求。例如，教学的精准化是我们最近经常会听到的词。那么如何达到教学的精准化呢？我认为充分把握学

情是前提。了解学生的学习状况，不仅有利于精准教学，更有利于教师因材施教。另外，教育的信息化也衍生出新的教学思想，同时变更着我们的教学方式。例如，智慧教育和混合式学习理念都建立在互联网的基础上，利用其优势为传统教学方式注入新的活力与动力，从而满足学习者个性化的发展需求。云痕大数据的作用就是通过获取学生的平时作业以及各种考试的数据，并进行全面系统的分析，进而科学诊断学情，让教师更精准、快速、轻松地提高教学质量。简单来说，云痕大数据（见图5－5－1）是一种新型快速阅卷模式，利用高速扫描仪和图像识别处理技术，达到快速阅卷的目的，在很大程度上解放了教师的双手，并且支持家长实时了解学生的学习状况。

图 5－5－1　云痕大数据图标

二、云痕大数据的安装说明

为了满足使用者便捷服务的需求，云痕大数据平台支持电脑端和手机端的操作。

（一）网页版

云痕大数据登录的官方网址为 http：//www.eduyunhen.com。点击进入，可选择扫码登录或者密码登录。由于它是一款与学校直接合作的平台，因此使用者不能自行注册，而必须由学校管理员导入，这也确保了数据的可靠性。

（二）电脑端

电脑端主要安装的是试卷扫描程序，并配有相关的扫描机器。因为它一般由学校管理员进行安装，所以学校按需进行配置。

（三）手机端

在手机端，家长和教师既可以关注微信公众号，也可以使用微信小程序，直接查看学生的相关学情分析，实时了解学生的学习动态。这不仅减少了下载手机 App 的麻烦，同时也简单快捷。

三、云痕大数据平台的主要功能

可以说云痕大数据的各项功能都是为了使教学精准化与个性化而量身定制

的，旨在减轻教师负担，促进学生高效学习。

（一）考试管理

进入云痕大数据平台，教师可点击进入考试管理界面创建考试，包括单科考试和网络阅卷。在单科考试界面选择新增测验，新增测验又分为在校普通测验、制卡测验、疫情在线测验。其中通过在校普通测验，教师在完成考试基本信息的填写后，便可以直接建立考试。在校普通测验的使用率较高。另外，为了适应疫情期间线上教学的要求，云痕大数据增加了疫情在线测验，不仅可以帮助教师远程监测学情，为线上教学提供教学方向，也便于家长时刻关注孩子的学习情况。当然除了单科考试，也可设置多校联考，帮助学校之间进行成绩的横向与纵向比较与分析，利于学校管理者高效决策。

（二）阅卷方式

在创建考试之后，教师可以下载试卷模板，编辑和印刷试卷。对于已经作答的试卷，选择题部分可以直接进行扫描识别。在此要特别说明，虽然机器读卡技术在教育领域早已广泛使用，但是其经常会带来一些弊端，例如过去读卡对纸质有特定的要求，需要用特定的笔进行答题，读卡时经常出现故障等等，而云痕大数据的扫描识别可以有针对性地解决这些问题。首先，A3 或者 A4 纸张都可识别，从经济角度考虑，节约成本。其次，扫描过程中故障概率小，即使纸张有轻微褶皱也可进行扫描识别。对于非选择题部分，教师可以选择使用有痕阅卷或网络阅卷。

1. 有痕阅卷

选择有痕阅卷，则基本上不会改变教师以往的阅卷习惯，依然是在纸上批阅试卷，不过必须在指定的登分框内用红色的笔打上分数，否则分数无法被识别。当完成手动批阅后，即可进行机器识别与上传。过程操作简单，避免烦冗，即使是技术盲的教师也可现学现用。

2. 网络阅卷

如果选择网络阅卷，就需要对未批阅的试卷先行识别上传。阅卷教师可以选择使用电脑、平板电脑或手机进行批改，若是选择使用平板电脑或手机阅卷，那么通过微信公众号即可进行在线阅卷。这样，教师可以自由选择阅卷时间和地点，克服了往常教师只能定时、定点阅卷的弊端。

（三）考试报告

之所以称为云痕大数据，是因为其强大的优势在于对数据进行分析。

1. 质量报告

对于已经完成的考试，根据数据可以生成关于本次试卷的质量报告，具体内容包含难度、信度以及区分度。同时，为了全面分析试卷，云痕大数据对试题整体分布、题型分布、难易题型占比，甚至是知识点题量分布都做了非常细致的描述，有利于对考试进行客观评价。

2. 考试报告

查看考试报告，可以更直观、全面地了解学情。

（1）班级基础成绩分析。

通过该报告，可快速获取班级的平均分、优秀率、合格率和学困率，综合了解班级学情，无须教师自己统计。另外，本报告有个特别的功能——年级 3－4－3 分布图，左边的 3 代表年级前 30％的学生（尖子生），中间的 4 代表年级中间 40％的学生（中等生），右边的 3 则代表年级后 30％的学生（后进生）。利用 3－4－3 分布图，可以比较深入地了解班级的学情。此外，针对每次考试进步或退步的学生，云痕大数据都进行了具体的统计与分析。

（2）个人成绩单报告。

除了对班级整体的分析，对学生个人的分析也十分翔实。不仅有对学生各科成绩的综合评估，也有对学生单科成绩的具体评估，评估方式包括定量分析与定性分析。例如，在关于学生单科成绩的分析中，定量分析不仅包括班级排名、击败班级人数比例、名次波动数等基础分析，还包括 I 分数、离均差等高级分析。定性分析则可以帮助了解历次考试的薄弱点，以及薄弱的题型。

（3）试卷讲评。

测试的目的是找出学习的不足之处，进而精准化地教与学。试卷讲评功能可以高效地帮助教师达到此目的。此功能有两大优势。优势一：优化教学。以往讲评练习时，教师一般会根据自我经验以及批改作业时的记忆定位重难点题目，但是这种方式不仅低效，而且不同班级的错误点可能不一样。而在试卷讲评界面，通过设置不同的颜色，帮助教师快速获取每题的得分率，不仅可以针对各个班级的情况开展个性化教学，而且打破了以往教师题题都讲的教学方式。优势二：提高备课效率。试卷讲评功能除了精简了课堂教学内容外，在课件制作上也为教师提供了一条捷径。在上课时，教师提前打开云痕大数据的网页端并登录，找到需要讲解的练习，点击［进入投影模式］，就可以直接开展教学。教师也可以根据需要调整讲题的顺序，提高教学的灵活度。此外，教师可以点击［推荐题目］，针对学生不理解的知识点举一反三，达到当堂巩固的效果。当然，利用这种在线教学方式的前提是，学校具有完善的软硬件设备。

（4）知识能力分析和试题分析。

知识能力分析和试题分析分别细化到每个知识点和每个学生每一题的答题情况，利于深化教学，也为教师后期教学策略的改进做铺垫。

成绩单不仅显示学生的成绩，同时还可以查看每个学生的详细报告和原卷。每次考完试，会有学生向教师抱怨批改错了。成绩单中的查看原卷功能对缓解这种尴尬非常有效，因为每份试卷都被扫描上传，完整地保存在网上，方便教师随时查看并核对。

如果教师还想对以上分析做进一步补充，就可以利用自定义分析功能自行拟定分析报告。云痕大数据还为教师提供导出报表的服务，教师可将历次考试成绩比较详细的数据下载下来，进行线下分析。学校管理员还可以查看校级报告，进行不同班级间的比较。对同一备课组来说，这方便了同学科教师之间进行教学反思，发现问题，为后续调整教学方法与策略提供帮助。

（四）精品题库

云痕大数据也提供强大的题库，教师可进行多样化组卷——包括挑题组卷和精品套卷两种方式。题库中的知识点涵盖了各个版本的教材，题目数量巨大，目前提供 900 多万道精品试题。

（五）错题集

错题集分为考试错题集与作业错题集。考试错题集是根据历次考试情况进行分析，将错误率高的题目进行系统整理，并做好标注，是学生自我学习、提高成绩的好帮手。而作业错题集主要涉及校本作业和教辅作业，帮助教师在平时的教学过程中及时发现学生的薄弱点，并不断改进教学，有针对性地进行教学。家长也可以利用微信小程序下载错题集，帮助孩子进行自我复习。

四、利用云痕大数据进行混合式学习的优势

混合式学习是新时代的产物，借助互联网的优势优化传统教学。相较于传统

教学，它有着学习形式多样化、学习过程个性化、学习策略灵活化、学习效果差异化等特点。同样，云痕大数据作为信息技术支持下致力于教育的产物，将其融于混合式学习，一定程度上是因为它们有着共通之处。

（一）实时的动态数据分析，让教学更加灵活化

一方面，高效的扫描与识别，节省了教师的时间与精力。另一方面，数据报告立得的特点更是使教师如虎添翼。小到个人分析报告，大到校级报告，全面深入的数据分析，可以让教师深挖数据价值，准确且翔实地了解学情，进而利于及时探讨与研究如何突破难点与易错点，达到精准教学的目的。不同阶段、不同时期的学生，可能对同一个知识点有不同的理解。云痕大数据实时的动态数据分析则能很好地帮助教师解决这个问题，可以让教师及时调整教学方式与方法，帮助教师高效决策，改变传统教学中更多是经验之谈的教学方式。

（二）建立家校互联平台，让学习更加个性化

云痕大数据如果仅仅服务于教师的教，而忽视学生的学，就处于教与学失衡的状态。鉴于这一点，通过建立由学校授权的家长微信客户端，家长可以定期或不定期地收到学校和教师对学生的反馈。家长可以轻松、便捷地掌握学生的综合成绩分析、能力与题型分析、薄弱知识点分析等相关信息，有效帮助学生制订合适的学习计划，避免使用题海战术而浪费大量的时间。所谓“知己知彼，百战不殆”，对学生自己来说，学习也会更加具有目的性、计划性和策略性，有利于实现个性化的学习机制。

（三）精准化教学模式，让教学具有针对性

云痕大数据也建立了自己的精准教学模型，基于网络平台，通过采集学生考试和作业数据—系统自动诊断—系统自动规划—形成个性化学习路径—推荐错题练习一系列操作，形成生态教学链（见图 5－5－2），让教师在获取精准数据分析的前提下，针对不同班级甚至不同学生，采取分层和差异化教学。从学生的角度来看，云痕大数据帮助学生利用数据分析，根据自身需求，拟订学习计划，有利于培养学生的自主学习意识。

总之，混合式学习形式多样，至于具体采用什么云服务，只有适合的才是最好的。

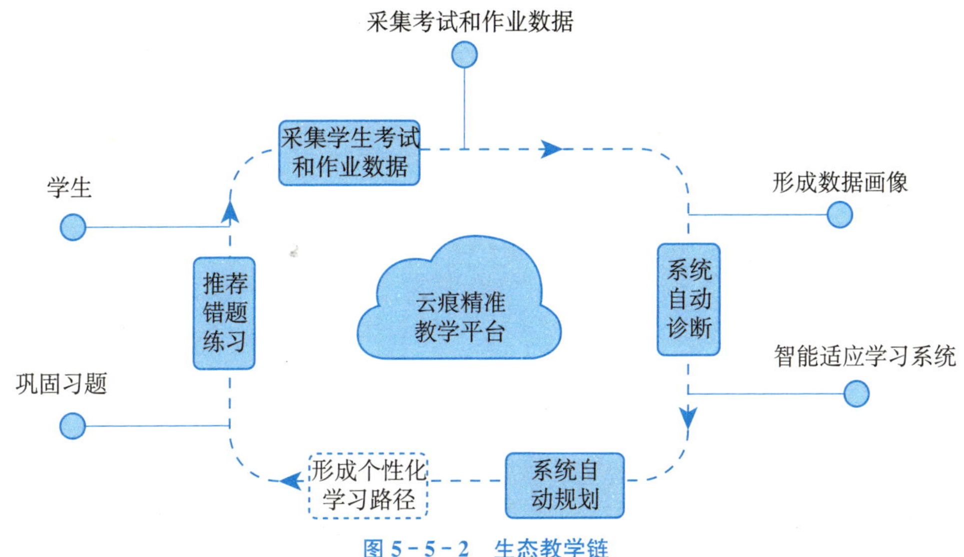
采集考试和作业数据
采集学生考试和作业数据
学生
形成数据画像
推荐错题练习
云痕精准教学平台
系统自动诊断
智能适应学习系统
巩固习题
形成个性化学习路径
系统自动规划

图 5-5-2 生态教学链

后记

Postscript

2020 年 9 月，我接到中国教科院的任务，协调组织第六届中国未来学校大会的“混合式学习”专题论坛，在半年的时间内组织了三个阶段的选拔，并伴随着内容丰富的学习任务。到我写这篇后记时，已是 2021 年的 9 月了，这期间，我们筛选、整理了参赛选手的部分案例。限于个人水平及时间关系，还有一些内容未能深入斟酌，如有不当之处，还望各位读者给予指正。

我想和读者朋友分享三篇小学的课文。第一篇课文叫《小鹰学飞》。山崖边住着一只老鹰和它刚出生没多久的两只小鹰，一只小黑鹰，一只小灰鹰，两只小鹰在鹰妈妈的精心照顾下一天天长大。小黑鹰学飞时因为比较用心，肯吃苦，学会了鹰妈妈所说的高空飞翔，后来，它每次出去捕猎总能获得很多食物。而小灰鹰在学飞时每次都因为怕痛，没飞几下就不飞了，所以没能学会高空飞翔，它也就只能在低处飞翔寻找食物，有时找了一天，一点食物也没能找到。

我们的成长伴随着学习，此时混合式学习的大门刚刚打开，我们既要阅读书籍、聆听讲座、记录心得，也要在教学中实践，在实践中扬弃，在扬弃中内化，不要怕实践中的伤痛。让我们从阅读中汲取能量，在反思中弥合伤口。

第二篇课文叫《龟兔赛跑》，这个故事，大家都很熟悉，我就不复述故事情节了。我之所以选择这个故事，是想告诉大家，在成长的漫漫长途中，一些同行者因为松懈选择了休息，就此止步；一些同行者因为困难选择了退缩，再无斗志。

老师们，无论你是未来实验学校的老师，还是关注者，机缘巧合之下读到的这本书可以帮助你拓展教学方法、提升教学质量。虽然我们不能苛求自己智力超群、人生开挂，但我们可以要求自己刻苦努力、坚持不懈。希望你耐住寂寞，选择坚持，直到抵达成功的终点。

第三篇课文叫《秋天到了》，这是一篇一年级的短小散文，不知道老师们记不记得？“秋天到了，天气凉了，一片片黄叶从树上落下来。一群大雁往南飞，一会儿排成个人字，一会儿排成个一字……”当秋风带着凉意，裹挟着枯黄的树叶落下时，那群大雁并不寂寞孤单，它们成群结队一会儿排成个人字，一会儿排成个一字，一路唱着歌浩浩荡荡前行。

前进的路途充满了不确定性，我们不仅需要持续实践，克服困难，还需要一个团队，人们常说“一个人走得快，一群人走得更远”，在去往未来学校的途中，期待您加入我们，成为队伍中的一员。

愿你成为基础教育阶段混合式学习的拓荒者与实践者。

陈有志

2021 年 9 月